# 气候变化背景下
# 挠力河流域耕地利用变化水土资源平衡效应研究

周 浩 雷国平 著

中国农业出版社
北 京

　　以气候变暖和降水时空异质性增大为主要特点的全球气候变化和高强度人类活动加剧了水土资源耦合的不确定性。东北地区地处中高纬度和欧亚大陆东端，增温幅度高于全球同期平均水平，年降水量呈略减少趋势。气候变化一方面会影响农业气候资源要素分布和地表水分状况，改变区域干湿状况；另一方面会导致气候异常，扰乱农作物生长规律，造成农业损失。但在受热量限制的东北地区，气候变化延长了无霜期，增加了有效积温，使得耕地大面积扩张成为可能。如何适应全球气候变化，优化水土资源，既是全球变化适应性研究的热点内容，又是当前土地科学与人地关系地域系统亟待解决的关键问题之一。

　　水土资源是农业生产的核心资源，两者在时空上的耦合匹配及资源利用效率高低影响着农业发展的深度与广度。随着新型城镇化进程加快，人口增长和粮食结构升级，水土资源"紧平衡"对农业生产的硬性约束将成为常态，以水土资源为中心的农业资源平衡关系研究逐渐受到学术界的高度关注。耕地是重要的粮食生产载体，灌溉需水量偏大且对气候变化响应突出，在气候变化与耕地利用变化综合作用下，水土资源平衡矛盾势必愈加突出，对水土资源平衡关系进行研究有助于耕地的适应性调整和科学灌溉方案制定。

　　挠力河流域位于黑龙江省三江平原腹地，是东北地区气候变化较明显的地区，也是我国著名的水稻优势产区和商品粮生产基地。挠力河流域历经多次大规模农业开发，进入21世纪，水田面积快速扩大，结构比例快速提升，深刻影响着区域水循环过程及水土资源平衡格局。耕地利用变化导致下垫面条件发生改变并促使产汇流机制发生变化，使得该流域的植被截留、陆面蒸发、土壤入渗等水循环环节发生明显变化。挠力河流域水土资源已非惯称的"水土资源丰富与匹配"，且土地与水存在明显的错位情形。开展该流域耕地利用下水土资源平衡研究，具有较强的现实意义和示范推广意义。

《气候变化背景下挠力河流域耕地利用变化水土资源平衡效应研究》一书遵循"理论机制—过程模拟—策略应对"的研究思路，围绕耕地利用下水土资源平衡综合应对的重大实践需求，高效挖掘耕地斑块面积内生隐藏规律，以精准提取耕地利用信息，并从宏观上把握粮食主产区耕地利用时空格局，系统评估水土资源平衡态势，进而定量甄别耕地利用变化下水土资源平衡效应，最终从水土资源平衡、农田精准灌溉管理及适应性调整策略等方面实现挠力河流域水土资源平衡综合应对。本书对提高适应全球变化环境的能力，促进土地科学综合发展和实现藏粮于地，均具有重要的科学意义和实践价值。

本书是区域土地资源综合管理的创新力作，将推动土地科学及人地关系地域系统发展，有利于区域环境适应性调整及水土资源平衡综合应对。本书的出版发行得到了国家自然科学基金"气候变化背景下挠力河流域耕地利用变化水土资源平衡效应研究"（批准号：41671520）和东北大学公共管理高原重点学科建设经费的支持，在此表示感谢！

雷国平

2020 年 7 月

# 前 言

FOREWORD

挠力河流域作为我国现代农业综合配套改革试验区——三江平原典型的流域之一，拥有特有的粮食生产地位和湿地生态保育功能，一直是全球变化研究的重要示范区。受气候变化和农业技术革新等影响，该流域水田持续扩张，在区域粮食生产乃至全国粮食供给上发挥着重要作用。但自21世纪初以来，挠力河流域气候逐渐呈现"暖干化"特点，水资源条件发生改变，同时水田扩张，导致下垫面条件发生改变并促使产汇流机制发生变化，使得该流域的植被截留、陆面蒸发、土壤入渗等水循环环节发生明显变化。开展该流域耕地利用下水土资源平衡研究，具有较强的现实意义和示范推广意义。

本书围绕耕地利用下水土资源平衡综合应对的重大实践需求，明晰水土资源平衡效应内涵、基本理论和方法；以挠力河流域为研究对象，提出耕地信息统计理论假设，并进一步提取有效耕地分布信息，研究该流域耕地利用变化格局；基于水土资源平衡要素信息，构建基于遥感驱动的区域分布式水文模型，从逐日尺度上模拟流域水文循环过程；将水土资源平衡细分为3个层次，逐级增加限制因素，首先只考虑气候条件影响，然后引入作物种植条件，再增加地表、土壤等水循环系统要素，探讨气候、作物和土壤3个层次的水土资源平衡态势及耕地利用下水土资源平衡效应；加入人工状态来研究该流域水土资源平衡，以加强研究的实际指导意义，并实现水土资源灌溉管理，最终提出针对性的区域水土资源平衡应对策略。

本书共分为三篇。第一篇是理论与技术，介绍了水土资源平衡及耕地利用下水土资源平衡效应的基础理论与研究框架，由周浩和雷国平编写；第二篇是本书的主体部分，定量评估了耕地利用格局及耕地利用下水土资源平衡效应，由周浩和雷国平编写，路昌、鄂施璇、张莹、徐秋、张露洋、郭一洋、路中、张康康、苗智博、马庆等参与了本部分内容的野外调研与实验工作；第三篇是耕地利用下挠力河流域水土资源平衡综合应对，由周浩和雷国平编写。全书由张露洋、路中、郭一洋统稿校核，并由周浩和雷国平最后审定。

本书的出版发行得到了国家自然科学基金"气候变化背景下挠力河流域耕地利用变化水土资源平衡效应研究"（批准号：41671520）及东北大学公共管理高原重点学科建设经费的资助。东北大学土地管理所的宋戈教授、王玉波教授、张景奇副教授、刘馨蕊老师等给予了很多帮助。本书在模型方面得到了北京师范大学地理学与遥感科学学院赵长森教授和娄和震博士的辛勤指导和耐心帮助。

由于研究本身的复杂性，加上时间仓促和受水平所限，书中难免有错漏之处，敬请读者批评指正。

周浩

2020 年 7 月

# 目　录
CONTENTS

# 第三篇：水土资源平衡综合应对

第一篇：

# 理论与技术

# 第1章 绪 论

## 1.1 研究背景

### 1.1.1 三江平原农业资源综合利用情势

近 100 年来,全球气候变化主要表现出气候变暖和降水时空异质性增大的特点,同时受高强度人类活动影响,水循环过程存在较大不确定性[1]。其间全球气温平均上升 0.74℃,中国上升 1.2℃[2]。东北地区位于中高纬度和欧亚大陆东端,增温幅度高于全球同期平均水平,年降水量呈略减少趋势[3]。近 50 年该地区平均增温 1.9℃,其中黑龙江省气候变暖最为显著,位居全国之首[4-6],农业气象逐渐"暖干化"。三江平原位于黑龙江省东北端,是我国重要的粳稻生产区和商品粮生产基地(水田以单季稻种植为主,旱地采取玉米—小麦轮作方式,一年一熟),曾是我国重要的沼泽湿地分布区,白浆土、沼泽土广布。

自 1954 年三江平原友谊农场建立以来[7],耕地整体"北移东扩",水稻可种植区持续北移[8-9],同时受强烈的湿地开垦和水利工程建设等人类活动影响,下垫面条件改变并促使产汇流机制发生较大变化,使得该地区植被截留、陆面蒸发和土壤入渗等水循环环节出现明显变化[10]。围绕三江平原开展以水土资源为中心的农业资源综合平衡关系研究,明晰耕地利用变化下水土资源平衡效应,研究耕地利用对该地区水土资源平衡关系的影响及过程,有利于适应不可调节的外部环境要素(如气温上升,降水量减少),并通过合理的农业生产调整(耕地适应性调整)实现区域经济可持续发展[11-12]。

三江平原大力推行"以稻治涝"农业结构调整政策,促使水田急剧扩张[13-14]。水稻田的网格化,提高了区域降水利用效率,减少了地表径流产生量,同时大量发展机电井抽取地下水,使得三江平原区域水循环从水平排水为主向垂直排水为主的方向转变[15]。由于水田的需水量远大于旱地的需水量,水田的持续扩张导致该地区农业需水量不断增加[16],地下水超采严重并致使地下水位持续下降。总之，三江平原土地资源与水资源存在极强的响应关系，当前该地区水土资源已非惯称的"水土资源丰富与匹配"，水土存在明显的错位情形[17]，开展耕地利用下水土资源平衡研究，具有较强的现实意义和示范推广意义。

## 1.1.2　水土资源平衡研究的必要性

随着水稻大规模种植，三江平原水资源利用瓶颈日益凸显。自 21 世纪初以来，三江平原水土资源匹配程度显著下降[17]，已影响该地区的粮食增产和农民增收情况。但水土资源匹配主要解决水资源与土地资源在行政区尺度上水土资源数量的配置状况，难以从栅格尺度上反映同一研究区域内部水资源与土地资源"配置是否合理"的关键性问题。

水土资源平衡是指在揭示区域水分数量与时空收支基础上，通过水资源区域的再分配和土地利用方式调整，重新协调水土资源两者适应比例关系，使水分利用率达到最大的同时土地资源处于最佳的合理利用状态，水土资源系统内诸要素之间及系统与环境之间在量和质上协调、适应或均衡。水土资源平衡是区域水土资源在空间尺度及时间尺度上优化配置的前提与基础[18]。水土资源平衡研究也将涉及水资源和土地资源的时空匹配问题[19-22]，但其更侧重于资源匹配的合理性和潜力挖掘，对于农业资源空间优化配置具有重要意义。

水土资源平衡通常分为涉及降水、蒸发等水文过程的天然状态和额外增加人类活动影响的人工状态两个层次[23-24]：前者侧重于降水量满足作物需水要求的程度，多运用作物水分亏缺量进行表征，一般包括气候水分平衡、作物水分平衡和农田土壤水分平衡 3 个方面内容，其中气候水分平衡与作物水分平衡是天然状态下水土资源平衡研究的初始层次，更具理论意义，农田土壤水分平衡是天然状态下水土资源平衡研究的实际层次，更具实践价值[25]；后者则主要探讨如何进行农田灌溉以达到调节土壤水分含量的目的[26]。从不同层次来研究水土资源平衡问题，能由浅及深挖掘流域水土资源综合利用的特征性规律。

效应表征某种动力或原因所产生的科学现象，一般可划分为正、负效应两种[27]，对于水土资源平衡，其效应表征外部条件改变导致的水土资源平衡态势的响应结果[28-29]。已有研究表明，三江平原地区耕地扩张是该地区近半个世纪以来最重要的土地利用变化景观类型[30]，大量沼泽湿地被垦殖，区域水循环过程及机理发生改变。但随着"两江一湖"和"高标准基本农田建设"等土地整治工程推行，该地区水田面积持续扩大，结构比例持续上升，并随着田间渠道排水系统的规划与调整，地表水循环过程及循环方式受到人类强烈干扰作用，有必要针对耕地来开展水土资源平衡研究，以揭示耕地利用下水土资源平衡效应。

## 1.1.3 水土资源平衡研究的制约因素及解决途径

水资源分配是流域水土资源平衡中的关键要素配置过程，其可被认为是包括气候变化与人类活动在内的影响产汇流循环要素改变，并导致水文循环过程中的产汇流机制发生变化而引起的水资源循环过程的变化结果。流域水资源相关要素的估算与模拟是分析该地区水土平衡态势的前提条件。用以描述和刻画水分在自然界中迁移规律和循环转化的水文模型是研究水循环过程的主流手段。从最初的黑箱子模型到具有物理机制的分布式水文模型为揭示水循环的内在机制、模拟水分运动过程提供了基础技术和手段[31-32]。值得一提的是，采用分布式水文模型模拟水循环过程具有独特的优势，其较强的物理机制增加了模型刻画区域水分运动和水量平衡的合理性。分布式水文模型能够提供更加详尽的空间分布信息，以体现水文要素的空间分布差异，该模型运行时不仅需要大量的输入性数据进行驱动，还需要大量数据进行模拟参数调整和模拟结果精度分析[33]。

以往的水文研究多集中于水文资料较为丰富的流域或地区，对于资料匮乏或无资料地区的研究较少，该类型地区不仅多为经济条件落后、社会自然条件复杂的边境地区，还是水资源水安全问题频发和急需水文信息的重点区域。如何模拟该缺资料地区的水文过程，进而发展能够满足缺资料流域水资源分析乃至水资源与土地资源间的综合利用的机理和方法，已成为国际上水文变化效应研究的难点及热点问题之一[33-34]。近年来，国际上开展了部分与缺资料流域水文循环相关的研究计划，如水文循环的生物圈计划（IGBP - BAHC）、全球能量与水循环试验计划（GEWEX）、水文与水资源计划（HWRP）、国际水文计划（IHP）、无资料流域水文预测（PUB）等，这些研究计划在提高水文过程预测能力、扩大流域对象研究尺度、基于物理概念的流域水文模拟和遥测等方面取得了巨大进步，为解决缺资料流域的水文预测问题提供了理论支持和技术手段，为进一步认识水循环内在机制起到了推动作用。

当前缺资料地区的水文研究方法多侧重于采用水文观测、试验等手段，运用传统的数学、物理方法来研究水文情势（如径流系数法和区域回归法），但由于数据输入的局限性，忽略流域空间异质性所引起的水文差异，预测结果多为集总式的径流量，无法研究流域水文过程及水循环分项的时空特征，难以进行人类活动影响下流域水文环境情势分析。遥感（RS）及地理信息系统（GIS）信息技术在获取偏僻区域的信息及直接和间接的常规手段难以测量得到的水文数据上具有独特优势，能够弥补传统监测资料不足的缺点[35]。同时分布式水文模型较强的物理基础机制和能够表征详尽的水文空间分布信息，使其在模拟区域和流域水循环过程中具有独特优势。三江平原位于黑龙江省的东北部，境内水文及气象站点较为稀疏，水文变量及参数资料匮乏，对于位于其腹地的流域而言，能够获得的气象和水文数据信息更少。本书基于水分循环基础原理，通过耦合遥感信息源来实现分布式水文模型模拟，以挖掘该地区水文循环规律及循环分项的空间分布特点。

## 1.1.4 水土资源综合利用特点及区域研究的示范性

挠力河流域（东经 $131°31′\sim134°10′$，西经 $45°43′\sim47°45′$）位于三江平原腹地（图 1.1），是三江平原境内最大的流域，境内环境要素丰富，该流域具有极强的地域代表性和研究示范性。挠力河流域农业开发活动特别强烈，经历了多次大规模土地利用开发，但其平原区地势平坦低洼，极易出现农田积涝情形。自 20 世纪 80 年代末，当地政府大力推行以稻治涝的农业结构调整政策，大量低洼旱地改造为水田，水田急剧增加，表现出区域差异性和异速性特点。前期研究表明[36]，20 世纪 90 年代以来，该流域水田面积急剧扩大，且变化主要集中于内、外七星河的上游沿岸和挠力河中游部分地区（图 1.2）。

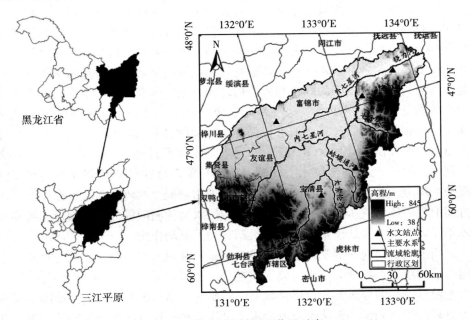

图 1.1 挠力河流域地理位置示意

水田持续扩张使得挠力河流域开始出现土壤盐渍化，农田水资源供应严重不足，地下水位下降及生态环境破坏等问题，并逐渐引起当地政府关注。水田

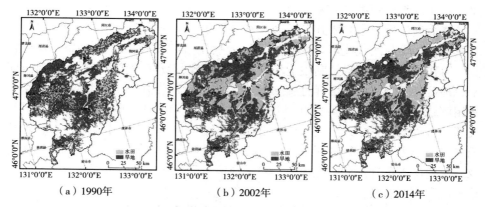

图 1.2 1990 年、2002 年和 2014 年挠力河流域耕地分布示意

扩张的主观意识逐渐淡化,当地政府开始逐步引导居民科学合理开发与管理水田。另一方面,挠力河流域水田化的初衷在于"以稻治涝"①和经济利益驱动。进入 21 世纪以来,随着"两江一湖"②土地整治改造和"高标准基本农田建设"等农田工程措施的陆续实施,该流域涝害的潜在发生风险降低,同时水田管理投入水平高于旱地。近年来农业基本投入要素成本的提高,使得水田与旱地的效益差逐渐降低,旱地改造为水田的利益诉求明显下降,水田扩张速度逐渐放缓,但仍显著高于旱地的变化速度,"水田化"③现象仍十分突出。

水田化进程使得挠力河流域农田需水量持续增加,耕地水资源亏缺态势逐渐加剧。同时前期研究显示[36],该流域由于耕地阶段性的内部差异性结构特点,水土资源呈现阶段性平衡特点。20 世纪 90 年代初,挠力河流域耕地潜在水分盈亏态势良好,但水田的剧烈扩张使得耕地中度和重度缺水区面积剧烈增加,水分亏缺态势恶化。在全球变化环境背景下,倘若在现有土地资源利用方式下,挠力河流域将呈现更为明显的水分盈亏极化特点,水土资源平衡态势更为严峻,未来需针对挠力河流域采取针对性的农田水分灌溉措施及耕地调整战

① 挠力河流域所在的三江平原地区年际降水分布不均匀,白浆土、沼泽土是该地区农田主要的土壤类型,但其排水性差,极易出现俗称的"喇叭涝"现象。自 20 世纪 80 年代,当地居民陆续对低洼旱地实施稻田化改造,以实现涝害治理的目的。

② 来源于《黑龙江省两江一湖土地整理重大工程规划》(2008),其中"两江一湖"指的是松花江、乌苏里江和兴凯湖,目标在于增加耕地面积、提高耕地质量、搞好农田水利水保工程建设、改善项目区生态环境和促进社会主义新农村建设。

③ "水田化"指旱地或非耕地转为水田的现象,多用水田化系数(水田面积占总耕地面积的比例)来反映水田化程度,一般可划分为:初始阶段(0~30%)、中期阶段(30%~70%)和末期阶段(70%~100%)。

略，以实现水土资源平衡综合利用。

挠力河流域土地利用开发活动及其自然景观形态是三江平原地区的典型，该流域作为半封闭式流域，水土资源综合利用过程表现出系统性和完整性特点，可作为三江平原耕地利用下水土资源平衡效应研究的理想试验区，对三江平原地区乃至全国典型沼泽性流域具有较好的示范性作用[37]，该流域的水文利用问题受到学者们高度关注[38-39]。在全球变化环境背景下，挠力河流域水文循环过程复杂，通过分离该地区耕地变化过程中差异性的水文循环过程，从栅格尺度上来开展耕地利用下水土资源平衡过程研究，能够丰富现有水文变化及水土资源平衡理论和研究模范，对指导该地区耕地适应性调整具有重要的理论意义和实践意义。

开展耕地利用下水土资源平衡效应研究有助于科学调整耕地数量和结构。本书围绕耕地利用下水土资源平衡综合应对的重大实践需求，以三江平原境内典型流域——挠力河流域为研究区，在耕地信息提取基础上，通过构建遥感驱动式水文模型来研究流域水文分项过程，从气候、作物和土壤3个层次全面评估变化环境背景下耕地利用的水土资源平衡效应，加入人类活动影响因子来研究该流域水土资源平衡，实现农田的灌溉管理，提出水土资源综合利用管理对策。该研究对丰富土地科学研究理论、实现现代农业综合配套试验区农业结构调整具有重要意义。

# 1.2 研究目的

围绕耕地利用下水土资源平衡综合应对的重大实践需求，研究挠力河流域耕地利用变化下水土资源平衡效应，以实现水土资源平衡综合利用，丰富和完善土地科学研究理论。

（1）考虑流域的水土资源综合利用特点，丰富和完善水土资源平衡相关理论，提出针对缺资料地区的水土资源平衡效应研究框架。

（2）耕地面积及空间位置的准确度关系到流域水土资源平衡研究的精度及可信度，提出耕地信息统计理论假设，并实现挠力河流域有效耕地的提取，研究其格局特点。

（3）水文模型是区域水资源循环过程的概化。在分布式时变增益模型DTVGM理论基础上，构建遥感驱动的分布式水文循环模型并实现流域水文循环过程的模拟，从逐日尺度提取水资源条件信息。

（4）从气候、作物和土壤3个层次揭示流域耕地利用下水土资源平衡效应。依据耕地水分平衡特征研究水土资源平衡规律，实现流域的水土资源平衡综合应对。

## 1.3 研究意义

### 1.3.1 理论意义

（1）在全球变化环境背景及特殊的区域粮食战略性定位下，充分认识流域水分平衡状态及耕地利用下水土资源平衡效应，是推动耕地空间数量调整（包括内部结构调整）的科学基础，也是当今学术研究的前沿。

（2）对区域水资源的估算和模拟是研究水分平衡的前提条件，以往水文研究多集中于水资料较为丰富的流域，对缺资料或无资料地区的水文水资源研究较少，然而这些区域正是急需水文信息和水土平衡失调的重点区域。开展缺资料流域的水文过程模拟，进而发展能够满足变化环境下缺资料流域水文分析的理论和方法，已成为国际上水资源与水环境研究的难点及热点。实现缺资料对象区的水文过程循环模拟，并依据水文循环过程的水资源径流分项和地表蒸散计算结果，从气候、作物和土壤3个层次研究栅格尺度下的流域水土资源平衡效应，并实现水土资源综合应对。本书可丰富缺资料地区的水文模拟研究案例，为区域水土资源平衡研究提供支撑，同时对指导该流域耕地适应性调整具有重要理论意义。

### 1.3.2 实践意义

（1）挠力河流域历经多次大规模土地利用开发，目前已建成7个县（市、区），7个现代化农场，是三江平原地区的主要产粮区和国家重要商品粮基地。开展该流域耕地利用变化下水土资源平衡效应研究，并实现水土资源平衡利用，对开展现代农业试验区的农业结构调整和建设高标准农田具有重要的理论和实践指导意义，同时在保障国家粮食安全上具有重要的战略意义和示范作用。

（2）"无资料流域水文预测"是国际水文科学研究的热点，特别是需要加强对无资料流域或资料缺乏流域的水文循环研究。本研究能够拓展区域水土资源平衡研究的理论和视角，从缺资料地区的水文循环过程模拟角度出发，开展流域水土资源平衡效应研究，具有重要的实践意义。

（3）"水田化"是挠力河流域最典型的土地利用变化景观。本研究构建遥感驱动式时变增益水文模型，运用多源遥感信息数据，实现流域水文过程模拟，并基于模型输出的逐日蒸散分项和径流分项，实现耕地利用下水土资源平衡效应研究。

（4）耕地利用管理往往构架于行政区上，而实际的耕地利用调整及农田管理往往基于图斑尺度或更小的尺度，从栅格空间尺度及逐日时间尺度挖掘水土资源平衡规律，具有更强的实践指导意义。

## 1.4 国内外研究动态

依据研究逻辑框架，从耕地利用、水土资源平衡、水文模型构建和耕地利用变化下水土资源平衡效应来梳理国内外研究动态。

### 1.4.1 耕地利用

#### 1.4.1.1 耕地格局变化

耕地格局变化关系到国家的粮食生产安全。自 20 世纪 80 年代以来，随着经济社会的发展和管理工作的逐步深入，我国耕地保护研究也逐渐从重视严格的数量保护，向数量、质量和生态均衡保护转变。耕地变化受到了众多学者关注，并针对耕地时空数量结构、质量、空间格局变化开展了一系列研究，从量的统计角度研究耕地格局变化特征[40-43]。

21 世纪初以来，在人口增长的压力和经济发展的驱使下，我国的耕地重心开始向北方移动，平原区大量优质耕地被占用，山区等生态脆弱地区的土地被开垦，由此带来的水土流失、生态环境破坏等问题，增加了耕地减少带来的隐患。有学者研究表明，我国耕地主要分布在黑、川、蒙、豫、鲁等北部和中部省份，其中苏、粤、冀、鲁、浙等 19 个省份的耕地有所减少，黑、蒙、吉、新等 13 个省份的耕地有所增加[44]。在不同的地域，耕地格局变化也有不同的特征。位于新疆北部的玛纳斯流域属于典型干旱内陆流域，扩张的重心逐渐由城市周边转向荒漠地区，由流域的中上游地区转移到下游地区[41]；西藏雅鲁藏布江地区耕地分布较少，呈分散分布状态，主要集中在雅鲁布江干流及主要支流宽阔的河谷地区[45]。东北地区耕地增加速度减慢，空间上呈现南增北减的特点，新增耕地重心逐渐北移，旱地改为水田规模扩大[46]。基于此综合背景，位于东北地区的高纬度带——三江平原地区耕地变化剧烈，水田总体由南向北，由西向东不断推进，但关于该地区的耕地格局演化问题研究十分有限，三江平原地区对我国粮食安全具有重要的战略意义，因此，有必要深化该地区耕地格局变化问题研究。

在耕地格局变化研究手段上，数据获取与数据处理方法的确定是研究的基本前提。当前，学者多以美国陆地资源卫星 Landsat 遥感影像（TM、MSS 及 ETM＋等）、SPOT 卫星遥感影像、中巴地球资源卫星 CBERS 遥感影像、中国资源环境数据库及土地利用数据库等作为基本数据源，结合遥感及地理信息手段进行数据分析。在基础数据处理时，面向对象分类方法可以有效改善同物异谱和同谱异物问题，且能够避免"椒盐现象"[46-47]，已在国内外得到广泛应用。在运用 GIS 手段的基础上，将面向对象分类与目视解译的方法相结合能够快速、准确地完成耕地空间分布信息提取。在获得不同时间节点的耕地遥感影像数据后，使用如加权重心模型、土地综合指数评价法、景观度量指标法等揭示耕地时空变化特点[42]。地理信息技术与多源遥感数据相结合来研究包括耕地格局变化在内的土地利用变化过程问题，是当前土地利用研究中最常用的技术分析手段，可更直观反映数据的真实属性，以提高研究结果的科学性。对耕地整体的数量动态变化[41]、与其他地类间的转换关系[40]及时空变化特征进行分析，对掌握耕地资源的数量及其变化规律，实现区域的可持续发展具有一定意义。

耕地时空格局研究方法上，动态度、转移矩阵、景观指数、空间自相关性等模型方法体系日臻成熟[14,48]。将其他学科的计量分析方法纳入耕地格局的研究将是耕地格局研究的大趋势，中心形态学认为，空间依赖性是空间数据的基本特征，独立性假设不成立，对空间数据的直接统计推理可能导致误导性的结论。中心形态学忽略空间数据的依赖性特征，未触及独立性假设及一般统计方法的可靠性问题，以重心为中心的标准差椭圆能够描述节点在各个方向的离散状况，其形态在一定程度上可以反映节点空间组织的总体轮廓和主导分布方向，借助中心形态学的方法论来研究耕地格局问题，强调从区域整体的角度研究耕地格局问题[49]，为耕地格局研究的一个很好手段，不同大小的耕地（包括旱地和水田）斑块对应不同面积的耕地，可将各斑块的面积赋值到对应斑块的几何中心点上以实现标准差椭圆分析，进而研究耕地整体格局，而椭圆的中心，即节点分布重心的迁移情况反映总体格局位移特征。

### 1.4.1.2　有效耕地信息提取

耕地面积监测既是农作物产量估算、水土资源配置的基础，也是政府有关部门对农业状况科学决策的依据。随着科学技术发展，遥感技术以其信息丰富、覆盖面广、实用性强、可周期性获取等特点成为现代对耕地面积监测的最主要手段[50]。然而，受遥感影像空间分辨率、同物异谱和同谱异物等影响，一是实际存在的小地物（包括沟渠、小径、机耕道、简易公路、坟地和池塘等）被淹没在耕地[51]，二是虽然部分小地物在遥感图像上有影像特征，但其像元宽度远大于实际宽度，影像面积夸大。据统计，遥感影像判读所获得的耕地图斑面积（指 30m 分辨率的卫星影像）比实际耕地面积大 30% 左右，其中有各种非耕地的小地物和线状地物。易湘生等运用高分 1 号影像数据对安徽省濉溪县耕地信息提取发现，无效耕地（即指耕地中的小地物和线状地物）面积占到 6.93%[52]。因此，如何准确扣除小地物和线状地物面积，实现对有效耕地面积的提取成为精准核算耕地面积和遥感资源调查的一个热点[53-55]。目前，国内外针对耕地资源调查中的小地物和线状地物的扣除开展了大量的研究。如吴全等采用"双层抽样"方案和"全球定位系统（GPS）"的样本抽样方法，结合野外调查实现小地物的提取目标，进而提高耕地面积精度[56]；曹卫彬等针对新疆棉花遥感监测运行体系中，存在线状地物对面积精度影响的问题，研究了各种线状地物对农作物面积提取精度影响的机理，提高农作物遥感监测面积的提取精度[57]；辛蕊等对比统计了黑龙江省的 Landsat TM8 影像与 GF－1 影像对线状地物的实际宽度和解译宽度关系，为农作物种植面积估算中线状地物扣除做基础[54]。纵观现有研究，学者往往通过传统的实地抽样调查或结合高精度影像、航片来剔除小地物或线状地物对耕地面积精度的影响，需要耗费大量的时间、财力、物力和人力成本，不利于实际操作和推广。

现代数理统计观认为，无论客观系统怎么复杂，它总是有关联、有整体功能的，因而也是有序的。因此，表现系统行为特征的数据总是蕴涵着某种规律。我国实行土地利用总体规划制度，土地利用具有较强的规律性。具体到耕地信息提取，尽管非耕地信息提取具有一定复杂性，通过对非耕地进行一定方式（如累加）的处理，将会增强原始数据的规律性而弱化随机性。由邓聚龙先生提出的灰色系统理论很好地契合有效耕地信息提取的解决途径[58]，通过对部分已知非耕地信息演化规律的探究，进而提取有效耕地面积。

## 1.4.2　水土资源平衡

水土资源是植物赖以生长的物质基础，在土壤—植物—大气系统（SPAC 系统）中水土具有相互促进利用的关系和特点，植物在整个生长发育期，水土条件对其产生深刻影响。因此，研究不同植物生长发育过程对水土资源的需求规律，分析区域水资源与土地资源的组合与匹配，实现水土资源在时间、空间上的合理配置、高效利用，是水土资源平衡研究的重要内容。20 世纪后期以来，北方干旱逐渐趋于常态化，水资源被认为是北方土地资源开发的主要环境限制性因素[59-61]，水资源与土地资源的平衡是农业生产的先决条件[62]。水土资源平衡的研究实质是水资源和土地资源的时空匹配问题[63-66]，一般可被分为涉及降水、蒸发等水文过程的天然状态和额外增加人类活动影响的人工状态两个层次[67]，前者侧重于降水量满足作物需水量需求的程度，主要利用作物水分亏缺量进行表征，后者则主要探讨如何进行农田灌溉以达到调节土壤水分含量的目的[68]。挠力河流域耕地的空间扩张，水田面积持续扩大及结构比率的持续上升导致了农田需水量持续增加，而降水可被认为是供水来源的唯一途径[69]，近年来该流域降水缓慢减少，水分供需缺口越来越大，急需从天然状态下探寻两者之间耦合机理，并通过耕地调整（数量及结构调整）实现水土资源平衡以适应气候变化。本部分主要从天然状态下的水土资源平衡研究和人工状态下的水土资源平衡研究[70]进行国内外研究动态阐述。

### 1.4.2.1 天然状态下水土资源平衡

作为 SPAC 系统水循环过程的重要平衡环节，天然状态下水土资源平衡主要研究在自然条件下，植被水分需要量与自然供水量之间的差额问题。其主要涉及降水、植被类型、种植面积及相关的气象要素（气温、日照、湿度、风速等），目的在于掌握植被的水分亏缺量、降水满足程度，为确定灌溉定额和灌溉计划提供科学依据。目前，天然状态下水土资源平衡主要从气候水分平衡、作物水分平衡和土壤水分平衡 3 个层次进行研究。

（1）气候水分平衡是指一定时间内，区域地表蒸散发与天然降水之间的平衡关系，它表征了区域水分盈亏的一般状况，通常用潜在蒸散量与降水量之差来计量。气候水分盈亏量主要决定于降水量和潜在蒸散量（$ET_0$）的大小及其时空分布，而潜在蒸散量主要受太阳辐射、气温、空气湿度和风速等气象要素的直接影响。对于气候水分平衡而言，中国科学院新疆资源开发综合考察队（1989）对新疆的气候水分盈亏值进行了计算，研究发现新疆耕地的气候水分亏缺普遍存在，且亏缺程度严重；赵聚宝等通过对我国北方旱农地区及全国101 个气象站点的气候水分盈亏量的计算，以及对全国气候水分平衡等值线图的绘制，发现北方旱农地区干旱缺水现象较为普遍[71]；徐祝龄等以实验数据为基础分析了内蒙古武川旱农实验区的气候水分平衡和土壤水分状况[72]；张立峰等对张北县燕麦田的水分平衡情况进行了分析[73]；王殿武等对太行山区的旱作农田的气候水分平衡情况进行了研究[74]。蒸散发是气候水分平衡中的关键参数变量，对于蒸散发，19 世纪初的 Dalton 提出的道尔顿蒸发计算公式是蒸发理论的开端。1926 年 Bowen 提出了波文比公式来对蒸散发进行计算。Holzman 和 Thomthwatie 提出了如何基于空气动力学方法来计算蒸散发公式，1948 年 Penman 对蒸发量公式进行了明确定义，并提出了 Penman 计算公式以对蒸散量进行计算。1951 年，Swinbank 通过对湍流通量的计算来核算蒸散发量。1963 年 Monteith 基于 Penman 公式提出了 Penman - Montieth 公式，该公式可以用来估算非饱和下垫面的蒸散发情况。20 世纪 60 年代已有部分学者成功克服传统方法的缺陷，对土壤—作物的物质与能量流动过程进行了模拟。Hilld 等成功运用土壤物理学理论对蒸散发量进行了估算。总而言之，自 20 世纪 70 年代初以来，在区域蒸散发的研究上，国外利用了如 RS、GIS 和遥测等一系列先进技术。这些方法能够在区域尺度上对蒸散发进行测定，应用前景非常好[75]。而我国关于蒸散发的研究起步较晚。20 世纪 50 年代仅部分水文站点利用小型水面蒸发器进行水面蒸发量的计算，而很少有涉及陆面蒸发量的计算。20 世纪 50 年代后我国的蒸散发研究才开始陆续发展，相关科研人员利用相关蒸发测定方法比较了森林、陆地和农田的蒸散发差异情况。如沈阳森林土壤研究所对案例区的森林蒸发量进行了测定[76]。中国农业科学院比较观测了不同土壤蒸发情况。中国科学院的禹城综合试验站对当地农田的蒸发进行了研究，并对农田的蒸发规律进行了探讨，构建了计算模式[77]。部分学者通过对一些相关模型进行了修正，建立具有区域特点的蒸散模型。学者通过实验和理论探讨方法对不同生育阶段的农田蒸发进行了研究[78]，明确了土壤中含水量在蒸发中的作用效果，将蒸腾和棵间蒸发进行区分[79]，由于我国相关研究存在开展较晚、仪器精度不够等问题，在蒸发的研究上有着较为明显的不足，而且部分蒸散发的估算结果没有进行实地检验，数据精度不够。在估算公式的应用范围上，大部分仅适用于大范围的蒸散发估算，难以满足小范围的蒸散发研究。

（2）作物水分平衡是指一定时间内，某种作物的水分收支关系，通常用作物需水量与降水量之差来计量。以作物水分平衡状况为指标，可以分析作物生育进程与气候湿润状况相互匹配的程度。自菲利浦于1966年提出了SPAC系统概念以来，从系统的观点出发，将土壤、植物、水等要素全部纳入区域水土资源平衡的计算，这一观点现已被学术界普遍认同[80]。

常杰等根据羊草群落的蒸腾速率和蒸散速率，计算出了羊草群落在生长季各个月份的蒸腾耗水量和蒸散耗水量[81]。赵聚宝等对晋东南地区麦田降水的季节分布、土壤水分动态和冬小麦水分需求的匹配特征进行了探讨[82]；卢宗凡等通过对陕北人工草地的土壤水分季节性变化特征研究认为，自然降水是人工草地土壤水分的主要来源，土壤水分含量受当地气候降水和牧草生育特性的双重影响，人工草地的土壤水分季节性变化大致分为春季失墒期、夏秋增墒期和秋末冬季缓慢失墒期3个时期[83]；李锋瑞等对陇东地区小麦、玉米等主要农作物近50年的水分供需特征进行了研究，并对水分亏缺频率的分布特征进行了探讨[84]；柯惠英等对浙江省多年平均水稻全生育期内水分盈亏量进行了研究，在此基础上对灌溉需水量进行了计算[85]；李洪建等对晋西北人工林土壤水分特点与降水关系进行了研究[86]；钟兆站等根据作物、土壤和气候资料，计算了我国北方主要旱地作物小麦、玉米、谷子、红薯和马铃薯的作物需水量，并对这些作物的需水规律与作物生长关系进行分析[87]；李应林等通过构建农田水分计算和评价模型，利用多年平均气候对我国北方的春小麦、冬小麦、春玉米、夏玉米和棉花等5种作物生育期内需水与降水的匹配程度进行了分析[88]；马义虎等根据气象资料分别运用彭曼公式和桑斯维特公式计算和分析了晋南黄土高原刺槐林的潜在蒸散发量，并结合2年、3年、5年、7年、13年生刺槐的耗水特性系数，计算得出其生长季（5—10月）的需水量和需水总量[89]；范文波等计算了苨苨草生长过程中需水量及需水模数[90]；董仁等详细介绍了如何应用彭曼公式计算作物需水量[91]；罗诗峰等采用水量平衡法和定额法研究了地处我国北方农牧交错带的乌兰察布市的草地和林地植被需水量[92]。

（3）在自然条件下，作物的耗水来源除生长发育期的降水之外，还有生长季节之外的土壤储水和地下水，并且不同质地的土壤对水分也有着不同的调蓄作用。土壤水分平衡是指一定时间内，农田的水分的收支关系。对于如挠力河流域的重要粮食产区而言，只有从 SPAC 系统的观点出发，将土壤、植物、水等要素全部纳入土壤水分平衡的计算模式中来，才能真正揭示作物生长发育不同阶段的水分条件，全面分析植物不同生育阶段的水分平衡特征。

对于土壤水分平衡而言，早在"七五"期间，中国农业科学院农业气象研究所就主持了重点科技攻关项目专题"北方旱地农田水分平衡及提高作物生产力的研究"，对北方旱地主要作物的需水量、耗水量、水分盈亏量进行了系统的研究，结果表明：全生育期麦类作物缺水量最多，其次是薯类；从各生育阶段农田水分供需状况看，营养生长期缺水最多。与此同时，国内外有许多学者也对区域耕地土壤水分平衡状况进行了分析。徐祝龄等根据农田水量平衡模型，对武川试验区不同降水年型马铃薯各生育阶段和全生育阶段的水分亏缺量进行了研究[93]；毛学森等对晋东南地区旱地麦田水分供需状况进行了分析，结果表明，该区小麦 4—5 月亏水严重，水分满足率在 $60\% \sim 70\%$[94]；徐祝龄等对黄淮海平原地区棉田全生育期的水分供需状况进行了计算与分析，结果表明，现蕾—开花期自然条件下的水分供给严重不足，对棉花产量影响较大[95]；李开元等对黄土高原南部的陕西省长武县冬小麦和春玉米特大干旱年份与正常年份的水分亏缺特征进行了分析[96]；毛瑞洪等根据 SPAC 观点和农田水分平衡法，系统分析了渭北旱塬冬小麦田土壤水分循环规律，查明了冬小麦的需水亏缺量、亏缺期[97]；居辉等在对山西寿阳不同降水年型玉米的耗水特征进行分析的基础上，对其水分满足率进行了研究[98]，结果表明，无论是正常降水年型，还是干旱年型，春玉米在不同的生育时期耗水规律基本是一致的；王育红等通过对豫西冬小麦不同降水年型的耗水特征与水分调控措施研究[99]，结果表明，无论在何种降水年型，冬小麦在不同生育期的耗水规律基本是一致的；吴凤燕等根据农田水量平衡原理，建立了灌溉条件下的干旱模拟模型，对棉花的耗水规律进行了研究，并将其与作物需水量进行比较，模拟了作物不同生育阶段的农田水分平衡状况[100]；封志明等采用农田水量平衡模型，以县域为基本单元，对甘肃省 1961—2001 年 10 种作物逐月天然状态下农田水分平衡时空分布规律进行了研究[101]；杨艳昭等对甘肃省及西北地区的农田水分平衡进行了模拟与分析，并以县域为基本单元，对西北地区农业水资源平衡问题进行了研究，发现西北各个县域单元降水均不能满足各种作物的水分需求，亏水为水量平衡的首要特征[102]；胡庆芳等利用 FAO - 56 计算水分胁迫系数的方法对山西潇河冬小麦田间水量平衡进行了分析[103]；张晶对宁夏平原县域农业水土资源平衡进行了研究，发现水分亏缺是宁夏平原天然状态下农田水分平衡的主要特征[104]。

### 1.4.2.2 人工状态下水土资源平衡

人工状态下水土资源平衡的研究，是在天然状态下水土资源平衡研究的基础上，考虑了人类活动的影响，研究在人为活动的作用下，可供水量与需水量之间的平衡，其目的是为区域土地资源与水资源的合理开发与利用提供科学依据与决策支持。

我国水土资源平衡研究始于 20 世纪 50 年代末的西北地区，原因在于西北地区作为我国的干旱区，由于水土资源的短缺或者其时空上的不匹配，导致土地利用不合理，生态环境恶化。为解决这一系列问题，实现区域水土资源的合理开发与利用，为当地政府的决策提供科学依据，先后于 1959 年完成了对新疆水土资源平衡的研究（中国科学院新疆综合考察队，1960），1960 年完成了"甘肃河西地区农田用水供需平衡的初步研究"（中国科学院地理所，1963），1964 年完成了"西北地区农田用水供需平衡的初步研究"。随着水土资源几十年来的开发，在粮食产量不断提高的基础上，近年来，我国部分地区产生了水资源不足、土壤资源退化等环境问题，如何实现水土资源的合理开发与利用，实现经济与生态的协调发展再一次成为科学研究的议题。"九五"科技攻关项目"西北地区水资源合理开发利用及生态环境保护研究"项目组对西北地区水资源合理配置和承载能力进行了专项研究[105]；中国工程院重大咨询项目"中国可持续发展水资源研究报告第 4 卷——中国农业需水与节水高效农业建设"以省（自治区、直辖市）为单元，对全国的水土资源平衡进行了研究，并对未来发展趋势进行了预测[106]；中国工程院重大咨询项目"西北地区水资源配置、生态环境建设和可持续发展战略研究"对西北地区水资源及其供需发展趋势、土地荒漠化与水资源利用情况进行了研究[107]；中国科学院知识创新工程重大项目"东北地区农业水土资源优化调控机制与技术体系研究"对东北地区农业水土资源态势与持续利用对策予以立项研究。在上述科研项目中，区域农业水土资源平衡问题均是其研究的重点内容。

国内诸多学者也对典型区域的水土资源平衡进行了大量研究。杜虎林等在水量平衡原理的基础上，对河西走廊水资源的供需平衡和水土资源平衡状况以及水资源对农业发展的承载潜力进行了分析计算[108]；任志远等认为区域水土资源的潜力开发利用是提高水土资源利用效率、提高效益和促进农业经济发展的重要途径[67]；林耀明等利用水土资源平衡计算模型，辅以田间观测资料，分析计算了华北平原农业水资源量与作物需水量之间的平衡问题，研究结果表明，1995 年农田需水量已超过水资源可供水量，提高渠系利用系数和优化水资源灌溉制度是实现华北平原水土资源平衡的途径[109]；满苏尔·沙比提等对库车县不同降水保证率下农业可供水量与灌溉需水量的差值进行了计算,结果表明,该县农业耗水量明显大于农业供水量,水土资源利用失衡[110];雷志栋等对青铜峡灌区的水土资源平衡状况进行了分析,提出了灌区的水土资源平衡研究应进行水资源的 3 个平衡分析[111];随着 RS 与 GIS 的发展,部分学者开始尝试将遥感信息技术用于水土资源平衡研究。

对于 RS 与 GIS 技术应用到区域水土资源平衡研究,如 Ludwig 等采用 NOAA‐AVHRR 遥感影像与 GIS 技术,分析了多瑙河上游不同土地利用覆被下的水土资源平衡状况[112],Ozdogan 等采用 Landsat 影像估算了作物面积与蒸散量的变化,探讨了作物面积扩展对区域水资源平衡的影响,提出了区域水资源发展的措施[113-115]。随着人类活动对区域土地利用方式影响的增强,国内外许多学者近年来开始关注不同土地利用模式对区域水资源供需平衡的影响,如 Krause 等对德国典型流域在不同土地利用方式下的水量平衡进行了分析[116]。

## 1.4.3 水文模型构建

水文系统是一个十分复杂的巨系统,而水文模型是解释这个复杂系统的非常有效的手段。遥感技术能够获得大面积的地形、地貌、土壤、植被、水文和气象等信息,通过间接转化可以获得一些传统水文方法观测的信息,同时遥感具有周期短、同步性好的特点,在实时、空间分布的模拟需求上具有较好的契合性。本部分将按照逻辑关系,依次梳理水文模型、缺资料地区水文研究进展、遥感驱动式水文模拟和增益性时空分布水文模型 DTVGM 的研究进展。

### 1.4.3.1 水文模型

国内外开发研制的水文模型众多,结构各异,一般而言,按照模型构建的基础,水文模型可分为系统理论模型、概念性模型和物理模型。①系统模型将所研究的流域或区间视作一种动力系统,利用已有的输入(一般指雨量或上游干支流来水)与输出(一般指流域控制断面流量)资料,建立某种数学关系,然后据此用新的输入推测输出,这类模型只关心模拟结果的精度,而不考虑输入与输出之间的物理因果关系,因此又被称为"黑箱子模型"。代表模型有总径流线性响应模型(TLR)、线性扰动模型(LPM)等。②概念性模型是以水文现象的物理概念和一些经验公式为基础构造的,它把流域的物理基础(如下垫面等)进行概化(如线性水库、土层划分、蓄水容量曲线等)。再结合水文经验公式(如下渗曲线、汇流单位线、蒸散发公式等)来近似地模拟流域水流过程。概念性流域水文模型主要有:水箱模型(Tank Model)、斯坦福模型、萨克拉门托模型、SMAR 模型及新安江模型等。③一般物理模型认为流域面上各点的水力学特征是非均匀分布的,因而依据物理学质量、动量与能量守恒定律以及流域产汇流特性构造水动力学方程组，来模拟降水径流在时空上的变化。与概念性模型中把基本单元简化为一个垂直圆柱体而只考虑水力的垂直向运动不同的是，物理水文模型提出既要考虑单元内部垂直方向水量交换，又要考虑水平方向的水量交换，其中有代表性的有 SHE 模型和 DBSIN 模型等。

从反映水流运动空间变化的能力角度说，水文模型又可分为两类：集总式模型和分布式模型。①集总式模型认为，流域表面上各点的水力学特征是均匀分布的，对流域表面任何一点上的降水，其下渗、渗漏等纵向水流运动都是相同和平行的，不和周围水流运动发生任何联系。因此整个流域被当作一个单元体，只考虑水流在单元体内的纵向运动。②分布式模型则认为流域表面上各点的水力学特征是非均匀分布的，水流在流域表面上分布并不均匀，应将流域划分为很多个小单元，在考虑水流在每个小单元体内的纵向运动时，也要考虑各个小单元之间水量的横向交换。分布式流域水文模型的主要思路是：将流域划分成若干网格，对每个网格分别输入不同的降水，根据各网格内植被、土壤和高程等情势，对每个网格采用不同的产流计算参数分别计算产流量，通过比较相邻网格的高程确定各网格的流向，根据各网格的坡度、糙率和土壤等情况确定参数，将其径流演算到流域出口断面而得到流域出口断面的径流过程。模型的参数由地形、地貌数据结合实测历史洪水资料率定得到，雷达测雨、遥感、地理信息系统、数值计算和计算机等技术的支撑，使得分布式流域水文模型的研究和应用得以实现。

对于分布式流域水文模型，其可继续分为两类：分布式数学物理流域水文模型和分布式概念性流域水文模型。①分布式数学物理流域水文模型，其主要的水文物理过程均采用质量、能量和动量守恒的偏微分方程描述。如坡面洪水波、非饱和及饱和渗流等方程，相邻网格单元之间的时间、空间关系用水动力学的连续方程来建立，采用有限差分方法对方程求解。模型也采用了一些通过实验得到的经验关系；模型考虑了蒸散发、植物截留、坡面和河网汇流、土壤非饱和及饱和渗流、融雪径流、地表和地下水交换等水文过程，模型参数主要根据地形和地貌数据量测和分析，并结合历史洪水资料率定。这类模型的优点是模型的参数具有明确的物理意义，可以通过连续方程和动力方程求解，可以更准确地描述水文过程，具有很强的适应性。②分布式概念性流域水文模型用严格的数学物理方程表述水文循环的各子过程，参数和变量中充分考虑空间的变异性，并着重考虑了不同单元间的水平联系，对水量和能量过程均采用偏微分方程模拟。因此，它在模拟土地利用、土地覆盖、水土流失变化的水文响应及面源污染、陆面过程、气候变化影响评价等方面的应用具有优势；参数一般不需要通过实测水文资料来率定，解决了参数间的不独立性和不确定性问题，便于在无实测水文资料的地区推广应用。分布式概念性流域水文模型在每个单元网格上应用现有的集总式概念性流域模型推求净雨，并进行汇流演算，推求出口断面的流量过程。汇流演算一般采用水文学或水力学方法，模型参数主要根据历史洪水资料分析率定，并结合地形和地貌数据量测和分析得到。一般说来，系统模型和概念性模型都是集总式模型，而物理模型都是分布式模型。

我国从 20 世纪 70 年代开始引入国外流域水文模型，特别是 20 世纪 90 年代以来取得了较大的发展。一方面我国水文学者通过引进国外如 SHE、SWAT、VIC 等模型应用于中国各个流域的水文研究，另一方面我国水文学者也积极开展研究各种新的流域水文模型。如在概念性水文模型方面 20 世纪 70 年代赵文俊开发的二水源新安江模型，后来改进成三水源新安江模型，得到广泛的应用[117]。熊立华等提出的两参数月水量平衡模型在多个流域得到了很好的验证，适合在湿润半湿润地区推广应用[118]。王蕊等根据张文华等提出的产汇流方法构建了一个具有较强物理机制的概念性模型并得到较好的验证[119]。在分布式水文模型研究方面，黄平在 1997 年提出了流域三维动态水文模型构想，并在 2000 年建立了森林坡地饱和非饱和二维分布式水文模型。郭生练等建立了一个基于数字高程模型（DEM）的分布式流域水文物理模型[120]。夏军等开发了分布式时变增益模型[121]，该模型具有水文系统适应能力强又有分布式水文模拟的特征。刘昌明等提出了模块化结构的流域分布式水循环模拟系统（HIMS）[122]。杨大文等研究和发展了动力学过程和数值网格的分布式模型[123]。王浩等提出了二元水循环的结构[124]并与贾仰文等建立了流域二元分布式水文模型[125]。王蕾等采用有限体积法构建了基于不规则三角形网格的物理性水文模型，更加客观地反映流域水文过程的边界特征[126]。由于分布式水文模型对水文过程的各要素进行详细系统的描述，模型的建立及应用往往需要大量高分辨率的数据输入，遥感数据凭借其高速、精确、及时、范围广、稳定、连续、动态、经济、可重复等诸多优势，为分布式水文模型的建立和验证提供了数据支撑[127-128]。

### 1.4.3.2 缺资料区域水文研究

长期以来，水文研究一直主要集中于有资料的流域，尤其是分布式水文模型对水文水循环的模拟需要大量的数据支持，更是围绕着少数具有丰富数据积累的流域开展研究。十几年来，随着水资源和水安全问题的日益突出，地区经济社会发展与水资源短缺矛盾的日益突出，大量存在水矛盾的地区（尤其是边境地区）缺乏相应的数据积累和数据获取手段，导致传统方法无法发挥作用，缺资料流域的水文研究才逐渐受到重视，并成为国际上水资源、水环境研究的热点问题。

**（1）缺资料流域传统水文研究方法。** 国际上缺资料流域水文研究方法主要包括两种：一种移用相似流域的水文特征，主要有分解法和参数平均法；另一种为区域回归法。①分解法。其实质是以包括所研究的无资料子流域在内的一个大区域作为研究对象，寻找水文变量本身与流域下垫面特性之间的关系。其本质原理是：对无资料流域尺度上外延，总能找到一个包括该无资料流域，但具有水文资料的较大流域。然后假设流域产流是各自流域的比面积[128]或者地形指数[129]为权重的产流贡献的组合。由于壤中流和地下径流更多地取决于路径而不是面积，该方法不适合于地表径流占少数的流域的径流预报。②参数平均法。应用地区内的其他有实测资料的流域优选模型参数，并对优选的参数求均值后再移用于无资料流域。Micovic 和 Quick 对加拿大 12 个流域进行降水径流模拟，发现用平均后的模拟参数来进行水文模拟与用率定后的参数来进行模拟确定系数相差不大，证明参数平均法在无资料流域水文预报研究中的作用[130]。③区域回归法。采用一定方法划分水文子区域边界，在同一水文区内建立一定重现期的洪峰流量与流域特征变量的线性（非线性）回归方程，采用线性回归分析或非线性优化方法确定回归方程的参数，用于解决无资料流域设计洪水的估算问题。该方法能在很大程度上消除各种不确定因素影响，广泛应用于短缺资料地区洪水设计中。

我国缺资料流域水文研究常用方法有等值线图法、水文比拟法、径流系数法、地区经验公式法、随机模拟法等。①等值线图法。通过查阅水文特征等值线图、表，估算无实测资料地区的多年平均年径流量。我国已绘制了全国和分省（自治区、直辖市）的水文特征等值线图和表，其中有年径流深等时线图及 $C_v$ 等值线图。该方法适用于附近没有参证流域，且无降水资料或降水资料代表性不够的流域。②水文比拟法。以流域间的相似性为基础，将水文相似区内相似流域的实测水文特征值（如径流模数、径流深、径流量、径流系数及降水径流相关图等）直接移用至缺资料流域的一种简便方法。该方法适用于缺乏实测径流资料，但其上下游或水文相似区内有实测水文资料可以选作参证站的监测断面的径流估算，其精度取决于设计流域和参证流域的相似程度，特别是流域下垫面状况。③径流系数法。利用多年平均降水量与径流量间的定量关系计算年径流量，即利用年降水量的多年平均值乘以径流系数推求多年平均径流量。该方法适用于流域内（或附近）具有较长系列的降水资料，且降水量与径流关系密切的流域。④地区经验公式法。根据一个地区小流域的实测和调查的洪水资料，分析径流与其主要影响因素之间的关系，加以地区综合，并用数学方程表示，包括单因素和多因素公式。其精度取决于所选用的因素、资料的代表性及分析深入的程度。1980 年以来水利部、各高校和地方部门开展了地区单位线综合[131]，基本上做到了每一条河流都有公式和参数可查，各省（自治区、直辖市）都提出了单位线参数，并收录在水文手册中。这些成果近年来被用来进行包括无资料流域的大尺度流域的水文模拟，用来研究气候变化的影响[132]及确定单位线[133]。⑤随机模拟法。根据随机水文学原理，建立水文序列随机模拟模型，实质上是对实测序列所包含信息的进一步提取，可用于生成综合水文记录，预报水文事件，监测水文记录的趋势和位移及插补缺测资料和延长系列。该方法反映了水文要素在时间和空间上各种可能的组合情况。

上述传统水文研究方法多侧重采用水文观测、实验等手段，运用传统的数学、物理方法来研究水文预报问题。这些方法具有以下几方面的局限性：①认为在一个流域内获取的水文特征数据能代表另一个具有水文相似性的流域内的状况，从而直接进行数据的外延或者移用，忽略了对流域空间异质性所引起的水文差异的考虑。②基于一定的事先能获取的输入（如降水）与输出（如河流流量）的实测资料，直接在输入和输出之间建立关系或模型，根据未来或者设计的输入来预报输出。而当流域输入、输出和模型这三个环节中的任何一个未知时，水文预报就面临严峻的挑战。③传统的方法主要侧重于径流预报，对于一个流域单元而言，预测的结果多是几种的径流量，即流域出口处的径流量，而不能描述流域内水文过程的空间变化及各水文分量的特征，在探索流域水文变化规律方面具有局限性。④假定过去的资料能反映未来的状况，且假定在相对稳定和静止的环境下研究流域水文现象，对于变化环境下，流域水文过程无法加以描述，不能满足人类活动影响下流域水文响应的分析，也不能与全球气候模式（GCM）等气候模式进行耦合，以致无法很好地指导流域水资源管理。

**（2）缺资料流域水文研究发展。** 20 世纪 90 年代以后，联合国教科文组织（UNESCO）、国际水文科学协会（IAHS）和世界气象组织（WMO）等都开始重视无资料地区的气象和水文研究工作，实施了一系列国际水科学计划，如国际水文十年计划（IHD）、国际水文计划（IHP）、全球气候变化计划（WCRP）、无资料流域水文预报（PUB）等。

PUB 是 IAHS 于 2001 年提出，2003 年 7 月正式启动的研究计划，它是针对发展中国家水文观测资料不全甚至无测站流域的水文预测的科学研究计划，以减少水文预报中的不确定性为核心，汇集水文理论、遥感、对地观测及水量水质等多方面成果，旨在探索水文模拟的新方法，实现水文理论的最大突破。计划的目标不仅仅要提出解决无资料或者水文信息不完全地区的水文分析与预测问题，而且要促进水文科学理论与技术解决实际问题以及寻求解决水文复杂性和不确定性问题的新途径[134]。IAHS 专门在世界上广泛征集规模不等的研究小组，大力开展无资料流域的水文预报，迄今法国、美国、加拿大、德国、中国等国家均成立了 PUB 研究小组。我国 PUB 工作小组在北方、南方、西北干旱区等地区分别开展了相关研究工作，研究内容涉及地下水和地表模拟、洪水预报、水资源及评价、水循环和水质模拟，以及缺资料地区水文预报的新方法、新理论和新技术等。

谈戈等指出现代水文学应该充分运用新的系统理论和方法来解决传统水文学所遇到的困难，新理论包括灰色系统理论、人工神经网络、几何分析、小波分析等[135]，新技术则包括计算机技术、空间技术、RS 技术、GIS 技术等。RS 已经是现代地球科学研究的主要信息来源，GIS 等先进技术通过矢量化流域的地表不均衡性，再通过 GIS 建立模型的参数与地表特征的转换函数，被证明能有效地用于无资料流域的水文预报。

从现存资料中建立新的水文方法，进行资料插补和拓展。空间插值是缺资料流域的水文研究中有效的手段，通过内插和外延将已有测站资料流域响应信息扩展到无资料流域。20 世纪 90 年代以前，常采用数理统计方法估算和模拟气温和降水的空间分布；20 世纪 90 年代以后，随着 GIS 技术的发展与成熟，反距离平方、克里金法、样条函数和多项式等插值方法得以发展，并在研究中得到了非常广泛的应用。随着研究的深入，降水和温度的水平和地带性特征被加以考虑，在此背景下基于 DEM 的气温和降水量插值方法得以发展，取得了与前者相比更高的气温差值精度。但是空间插值法获取的数据精度，主要取决于观测站点的密度与其分布的均匀性，其直接决定了数据的代表性。目前空间插值法的研究热点则在于各种数据最优的空间内插方法，即通过分析数据的内在特征，并依据这些特征研究适用于该数据空间分布特点的内插方法，同时加入其他影响因素作为外延依据。

利用新的资料收集方法，进行大尺度水文过程的建模和分析。遥感能够提供多时相、高分辨率的流域空间特征信息，且能获得遥远的、无人可及的偏僻区域的信息以及直接和间接测量很多常规手段无法测量到的水文变量和参数数据，是描述流域水文变异性的最为可行的方法，能够弥补传统监测资料的不足，在无常规资料地区或地面观测缺乏区可能是唯一的数据源。

通过不确定性分析和模型诊断，增强水文模型对水文过程的代表性，挖掘流域响应的关键信息。其主要表现在增强分布式水文模型中参数的物理意义，减少参数间的不独立性和不确定性问题，使其在模拟缺乏前期观测的流域之前，通过短期高强度的野外观测和试验，就能获得模型标定和运转所需的数据及参数，从而削弱模型对资料的依赖性，使分布式水文模型便于在缺资料地区推广应用[35]。

### 1.4.3.3 遥感驱动式水文模型

遥感水文是遥感科学和水文学科交叉产生的研究领域，主要是研究水文要素遥感获取的理论、方法和技术，将遥感技术与水文模型相结合构建遥感水文模型，开展水文状况和水资源利用的空间计算与分析，完成流域水文概况模拟、洪水过程监测预报、水资源估算和水资源配置等方面的任务。因此遥感水文研究的主要内容既包括传统水文学的内容，又包括新兴的水资源学的内容，特别是缺资料流域水文研究与应用的发展，进一步拓展了应用遥感水文解决半分布式水文模型资料需求数据量大和时空分辨率比较高的问题。

分布式水文模型的结果很大程度上依赖于输入数据的精度，而目前限制分布式水文模型的研究和实际应用的主要障碍在于缺乏足够多的、高精度的、时间序列的水文空间数据来描述水文过程的时空变化，这一问题在缺资料流域尤显突出。目前，遥感水文主要有两方面的应用：一是直接应用，即利用遥感技术直接提取水文信息，如利用遥感资料检测各种水体面积变化，监测冰川和积雪的融化状态、洪水过程的动态变化等；二是间接应用，即利用遥感资料推求有关水文过程中的参数和变量，用于间接估算河川径流。

尽管遥感技术无法直接测量河川径流，但是结合遥感提供的地形、土壤、植被、土地利用和水系等下垫面条件信息，以及降水量和蒸散发等，在确定产汇流特性及水文模型参数时十分有用；通过间接转化可以获得一些传统水文方法观测不到的信息，且遥感具有周期短、同步性好、及时准确、分布式等特点，能较好地满足水文模拟实时、空间分布的需求；与描述时空变异性、多变量或参数化的水文模型进行有效耦合，可用于水文过程模拟及水循环规律研究。遥感技术与水文模型相结合形成了遥感信息的水文模型，可以直接或间接地应用遥感资料在更大范围更准确进行流域的水文概况估算、水土变化监测、洪水过程监测预报等。刘昌明等将应用遥感信息的水文模型分成 3 类[136]。

①遥感信息和地面同步实测资料的回归模型。此类模型基本上没有物理机制，故时空分辨率都较低，可应用于较大流域（如 10 000km²）长时段（如月）的水资源规划与管理。例如，Welby 利用美国 Landsat 卫星数据确定出水体、森林和河边植被等流域物理特征，改善传统的回归方程，成功估算出美国加利福尼亚地区的一些河川径流[137]；国内的如 Zhang 和 Lemeur 在长江的汉口段流域上，提出利用高分辨率的 Quickbird 2 卫星影像资料估算河流流量的方法，该法通过与河流宽度—水位及遥测水文—流量关系曲线耦合来测量河流水面宽度变化，从而准确评估其流量[138]。

②将遥感信息作为水文模型中的参数输入与估算，或者是调整水文模型结构后与具有空间特征的遥感资料相结合的遥感水文模型。这类模型以 SCS 模型为典型，最早尝试应用遥感信息确定模型参数，利用遥感信息确定模型的重要参数 CN 值，Shrimalia 等在印度北部的 Sukhna Lake 流域，采用 RS 和 GIS 技术把山地易蚀区分为林地、农用地、灌木林、荒地、河床和沉降地 6 类，并采用 SCS - CN 法计算了该地区的径流[139]。刘贤赵等应用遥感资料确定模型的土地利用和土壤类型，改进 SCS 模型，取得比较满意的水文模拟结果[140]；许有鹏等采用萨克拉门托水文模型，探讨了利用 Landsat TM 直接或辅助确定

水文模型参数的途径和方法，应用于浙江省曹娥江流域，进行日、月、年径流量的冬天模拟，取得了较满意的精度[141]；Cermark 等通过 Landsat 卫星数据获得土地利用数据确定水文模型参数。

③应用遥感资料的水量平衡模型。此类模型的结构非常简单而清晰，即水量平衡方程，利用遥感信息结合地面实测资料，求得降水、区域蒸散发及持水量的变化后，即可得到径流量，但计算过程中存在误差累积问题[142]。刘昌明举例提出，在降水量为 500mm 的半湿润半干旱地区，实际蒸散发量为420mm。由于区域蒸散发量估算困难和精度要求，如误差为±10％，估算区域蒸散发量为 378mm 或 462mm，尚在满意程度范围内，但径流量的误差高达±50％ 以上，令人较难接受[35]。

综上，水文系统是一个十分复杂的巨系统，水文模型是解释这个复杂系统的有效手段，其经过黑箱子模型、概念性模型和数学物理模型三个阶段，对于水文过程的描述逐渐清晰，分布式水文模型具有空间描述水文特征能力，使得变化气候条件和土地利用/覆被条件下的水文响应分析成为可能。在过去几十年，中国内外已涌现出了一批分布式水文模型，在流域水文研究中发挥了巨大的作用。但是，也存在一定的局限性，模型的基本假设和区域性参数决定其适用的区域，而模型的复杂程度决定了模型对输入资料的要求很高，在很多地区，尤其是缺资料流域无法应用。

遥感技术虽然无法直接探测径流量，但是它能获得大面积的地形、地貌、土壤、植被、水文和气象等信息，通过间接转化可以获得一些传统水文方法观测不到的信息，而且遥感具有周期短、同步性好、及时准确等特点，能较好地满足水文模拟实时、空间分布的需求，可应用于驱动描述时空变异性，多变量或参数化的遥感信息耦合流域水资源模型，其在获取水文输入与参数方面的潜力使得在水文模拟中的作用逐渐凸显。遥感信息耦合水文模型已成为分布式水文模型研究发展的必然趋势，对于缺资料流域遥感水文模型研究的意义更显突出，加强遥感技术与水文模型的集成和从遥感数据中提取水文数据的方法研究，对水文模型的创新十分必要[143]。

## 1.4.4 耕地利用变化下水土资源平衡效应

土地利用/覆被变化（LUCC）的效应研究是 LUCC 的核心研究内容之一，是 LUCC 所表现出来的结果[144]。与本研究联系比较紧密的是 LUCC 的水文效应研究。土地利用/覆被变化对水文过程的影响主要表现为对水分循环过程及水量水质的改变作用方面，最终结果直接导致水资源供需关系发生变化，从而对流域生态和社会经济发展等多方面具有显著影响[145]。影响水文过程的主要 LUCC 过程，在区域尺度上主要包括植被变化（如毁林和造林、草地开垦等）、农业开发活动（如农田开垦、作物耕种和管理方式等）、道路建设及城镇化等；从全球尺度而言，毁林和造林是最主要的驱动因素[146]。目前 LUCC 水文效应的研究主要侧重于对径流影响的研究，因为径流能够反映整个流域的生态状况，也能用于预测未来土地利用/覆被潜在变化对水文水资源的影响[147]。

随着社会的快速发展和人口的迅猛增长，农业用地不断得到扩展，同时土地利用的开发强度也不断增加，极大地破坏了土壤结构，促使土壤压实和结皮，从而使入渗速率和土壤蓄水含量有所降低[148]。现有大量实例证明了此观点，即在主要是农村的地区，农业土地利用的变化，特别是放牧压力和作物种植强度的增加，造成入渗和地下水补给降低以及径流增加[149]。田间排水可通过增加季节性河流密度及抑制土壤中流量和蓄水而使洪峰流量持续增加。在小尺度上，通过田间的研究可以识别由过度放牧造成的土壤表面践踏和压实以及在高强度耕作条件下的土壤团聚体稳定性的降低等特殊土地利用方式而导致产流量增加的水文作用[150]。然而在大尺度上，蓄水和排水的复杂机制的中和效应，常常使土地利用变化对洪水产生的影响较小[151]。除了流域这些自然特征的物理不均匀性，不同土地利用的分布也可能通过改变排水路线的传导度和连续性而对流域水文过程产生很大影响。此外，单一的农业管理决策最终将导致流域水文系统发生变化。Costa 等对托坎廷斯河流域（面积 $76.7 \times 10^4 \mathrm{km}^2$）土地利用变化的水文效应进行了分析。结果表明，农业用地的增加降低了入渗和蒸发，从而增加了年均流量。如果土地利用的压力继续增加，托坎廷斯河流域的水文汛情在未来将发生更大的变化[152]。我国黄土高原地区，毁林毁草开荒现象已经发展到 25°以上的陡坡地，使地表植被大量减少，从而使土壤抗蚀能力降低，增加水土流失的可能性，而且降低土壤含水量，增加入河水量。根据无定河流域的研究表明，开荒为主导的人为因素导致我国东北黑土区（以黑龙江省赵光和海伦地区为例）年均增水 $1.37 \times 10^6 \mathrm{m}^3$，天然土壤和植被覆盖一经被开垦为农田，在同样降水的条件下，次年土壤储水能力就会减少 $20\%$ 左右[153]。此外，农业开发活动显著增加了嫩江上游支流科洛河和泥鳅河流域的径流量[154]。然而，对农业开发活动的水文响应研究得出了相反的结论。如 Lørup 等（1998）就津巴布韦（Zimbabwe）流域土地利用对流域径流的影响研究表明，由于人口的增长和农业活动强度的增加，津巴布韦六个流域中的多数流域的年径流量均有所减少。整体上认为：农业开发活动具有增加年径流量和洪峰流量的作用[155]。

## 1.4.5　动态评述

耕地利用方面，由于耕地是土地利用类型的一种，对于耕地格局研究一般将其纳入土地利用格局研究范畴，但耕地格局特点实质上非全地类的格局特点的分离，对其并未深入开展相关研究。学界一般将耕地数量变化的空间属性及其斑块的景观特征表述为耕地格局，不能全面解释耕地格局的实质内涵。在具体指标选取上侧重于影响耕地空间分布社会经济要素数量关系及其在空间分布上的定性研究，仅有少量研究涉及地形等自然要素对耕地格局形成的影响，不能全面和综合反映区域耕地格局数量变化的空间属性，导致研究成果指导性不强。同时，尽管有部分关于耕地有效提取的研究，但其往往通过传统的实地抽样调查或结合高精度影像、航片来剔除小地物或线状地物对耕地面积精度的影响，需要耗费大量的时间、财力、物力和人力成本，不利于实际操作和推广。我国实行区域土地规划利用制度，土地利用具有较强的规律性，具体可以表现在地块的面积与土地利用方式的关系，通过数理的计量统计模拟，结合初步提取的土地利用信息数据进行有效耕地的信息提取。

水土资源平衡研究方面，其研究实质是水资源和土地资源的时空匹配，一般可被分为天然状态和额外增加人类活动影响的人工状态2个层次，从已有的文献研究内容不难看出，天然状态下水土资源平衡的研究目前主要集中于气候、作物及土壤水分平衡3个层次。将土壤、作物、降水等因子作为一个系统的土壤水分平衡研究代表了天然状态下水土资源平衡研究最高层次，研究最为广泛也最为深入；从空间尺度上看，目前基本是以实验为基础的小尺度研究，即在小片田块之内；从时间尺度上看，大多是以作物的生育期为研究单元，以实验年或选取典型降水年份进行研究；从采用的研究方法看，主要是以实验数据为基础，根据水量平衡模型对耗水量等进行计算；从研究的对象来看，一般以主要的农作物（小麦、水稻、玉米）、典型牧草等为研究对象；从研究的结果看，对不同植被的耗水特性有了较深入的研究，对植被的需水量与降水的时空耦合程度进行了点上的探讨。

人工状态下的水土资源平衡研究已实现了由定性描述向定量研究的发展，其研究目的也由单纯为开垦耕地提供决策支持转向实现区域水土资源的利用与经济、生态的协调发展；从研究的区域来看，主要集中于区域水土资源配置较差而人口、资源、环境与发展矛盾突出的地区；从研究的尺度来看，以地区、省等大区的研究为主，中等尺度的研究较少；从研究的方法看，基本的思路均是首先以作物灌溉定额和灌溉面积来计算灌溉需水量，然后将之与灌溉可供水量相比较而求算区域水土资源平衡量，既有对现状的描述，又有对远景的预测；从研究的结果看，摸清了典型区域水土资源匹配情况，提出了区域水资源合理布局的建设性方案，对区域的持续发展起到了指导作用。本书以挠力河流域为研究区，将着重体现耕地利用变化对于水土资源平衡的影响。

在缺资料区遥感驱动式水文模拟上，一方面，现代遥感信息技术对于复杂的水文变量和参数获取具有特有的优势，可以获取一些传统水文方法难以获取或观测不到的信息，将其与水文模型进行耦合能够实现对区域水文循环过程分布式模拟的目的。另一方面，"无资料流域水文预测"是国际水文科学研究的热点问题。通过构建基于遥感驱动式水文模型，来实现偏远或缺资料地区的水文过程的循环模拟，进而研究该地区的水文循环及水土资源综合利用问题。

对于区域的水土资源开发利用战略，需依据区域的水分供应条件，开展针对性的水土资源平衡研究，实现耕地的有效灌溉管理，并最终促进耕地利用下水土资源平衡的目标。

## 1.5 研究构想与内容

### 1.5.1 研究构想

遵循"理论机制—过程模拟—策略应对"的研究思路，围绕耕地利用下水土资源平衡综合应对的重大实践需求，明晰水土资源平衡效应内涵、基本理论和方法；以挠力河流域为研究对象，基于遥感信息提取技术，并运用灰色理论提出有效耕地提取方法，提取挠力河流域有效耕地分布信息，研究其耕地利用变化格局；基于水土资源平衡要素信息，构建基于遥感驱动的区域分布式水文模型，从逐日尺度上模拟研究区域水文循环过程；将水土资源平衡细分为 3 个层次，逐级增加限制因素，首先只考虑气候条件影响，然后引入作物种植条件，再增加地表、土壤等水循环系统要素，探讨气候、作物和土壤 3 个层次的水土资源平衡态势及耕地利用下的水土资源平衡效应；加入人工状态研究挠力河流域水土资源平衡，以加强研究的实际指导意义，并实现水土资源灌溉管理，最终提出针对性的区域水土资源平衡应对策略。

### 1.5.2 研究内容

挠力河流域地处三江平原腹地，面积约为 2.49 万 km²，属中温带大陆性季风气候区，夏季高温多雨，冬季寒冷漫长，过境水资源丰富，水系自西南流向东北，地形呈现西南高、东北低的态势，地貌类型主要由山地与平原两部分组成。挠力河流域农业开发活动非常活跃，新中国成立以来经历多次大规模土地利用开发，尤其在 1980 年国家进入经济迅速发展时期后。目前该地区已建成 7 个县（市、区）、7 个现代化农场，已成为三江平原地区主要产粮区和国家重要商品粮基地。

本研究以挠力河流域为研究区，设置以下 5 个方面的研究内容：①水土资源平衡效应理论构建及技术体系；②耕地信息统计理论假设及有效耕地分布信息提取；③水土资源平衡关键影响要素分析及水文模型构建；④耕地利用下水土资源平衡效应研究；⑤水土资源平衡及综合应对。

### 1.5.2.1 水土资源平衡效应理论构建及技术体系

研究具体包括以下 6 个方面内容：①从水土资源平衡对流域水源及供水特性、土地资源的"三生"需水和水土资源配置与调度的影响等方面，结合水土资源平衡演变过程，提出水土资源平衡的基本内涵，综合考虑挠力河流域的耕地变化特点，归纳耕地变化下的水土资源平衡效应内涵。②基于计量统计和遥感技术手段，结合土地利用数据、第二次全国土地利用调查数据、土地利用线状地物等基础数据源，提出有效耕地信息提取的实施途径。③运用现代遥感及地理信息同步观测技术，从自然气候变化、植被条件改变和下垫面要素条件改变等识别区域水土资源平衡影响的要素特征。④基于分布式时变增益水文模型，结合遥感信息技术手段，实现遥感驱动下的缺资料地区水文过程模拟的目的，从逐日的尺度还原流域历史水循环过程。⑤从气候、作物和农田土壤 3 个层次研究挠力河流域水分平衡特征，并揭示耕地利用下水土资源平衡效应。⑥在人工状态下研究挠力河流域的水土资源平衡，并实现流域农田精准灌溉管理的目的，提出实现该流域水土资源平衡的针对性策略。

### 1.5.2.2 耕地信息统计理论假设及有效耕地分布信息提取

在前期人工目视解译获得挠力河流域土地利用/覆被信息的基础上，结合我国土地利用管理的特征，基于灰色理论系统原理，提出耕地信息统计理论假设，并选用 2010 年土地利用/覆被数据进行理论假设验证，通过辅助信息的加权处理，最终提取挠力河流域 2000 年、2005 年、2010 年和 2015 年 4 期有效耕地分布信息。采用标准差椭圆分析等途径，空间叠加和数量统计手段，研究挠力河流域耕地利用格局。

### 1.5.2.3 水土资源平衡关键影响要素特征

研究包括降水、气温和地表辐射在内的气象水文要素及地表植被要素条件和流域下垫面条件，计量 2000 年、2005 年、2010 年和 2015 年的挠力河流域水土资源平衡过程中的关键要素的数量及空间分布特征。综合考虑水土资源平衡要素的选取特点，分析融雪、植被、截留、蒸散发、地表径流、下渗、壤中流及汇流等水循环过程。

### 1.5.2.4 遥感驱动式水文模型构建及模拟

基于分布式时变增益模型 DTVGM，在遥感技术信息源的基础上，运用交互式数据语言 IDL（Interactive data language）程序设计，构架基于遥感驱动的分布式水文模型 RS_DTVGM，模拟挠力河流域研究时点的逐日水文循环过程。

### 1.5.2.5 水分平衡特征及水土资源平衡效应评价

从气候、作物和农田土壤 3 个层次研究挠力河流域水分平衡特征及水土资源平衡效应,即首先是只考虑气候条件影响,然后引入作物条件,再增加地表、土壤等水循环系统要素,分别研究其对应的水分平衡特征,挖掘耕地利用下的水土资源平衡效应,从像元尺度来评价水土资源平衡态势。

### 1.5.2.6 水土资源平衡及综合应对

构建水土资源平衡模型,基于各县域的作物灌溉定额数据、灌溉需水计算数据和灌溉供水数据,实现县域的水土资源平衡计算。同时,运用多智能体Agent 模型,尝试实现挠力河流域的精准灌溉管理分区,实现农田灌溉管理,并结合前文研究,实现挠力河流域水土资源平衡的综合应对。

## 1.6 研究方法

以水土资源系统耦合为主线,遵循"理论机制—过程模拟—策略应对"的研究思路,以现代地理信息技术、数值模拟模型和长时间序列原型观测数据为关键支撑,主要研究方法如下:

**(1)有效耕地信息提取及耕地格局分析研究方法。**关于土地利用面积,在排除面积较大的特殊地块(如大片林地、建设项目用地)前提下,在一定非耕地斑块面积范围内,对一定面积区间间隔的非耕地斑块进行面积统计和若干次累加处理,数据将表现出显著的指数回归特征。考虑到面积变化的"灰色性",运用灰色系统理论对有效耕地信息进行计量,借助相关的线状地物信息、土地利用变更调查数据,实现有效耕地信息的提取。耕地格局分析主要采用 GIS/RS 相结合的空间叠加分析方法及空间形态学中的标准差椭圆来分析耕地的形态学特征。过程中涉及数理计量统计分析法、归纳总结法、标准差椭圆分析法、数理模型模拟等方法。

**(2)水土资源平衡影响关键参数计量。**研究方法采用 ArcGIS 叠加统计、3S 技术(RS、GIS、GPS)和水文学中的突变检验、M-K 检验等方法分析水土资源平衡中关键影响参数,研究过程中涉及数理计量统计分析法、原型数据观测法等。

**(3)遥感驱动式水文模型构建方法。**基于 DTVGM 原理并在交互式数据语言(IDL)环境下对冠层截留项和蒸发项进行改进,设计瞬时尺度和逐日尺度的尺度转换,实现 RS_DTVGM 模拟挠力河流域水循环过程的目的,过程中涉及水文模型分析法。

**(4)水土资源平衡效应研究方法。**运用构建的 RS_DTVGM,从逐日的尺度上还原流域历史水循环过程;从气候、作物和土壤 3 个层次研究挠力河流域水分平衡特征,揭示耕地利用下水土资源平衡效应。研究过程中涉及数量统计法、数据空间叠加法、数理模型分析法等。

**（5）水土资源平衡研究方法。**综合考虑人工状态下用水基础理论，构建水土资源平衡模型，实现挠力河流域水土资源平衡研究。运用可以综合考虑灌溉空间位置和灌溉需求度的空间优化配置模型（AgentLA），实现挠力河流域农田灌溉管理分区，划定未来需进行重点灌溉的对象区，并最终提取挠力河流域水土资源平衡应对策略。过程中涉及数量模型分析法、数理计量统计分析法、数据空间叠加法、归纳总结法等。

# 1.7　创新点

主要创新点可归纳为：

**（1）研究视角的创新。**认识到耕地变化对三江平原产汇流机制及过程造成的影响，围绕挠力河流域开展以水土资源为中心的农业资源综合平衡关系研究，研究水田化进程中水土资源平衡效应，围绕耕地利用实现水土资源平衡利用。

**（2）研究过程的创新。**基于 DTVGM 原理构建遥感驱动式的 RS_DTVGM，实现缺资料流域的水文过程模拟，并获得像元尺度上的水资源循环分项数据，通过依次增加水土资源平衡限制因素实现水土资源平衡效应研究。

**（3）有效耕地提取的创新。**提高耕地监测精度是耕地资源布局与调控的关键所在，提出解决传统耕地调查中人力、物力成本过高问题的具体实施途径，并实现挠力河流域有效耕地的提取。

**（4）农田灌溉管理的创新。**认识到水土资源耦合特性及管理分区对挠力河流域灌溉实施的必要性，基于智能体模型原理，创新性地提出保证灌溉需水程度的差异性和避免分区目标过于凌乱的农田精准灌溉管理分区的理念和实施途径。

# 第2章 水土资源平衡的基础 理论与研究框架

## 2.1 基础理论

### 2.1.1 流域水循环理论

自然水循环是水资源形成、演化的客观基础。自然水循环是指水分在自然的太阳辐射能、地球引力、毛细管力等外营力的作用下，在垂直和水平方向上连续转化、运移和交替，并伴随着气态、液态或固态三态转化的过程，又称为水文循环，该循环是以"坡面—河道"形式为主的水循环模式，也被称为一元流域水循环系统，即没有人类活动或人类活动干扰很小的水循环系统。自然水循环的主体是没有人类活动干扰的大气和地面、天然河道、天然湖泊、海洋、未经开发的地下水等水土，介质是没有人类活动或者基本没有人类活动干扰的水的赋存和运移环境，该环境主要包括太阳系统、地球系统、大气系统。能量由太阳辐射和重力势能等天然能量输入，太阳辐射作为水体从下向上运移的驱动力，重力势能是水体自上而下运移的驱动力（图2.1）。自然水循环是一个嵌套循环，全球尺度上的大水文循环系统包括诸多的小尺度循环，如全球循环可进一步划分为海洋水循环和陆地水循环，陆地水循环内部又包括流域水循环。

流域尺度下水汽输送、降水、下渗、蒸发、径流等过程的循环转换和运移为流域水循环。流域内的降水形成产流，通过坡面汇流过程，进入流域内的河道。河道中的水通过河网汇流进入上一级河流，直到在流域出口流出该流域，进入更高一级河流或者流入湖泊、海洋。流域水循环系统中，水分、介质和能量是水循环的基本组成要素，其中水分是循环系统的主体，介质为循环系统的环境，能量是循环系统的驱动力。

图 2.1　水循环过程

## 2.1.2　耕地利用及水土资源平衡

### 2.1.2.1　耕地利用对水文过程的影响

耕地利用可作为土地利用的一个子范畴，土地利用是指人类为获取所需的产品或服务而进行的对土地利用活动，"是人类根据土地的特点，按一定的经济与社会目的，并采取一系列生物和技术手段，对土地进行长期性或周期性的经营活动；它是一个把土地的自然生态系统变为人工生态系统的过程"（联合国粮食及农业组织，FAO）。土地覆被是指"地球陆地表面和近地面层的自然状态，包括生物群落、土壤、地形、地表水、地下水及人文结构"，它是地球表面的植被覆被物和人工覆被物的总称。

由土地利用导致的土地覆被变化主要有两种类型：渐变和转变。渐变是指同一种土地覆被类型内部条件的变化，如对森林进行砍伐或农田施肥等；转变则是指由一种覆被类型转变为另一种覆被类型，如森林变为农田或草地。土地利用往往表现为功能性的特点，土地覆被则表现为形态性的特点。土地利用是土地覆被变化的外在驱动力，土地覆被又会反过来影响土地利用的方式，两者在地表构成了一个统一的整体。

耕地利用一般可认为在一定区域内耕地与其他非耕地类型的相互变化关系，以及包括耕地子类型在内的耕地的形状、大小、数量等空间属性及其组合形式和相互关系的变化。对于特定的粮食主产区而言（如挠力河流域），耕地利用变化往往是其土地利用分布最主要的变化形式。耕地利用变化对流域水文过程和水资源量有着重要的影响，主要表现在以下 3 个方面：

**（1）对流域蒸散发的影响。** 流域蒸散发与土地利用分布有着极大的关联。由于不同土地利用类型具有不同的植被覆盖、叶面积指数（LAI）、根系深度及反照率，因而具有不同的蒸发速率。当流域的土地利用类型发生变化后，其蒸散发能力也相应发生变化。例如，植被的破坏一般会导致地表径流量的急剧增加、蒸散发量的减少，这主要是由于植被的砍伐降低了冠层的蒸腾量，减少了蒸散发的消耗量，从而导致河川产流径流的增加。

**（2）对流域产汇流过程的影响。** 不同的土地利用/覆被状况，其土壤的疏松程度、物理结构、孔隙度和透水性能等参数不同，从而导致不同土壤蓄水、保水能力也有所不同。土地利用分布将直接影响到流域的产汇流过程。例如，将坡度改造为梯田、退耕还林、植树造林和蓄水工程建设等能起到一定的蓄水作用，增加土壤的持水量和水的滞留时间；能增大下渗量、补充地下水，减少河川径流量。再如，自然流域经土地利用变化后，雨水向河网系汇集的路径改变，从而影响汇流时间，对城镇而言，暴雨水流通过下水道排除，不一定流经最陡峭面。此外，不同的土地利用/覆被状况对应的各种产汇流参数也不同。例如，不同的土地利用/覆被状况将影响地表的粗糙程度，进而控制地表径流的速率和洪泛区水流的速度；不同的土地利用/覆被状况还会影响到地表容蓄量和行洪路径，进而影响洪水演进的路径和速度。

**（3）对洪涝灾害的影响。** 土地利用分布影响雨水的截留、填洼、下渗、蒸散发等水文要素及其产汇流过程，并影响流域出口断面的流量过程，改变流域洪涝灾害发生的频率和强度。这主要表现在：一方面，土地利用分布影响着流域的水系格局、地表的渗透和地下水位，从而改变地表径流量，引起产水量、洪峰和洪涝灾害持续时间的变化；另一方面，土地利用分布改变湖泊、水库的调蓄容量而影响流域的蓄泄洪能力，对潜在的洪水威胁造成一定的影响。植被起到削减洪峰的作用是值得肯定的，但其作用往往有一定的限度。此外，不同的土地利用/覆被状况对于洪峰的削弱作用是不同的。

## 2.1.2.2　水土资源平衡及其效应

20 世纪 80 年代以来，随着我国特别是农业水资源利用的紧缺，水资源和土地资源间总量供需不平衡和季节性分配不合理等问题引起一系列土地质量退化、粮食产量下降、生态环境破坏等问题。水土资源利用出现不平衡，学者们尝试运用平衡方法或综合平衡方法去重新创造条件，建立起适应区域特点的水土资源新的配置方式，使水土资源利用系统内诸要素及系统与环境之间在新的配置下获得新的协调与适应，进入新的平衡态。

在水土资源平衡的概念界定和内涵上，雷志栋较早对水土资源平衡进行了系统性研究，但并未给出明确的水土资源平衡定义，他认为水土资源平衡是根据区域"四水"(大气水、地表水、土壤水和地下水)转化的特点与水土资源配置规划的要求,进行水资源供需平衡、区域的引水—耗水—排水平衡和区域的耗水 3 个方面水资源配置[111],从这个角度而言,其更侧重于服务土地资源的水资源配置研究。王浩将水土资源平衡视作干旱区水资源合理配置的基本原则之一,他认为水土资源平衡是"从实际情况出发,以水定发展指标,以水定开发规模,提高水土资源的匹配效率"的一种手段,认为水土资源平衡的目的在于"防止水资源过度开发造成不可逆转的生态环境恶化,防止在水资源不足情况下土地过度开发造成的荒漠化面积蔓延",换句话说,他将水土资源平衡视作水资源配置的一部分[105]。林耀明、封志明等学者认为水土资源平衡的一个重要研究内容是研究水土资源在时间上、空间上匹配的问题,是"综合考虑地区内水资源的供应能力和需求状况,分析本地区水资源的余缺情况,合理协调水资源的供求关系,以寻求水土资源的平衡",其实质是研究"作物的需水要求"和"作物亏水量"等水分余缺量问题[101-102,104,109]。可以看出,由于区域内部的复杂性、研究对象的特殊性和研究方法的多样性,关于水土资源平衡研究基本侧重于水资源配置,以水定开发,对水土资源平衡概念和内涵界定也多围绕水资源的供需进行,与土地资源结合程度有限[62]。

归纳现有学者对于水土资源平衡的理解,本研究认为水土资源平衡是指在揭示区域水分数量与时空收支基础上,通过水资源区域的再分配和土地利用方式调整,重新协调水土资源二者适应比例关系,使其在水分需求利用率达到最大的同时土地资源处于最佳的合理利用状态,水土资源系统内的诸要素之间及系统与环境之间在量和质上协调、适应或均衡(图 2.2)。水土资源平衡的研究实质是水资源和土地资源的时空匹配问题[156-157]。无论是从科学、社会还是公众的角度,平衡过程中所带来的效应问题应成为当前研究和关注的焦点[158-159]。效应表征了某种动力或原因所产生的科学现象,一般可划分为正、负效应两种[160]。对于水土资源平衡而言,正效应体现了在平衡过程中倘若

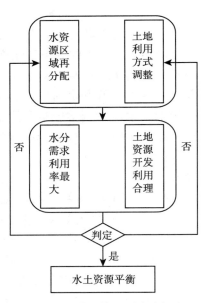

图 2.2　水土资源平衡内涵

供大于求,则需重新配置水土资源以避免效益浪费,负效应则反映了若供小于求则需重新配置以恢复到平衡状态。现有关于水土资源平衡效应方面的研究较

为匮乏，急需进行理论上的基础性研究和全面的应用性研究。

## 2.1.3　流域水土资源综合利用

水、土资源均是地球上的母体资源。水资源一般被认为是"自然水体中由大气降水补给，具有一定数量和可供人类生产、生活直接利用，且年复一年可循环再生的淡水"，具有有效性、可控性和可再生性的特点。土地资源广义上是指"被人类所利用和可预见的未来能被人类利用"的土地，其中土地一般被认为是一种多要素综合体，是"由地球陆地一定高度和深度范围内的土壤、岩石、矿藏、水文地质、大气和植被等要素构成的自然经济综合体"。从概念上可以看出，在广义上土地资源将水资源纳入其中，并作为其一项要素出现。但从狭义上来说，土地资源和水资源既是相互独立的研究个体，又存在极强的交互作用，能够相互依赖、相互影响和相互制约。明确水土资源间的交互作用及内涵是开展水土资源平衡的前提条件。

在流域的水土资源利用系统中，水资源往往具有封闭或者半封闭状态的水循环状态，水循环是水资源形成、演化的客观基础，是水环境形成的主导驱动因子，水资源利用不论其表现形式如何，都可以归结为流域水循环分项过程或其伴生过程演变的综合利用问题；虽然土地资源是具有一定上下空间范围的复杂多要素综合体，但不同的土地资源在外在上表现为不同的土地利用/覆被状态，对土地资源的开发利用将导致土地利用/覆被状态发生改变。

交互作用是指要素之间对彼此的影响和响应，水土资源交互作用即指以水循环为主要特征的水资源利用和以土地利用/覆被状态为主要表征的土地资源间的内在演化关联特征。但受自然变化和人类活动的影响，变化环境下的水循环呈现出明显的"自然—社会"二元特性，土地资源也呈现出对应的适应性变化特征，深刻交互影响着水资源与土地资源及其相伴生的环境系统演变规律。同时人类不断对自然界进行改造，特别是进入经济迅速发展时期后，对水循环过程的干扰强度大大增加，对土地资源的利用程度也不断加大，两者的交互作用更加剧烈和复杂，并打破了原有以自然水循环模式为主的水循环系统的运动规律和转化机制，在部分人类活动密集的区域甚至超过了自然作用力的影响，土地资源受包括人类扰动和水资源交互的作用更加强烈，逐渐形成了"二元化"下的社会和自然交互影响的水土资源综合利用系统。在该系统下，以人类活动为主要特征的社会要素与水、土资源自然要素相互依存又相互影响，形成了社会经济—水资源—土地资源的耦合交互模式。倘若三者中的某一要素系统变化，必然引起另外两者发生改变。土地利用分布通过下垫面的改变，影响着降水、冠层截流、蒸散发、产汇流等水文循环过程。同时受人工作用影响，水资源的构成和分布的变化会影响水资源的有效性，进而导致土地利用发生改变（图 2.3）。

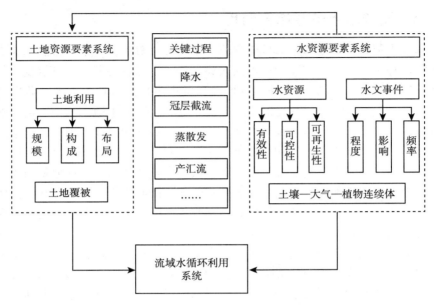

图 2.3　水土资源综合作用机理

### 2.1.3.1　水土资源综合作用机理

土地的规模、构成和格局发生变化，导致需水总量、构成和时空节律发生变化。变化的土地又影响水循环和水资源，两者是互动的耦合关系。

从水资源来看，温度升高，将导致降水量略有增加，引起水循环的速率加快，导致极端水文事件发生的频度增加。从供水侧来看，这将导致可利用的水资源量减少，可供水资源量减少，实际配置的水量减少；从需求侧来看，需水量增加，缺水率会增加。

从土地资源来看，水土资源的耦合体现在以下几个方面：首先，温度升高后，会导致积温、有效辐射发生变化，致使作物和自然植被生长的气候条件变化，引起物候期变化，导致需水规律改变；其次，温度升高后，降水特性发生变化，导致降水有效性改变，灌溉需求会随之变化，补水需求随之改变，总量、构成、时空节律也会发生变化；最后，对于林地、草地等天然生态系统来说，其规模、构成、格局也会发生变化。

不同土地利用类型的水循环过程有所差异。对于居民点用地、交通用地、工矿用地而言，"社会"水循环过程是主线；对于林地、草地等用地，自然水循环是主导；对于湖库等水域，其调蓄能力是主要的研究对象。

水分是挠力河流域生态环境系统中的关键因子。该区域水循环各过程，直接影响区域的水分条件及经济发展态势，从而使耕地布局发生变化。

挠力河流域自然水循环中降水、地表水、土壤水、地下水的"四水"转化过程，均对耕地布局有着直接影响。气温和降水的有效性对区域内分布广泛的温寒植物的生长态势、初级生产力等有着直接影响。地表水主要以冰川融水为主要补给来源，直接影响天然植被的规模和布局。水循环中土壤水与地下水的频繁交换，对区域作物的根系生长产生直接影响，进而影响其长势。

挠力河流域的水资源分布情况，也影响着区域内社会经济的发展，进而对社会水循环的各个过程产生影响，引起土地利用规模、构成和布局的变化。此外，区域内水资源的可控性和再生性对人工生态的规模和布局起到主导作用。

因此，对挠力河流域水循环各过程进行研究，是研究耕地利用下水资源利用过程的重要依据，也是保障流域水土资源平衡的关键。

### 2.1.3.2　水土资源综合利用研究手段

水文模型指用模拟方法将复杂的水文现象和过程进行概化的近似的科学模型。流域水文模型是模拟流域水文过程和认识流域水文规律的重要理论基础，对流域产汇流计算、洪水分析与预报及水资源优化配置与调度等具有重大意义，一直是水文学和水资源等领域的重要基础研究课题之一。

自 20 世纪 50 年代中期起，在水文学领域开始把水文循环的整体过程作为一个完整的系统来研究，并在 20 世纪 50 年代后期提出了流域水文模型的概念，随即有了 SSARR 模型（1958 年）和 Stanford 模型（1959 年）等出现。这些模型从定量上分析了流域出口断面流量过程线形成的全部过程，包括降水、蒸发、截留、下渗、地表径流、壤中流、地下径流等产流环节，也包括坡面调蓄和河网调蓄等汇流环节。

流域水文模型是在对流域水文物理现象进行抽象的基础上，采用系统的理论方法或者利用一些简单的物理概念对水循环规律进行描述而建立的。模型的发展一方面归功于计算机技术的快速发展，另一方面体现了对水文模型机理认识的进一步深入。一般的流域水文模型可以有以下几种分类方法（图 2.4）：

（1）根据模拟水文现象的成因规律，将模型分为确定性水文模型和随机性水文模型。确定性水文模型模拟水文现象的必然规律，随机性水文模型模拟水文现象的随机过程。

（2）根据模型的性质可以分为物理模型、概念性模型和系统（或黑箱子）模型。

（3）根据所建的模型的时间尺度将模型分为时段、日或月等流域水文模型。

（4）根据反映的水流运动的空间变化特点，分为集总式水文模型和分布式水文模型。

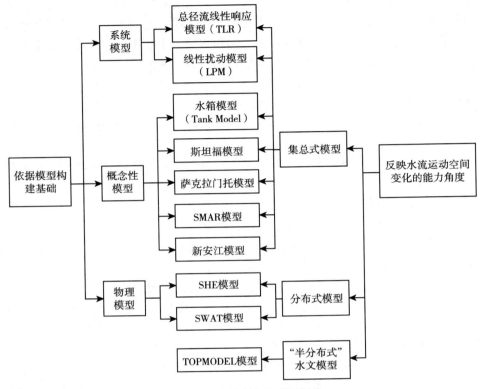

图 2.4　流域水文模型的划分

流域水文模型是以一个流域作为基本研究单元，以流域水文循环的整体过程作为模拟对象的模型，它综合考虑了流域内所有的产汇流过程。水土资源平衡是指在揭示区域水分数量与时空收支基础上，通过水资源区域的再分配和土地利用方式调整，重新协调水土资源二者适应比例关系。水土资源平衡属土地整治工程的范畴，针对水土资源平衡进行研究，通过精准的农田实验设计，确定土地资源合理的水灌溉量和灌溉目标，难以对中尺度的流域开展全局的水土资源平衡研究，而类似的水分盈亏平衡，仅考虑水循环过程中的局部项，多忽视水作为一个复杂系统的完整性，通过开展流域水文模型的建模，可以实现水土资源平衡研究的目的。

水文模型与 GIS 的集成，有的是"相互独立"形式的集成，有的是松散或相对紧密型的集成。要实现水文数值模拟模型和 GIS 的"完全"集成，尚需进一步研究集成技术的实施途径。遥感技术对于水文模型能够提供流域空间特征信息，是描述流域水文变异性的最为可行的方法，尤其是在地面观测缺乏地区。但由于遥感资料还没有完全融入水文模型的结构中，直接应用还有很大的困难，又缺乏普遍可用的从遥感数据中提取水文变量的方法，遥感技术在水文模型中的应用水平还比较低。因此，加强遥感技术与水文模型的集成和从遥感数据中提取水文数据的方法研究将是今后研究的方向。

## 2.2　相关概念

### 2.2.1　蒸发、蒸腾和蒸散

蒸散是一个既古老又新兴的科学问题。19 世纪中叶，在水文科学发展的最初阶段，科学家们试图回答河流里的水究竟来自哪里，从而开始了降水与蒸散的观测。20 世纪 50 年代以来，蒸散问题的认识伴随灌溉科学与技术的发展达到了一个新的高度，其中的标志是蒸渗仪的出现和 Penman 系列公式的形成。近年来，蒸散作为水文循环和热量平衡的重要环节，对以全球变暖为主要标志的气候变化非常敏感；蒸散作为水资源的最终消耗，对日益严峻的水资源短缺形势有重要意义；蒸散作为联系生态过程与水文过程的纽带，也是认识植被碳通量的切入点。因此，蒸散得到了更广泛的关注。

蒸散是水文循环的重要环节。在全球水文循环中，陆地表面的降水，一部分通过蒸散进入大气，一部分通过径流汇入海洋；海洋表面的降水与陆地汇入的径流，最终也通过蒸散进入大气。蒸散包括发生在土壤表面或水面的蒸发与发生在植物叶片表面的蒸腾（或散发），合称蒸散发（或蒸散、腾发）。《大英百科全书》关于蒸发、蒸腾、蒸散的定义如下（http：//www. britannica.com）：

（1）**蒸发**。元素或化合物在低于沸点时由液体转化为气态的过程，特指液体水以水汽形式进入大气的过程。蒸发主要来自海洋和植被，以维持空气湿度。蒸发同时是地气系统能量交换的重要组成，这一交换形成的大气运动进而形成天气和气候。蒸发速率取决于蒸发皿与空气的温度差、相对湿度和风速。

（2）**蒸腾**。植物学上，植物水分损失主要发生在叶片气孔。气孔由两个保卫细胞组成，在叶片表面形成气孔。保卫细胞控制气孔开关以响应不同的环境变化。缺少光照、内部水分胁迫和极端温度导致气孔关闭和蒸腾减少，光照充足、水分供给充足和适宜温度导致气孔张开和蒸腾增加。对蒸腾作用的认识尚不统一，植物体内蒸腾过程中消耗能量（蒸发过程吸收热量）有助于直射散耗，气孔张开是二氧化碳进入叶片内部和光合作用期间氧气扩散的必要条件，因此蒸腾也被认为是伴随气孔发生作用不可避免的现象。

（3）**蒸散**。蒸散来自土壤表面的蒸发和植物叶片的蒸腾组成的地表水分散失。影响蒸散速率的因素包括太阳辐射、大气水汽压、温度、风速和土壤水分。蒸散是农作物生长期间土壤主要的水分消耗，因此估算蒸散率对制定灌溉方案非常重要。

世界气象组织在《气象观测设备与方法手册》中给出蒸发、蒸腾、蒸散的定义为：蒸发是开放水面或地表的水分蒸发量。蒸腾是水以水汽形式从植被进入大气的过程。蒸散是地表水分自然条件下，来自土壤和植被的水汽蒸发。联合国粮食及农业组织在《作物需水计算手册》中给出蒸发、蒸腾、蒸散的定义为：土壤表面的水分散失为蒸发，作物的水分散失为蒸腾，蒸发和蒸腾合称腾发。

综上所述，蒸发包括狭义和广义的两种定义。狭义的蒸发是指液态水经由土壤表面或水面转化为水汽进入大气的过程，广义的蒸发是指液态水由地表（包括土壤表面、水面和植物）转化为水汽进入大气的过程。蒸腾的定义比较明确，指液态水经由植物转化为水汽进入大气的过程；蒸发或蒸散发则与广义的蒸发含义相同，也被简称为 ET。蒸发、蒸腾、蒸散发除了指物理过程，同时被用作相应过程水分散失速率的变量。

## 2.2.2 陆面潜在蒸散量

陆面潜在蒸散量又可称为最大可能蒸散量或潜在蒸散量。按照 1994 年联合国粮食及农业组织对陆面潜在蒸散量的重新定义，它是指一种假设参考作物冠层的腾发速率，作物高度为 0.12m，固定的叶面阻力为 70s/m，反射率为 0.23，非常类似于表面开阔、高度一致、生长旺盛、完全遮盖地面而不缺水的绿色草地的蒸散量。

## 2.2.3 陆面实际蒸散量

关于陆面实际蒸散，目前存在广义和狭义之分。广义的陆面实际蒸散是指区域各种下垫面条件下的蒸散量总和，相对于狭义蒸散，即裸地蒸发（土壤蒸发、城市不透水层和弱透水层等）和有植被覆盖的蒸散（发），蒸散机理包括土壤蒸发和植物蒸腾（包括草地、林地和农田蒸散发），广义蒸散在范围上多了水面蒸发，因此区域的陆面实际蒸散也被称为区域实际蒸散发，在流域尺度上则可称为流域蒸散发。

# 2.3 研究框架

挠力河流域是我国重要的商品粮生产基地，历经了四次大规模土地利用开发（分别为 1956—1960 年、1965—1976 年、1976—1982 年和 1986—1998 年），至 2000 年，流域的开垦耕地面积占到流域总面积的 55.1%，约有 98.2% 的湿地丧失和破碎化。21 世纪初以来，随着"两江一湖"和高标准基本农田的土地整治的大力推行，挠力河流域的农田排水网络（沟林路渠）和水利工程设施（如龙头桥排水灌溉工程）的修建强烈影响着地表水循环路径。随着大豆、玉米和小麦价格的下调，旱地的粮食种植效益下降，受经济利益的驱动，出现以沿河带的农户自主式的旱地改造成水田为主要特征的水田化现象，使得农田需水量持续增加。同时水稻田的网格化，大大提高了水稻田区域降水的利用效率，减少了地表径流的产生量，大量发展机电井抽取地下水，使得挠力河流域的水循环从水平排水为主向垂直排水为主的方向转变[161]。挠力河流域的地表水循环逐渐从以自然水循环为主向自然水循环与人工水循环并重的"自然—人工"二元水循环转变。另一方面，流域的综合需水特征往往非单调的逐日用水线性累加，特别是对于农田作物需水而言，日、月和作物生长季存在水循环及用水的尺度差异。

## 2.3.1　有效耕地信息的提取

耕地分布监测既是挠力河流域水土资源要素循环的基础，也是政府有关部门对耕地资源布局与调控的关键所在。目前，国内学者在提高耕地面积精度方面已经作了相关的研究。中国科学院"八五"重大应用项目"国家资源环境遥感宏观调查与动态研究"中课题"细小地物测算方法研究"将小地物定义为依据成图比例尺，达不到上图标准的地物，并且通过对耕地、林地、城乡工矿居民用地等进行成数抽样，测算其中小地物的成数，进而对面积进行校正。此外，在全国土地利用现状调查（一次详查和二次详查）中都有规定要求分坡度或者分类型区选择典型地段进行实测，结合线性回归的方法求算田坎系数，进而推算田坎面积。这些方法虽然在一定程度上可以减少田坎等小地物对有效耕地面积计算的影响，但是需要耗费大量的人力、物力、财力且受到抽样方法、抽样样本大小、代表性等因素影响，其测算结果的精度也相应会受到影响。

对一组没有明显规律的数据进行拟合测算，其测算值会存在很大的偏差；但数据进行累加后，其具有明显相关性，呈现单一递增趋势，由此拟合的数值精度会明显提高，即灰色系统的原理。基于此研究原理，对提取的所有非耕地面积等额划分区间段并进行累加处理后，其建模测算的精度也将明显提高。

基于灰色系统及趋势外推方法，建立数学模型，简单、方便地计算出有效耕地的面积。首先，基于一定途径获取区域测算数据，利用 GIS 工具对区域数据中所有上图的非耕地要素进行数字化，并在地类信息录入后，提取面积数据（采用人工目视解译实现土地利用/覆被信息的提取目的）。根据系统建模需要，只对非耕地图斑进行数字化而不是区域内全部图斑。提取面积数据后，按等额标准划分区间段，并进行逐层累加处理，得到规律性递增的一组数据。根据累加处理后数据，建立灰色系统和趋势外推两种模型并进行非耕地面积的测算。最后，综合比较两种测算方法的结果，确定区域内所有非耕地面积测算值，并从区域总面积中予以扣除，得到有效耕地的面积值。也就是说，区域总面积减去所有非耕地面积测算值后所得面积即为有效耕地面积，结合收集的研究区相关线状地物图件，认为线状地物密度高的地区无效耕地面积越多，实现研究的有效耕地提取的目的（图2.5）。

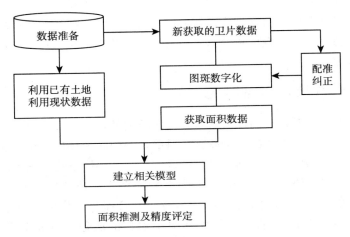

图 2.5  有效耕地信息提取方案

## 2.3.2  遥感驱动式水文模型构建

通过构建水文循环模型，实现流域内所有产汇流过程的模拟，考虑到分布式水文模型由于其较强的物理基础机制和能够表现详尽的水文空间分异信息，在模拟区域/流域水循环过程中具有独特的优势。通过水文循环过程模拟，提取水土资源平衡过程中的"水"资源条件的空间分布信息，耦合土地利用信息，实现水土资源平衡效应研究的目的。一方面，流域水文模型的选取和构建，需考虑模型的适用性和可推广性，水文系统是一个巨大的复杂的非线性系统，导致水文模型构建中水循环分项的复杂性和模拟源数据的多样性，需综合考虑区域数据的可得性以保证水文循环过程模拟。另一方面，如前文所言，遥感及GIS信息技术在获取偏僻区域的信息以及直接和间接的常规手段难以测量得到的水分条件数据方面具有独特的优势，能够弥补传统监测资料的不足[162]。通过针对特别是分布式水文模型来耦合遥感及 GIS 信息，将能够实现缺资料地区的水文循环模拟的目的（图 2.6）。

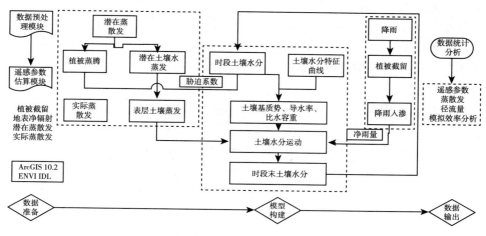

图 2.6 RS_DTVGM 构建

## 2.3.3 水分平衡评价及水土资源平衡效应研究

水资源与土地资源相互促进，是植物赖以生长的物质基础，植物在整个生长发育期，水土条件对其产生深刻影响。通过研究区域水资源与土地资源的组合与匹配规律，实现水土资源在时间、空间上的合理配置、高效利用，即水土资源平衡态。

水土资源平衡研究主要集中于两种情景，一是天然状态下的水土资源平衡研究，二是人工状态下的水土资源平衡研究。其中天然状态下水土资源平衡主要研究在自然条件（降水、植被、土壤等）下，作物水分需要量与自然供水量之间的差额问题。主要涉及降水、植被类型、种植面积以及相关的气象要素（气温、日照、湿度、风速等），其目的在于掌握植被的水分亏缺量、降水满足程度，为灌溉定额的确定和灌溉计划的制定提供科学依据。主要从气候水分平衡、作物水分平衡和土壤水分平衡 3 个层次进行研究，可认为是水土资源平衡研究过程中，通过逐层增加限制因素，首先是只考虑气候条件影响，然后引入作物条件，再增加地表、土壤等水循环系统要素，来系统研究水土资源平衡态势（图 2.7）。其中气候水分平衡是指一定时间内，区域地表蒸散发与天然降水之间的平衡关系，表现了区域水分盈亏的一般状况，用降水量与潜在蒸散量之差来计量，代表了水土资源平衡的初始层次。作物水分平衡以作物水分平衡状况为指标，可以分析作物生育进程与气候湿润状况相互匹配的程度，气候水分平衡和作物水分平衡更具理论意义。第三个层次是农田水分平衡，在自然条件下，作物的耗水来源除了生长发育期的降水之外，还有生长季节之外的土壤储水和地下水，并且不同质地的土壤对水分有着不同的调蓄作用。农田水分平衡是指一定时间内，作物根系层范围一定深度内水分的收支关系。从水文循环系统的角度出发，将土壤、植物、水等要素全部纳入土壤水分平衡的计算模式中来，才能真正揭示植物生长发育不同阶段的水分条件。

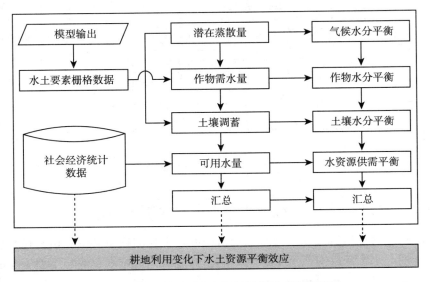

图 2.7    耕地利用下水土资源平衡效应研究框架

关于耕地利用下的水土资源平衡效应，本研究以耕地利用变化为切入点，将水土资源平衡作为耕地利用变化的基本属性，即不同耕地利用变化对应着不同水土资源量与水土资源需求，两者随时间和空间的变化而变化，从而可以由耕地利用变化揭示区域水土资源平衡的时空变化规律和地域分布格局，进而定量评价耕地利用变化的水土资源平衡效应。

## 2.3.4    挠力河流域水土资源平衡及应对策略

加入人工状态来研究挠力河流域土壤水分平衡状态，依据灌溉定额、灌溉利用系数等参数，研究耕地的水分平衡量与耕地平衡量大小，确定对应县域的水土资源平衡状态（图 2.8）。农田的灌溉管理分区则采用 AgentLA 模型进行，以 2010 年为例，综合考虑分区斑块的完整性和水分灌溉的迫切程度，提出农田精准灌溉理念，实现挠力河流域农田精准灌溉管理分区目的，结合合理地开采地下水、实施针对性的区域间调水等措施，最终保障挠力河流域水土资源平衡。

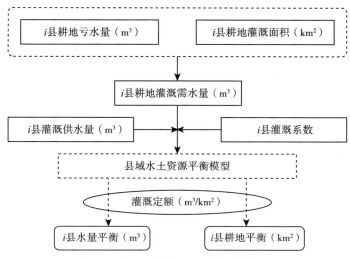

图 2.8　耕地利用下水土资源平衡路径

# 2.4　本章小结

梳理相关学者研究，本研究认为水土资源平衡是指在揭示区域水分数量与时空收支基础上，通过水资源区域的再分配和土地利用方式调整，重新协调水土资源两者适应比例关系，使其在水分需求利用率达到最大的同时土地资源处于最佳的合理利用状态，水土资源系统内诸要素之间及系统与环境之间在量和质上协调、适应或均衡。水土资源平衡的研究实质是水资源和土地资源的时空匹配问题。在水土资源时空匹配时，由于水资源与土地资源间存在极强的互动耦合关系，应将两者纳入复杂巨系统来开展研究，分布式流域水文模型为此研究提供了一个很好的研究手段，特别是对于缺资料或者没有资料的地区而言，借助分布式水文模型的模拟技术，并融合遥感信息技术获取水文参数的手段，实现对流域水文循环过程模拟，系统地研究水土资源的综合利用问题。流域模型选取和构建时，应考虑模型的适用性和可推广性，由于水文系统是一个巨大的复杂的非线性系统，因此水文模型构建过程中，考虑到水循环分项的复杂性和模拟源数据的多样性特点，选取具有很强的物理机制、数据易获取的DTVGM模型作为基础性物理框架，开展水文循环模拟，依据模拟出的地表径流、地下出水量的循环分项数据来开展耕地利用下水土资源平衡效应研究。

第二篇：

# 耕地利用格局及耕地利用下水土资源平衡效应

# 第3章 研究区概况

## 3.1 流域概况

### 3.1.1 地理位置及行政隶属

挠力河流域位于黑龙江省三江平原腹地,地理范围为东经 $131°31'\sim134°10'$,北纬 $45°43'\sim47°45'$,东南以完达山为界,东与乌苏里江相接,流域面积约为 2.49 万 $km^2$,其地理位置如图 3.1 所示。黑龙江省农垦总局红兴隆、建三江和牡丹江分局均有部分区域分布在此流域,其中农垦红兴隆分局有五九七、八五二、八五三、红旗岭、饶河 5 个农场的全部及双鸭山、北兴、二九一和友谊 4 个农场的部分面积分布在此流域。农垦建三江分局有七星和大兴 2 个农场的全部及红卫、创业、859 和胜利 4 个农场的部分面积分布在此流域。牡丹江分局有八五一农场部分面积分布在此流域。黑龙江省农垦总局所属的农场面积占该流域土地总面积的 55% 左右,约 13 476.45$km^2$。

挠力河流域是我国受人类农业活动干扰较强烈的区域,新中国成立以来经历多次大规模土地开发,湿地大量垦殖为耕地,境内建成 7 个现代化国有农场。自 20 世纪 80 年代末期起,当地政府采取资金补贴等相关政策,推行"以稻治涝"种植模式,大量低洼旱地改造为水田,粮食产量快速提升,该流域已成为主要产粮区和国家重要商品粮基地。目前挠力河流域已建成 4 个县(富锦市、友谊县、集贤县和宝清县)及 3 个区(宝山区、尖山区和四方台区),是挠力河流域主要的粮食产区和国家重要商品粮生产基地。

### 3.1.2 地形地貌条件

挠力河流域形状为长条形,流域长度约 270km,平均宽度约 90km,长宽比为 3:1。支流基本成羽状分布。流域地形总趋势呈西南高、东北低。流域西部以那丹哈达岭为分水岭与松花江流域分界,海拔高程 800~240mm;南部以完达山与乌苏里江的左岸支流穆棱河为界,海拔高程 200~60mm。挠力河

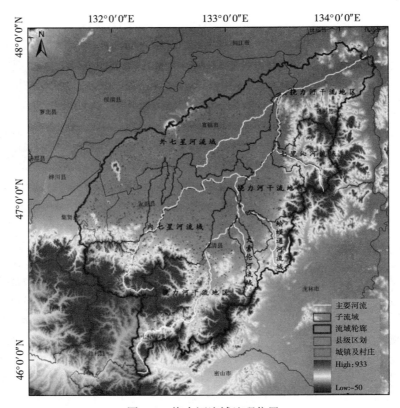

图 3.1　挠力河流域地理位置

流域水系自西南流向东北。地貌类型主要由山地与平原两部分组成,山地主要指完达山脉,平原主要指内、外七星河和挠力河中游地区,其中山区面积占流域总面积的 33.5%,丘陵占 4.8%,平原占 61.7%。

挠力河流域有 3 个重要的湿地,分别为七星河湿地、外七星河湿地及挠力河湿地。主要地貌类型有台地、阶地、高河漫滩、低河漫滩、古河道漫滩洼地、洪积—冲积平原等。

## 3.1.3　气候及水文状况

该流域属于中温带大陆季风气候区,多年平均气温 3.3℃;最高气温出现在 7 月,月均气温在 21.9℃,最高气温达 36.8℃;最低气温在 1 月,月均气温为 -18.6℃,最低气温达 -37.2℃。该流域属半干旱地带,多年平均降水量为 532mm,降水大部分集中在 6—9 月,占全年降水量的 72%;尤其是 7 月、8 月降水量更集中,约占全年降水量的 44%,大暴雨多发生于此期间;春季降水较少,5 月、6 月降水量仅占年降水总量的 23%。因此,春季干旱频繁,夏季又多洪涝灾害；降水年际差异较大。该流域太阳总辐射资源较丰富。太阳辐射的年总量变化在 414.5～460.5kJ/cm²。总辐射的年度变化取决于太阳高度、日照时间和云况。月总辐射的最大值出现在春季 5 月，一般在 52.3～60.7kJ/cm²。该流域的日照时间相当长，多年平均日照时数达 2 509h，4—9 月即作物生长期的日照时数可达 1 393h，有利于作物生长。初霜出现在 9 月中、下旬，终霜在 5 月上、中旬，平均无霜期为 143d。积雪深度最大可达 30～50cm，连续积雪期为 10 月下旬至次年 4 月中旬，大约 180d。结冰期长达 150～180d，平均冻土深度 179cm，最大冻土深度可达 260cm，给农业生产设施和土地改良的工程施工造成了很大障碍。多年平均风速 4m/s，最大风速达 28m/s，其中冬季多西风和西北风，春季多西南风，夏季多东南风和西南风。

## 3.1.4　土壤条件

挠力河流域土壤存在地域分异，随地形起伏分布不同类型的土壤。山地多棕壤，台地多黑土和白浆土。平原地区地势平坦，雨水集中，土壤形成过程中草甸化与沼泽化过程相互交替，形成了草甸土和沼泽土交错分布的格局。沼泽土、湿草甸土及少量白浆土一般分布于低洼地区，西部分布少量盐化草甸土。本区主要有五大类土壤：棕壤、黑土、白浆土、草甸土和沼泽土。棕壤包括草甸棕壤、白浆化棕壤和暗棕壤，主要分布在山地丘陵及平原中的高地；黑土包括黑土、草甸黑土和白浆化黑土，分布在岗坡地及平原的高亢地；白浆土包括白浆土、草甸白浆土和潜育白浆土，按分布分为岗地、平地、低地三种白浆土；草甸土包括草甸土、石灰性草甸土、白浆化草甸土，分布在平地、低平地及江河沿岸，基础肥力高，但大部分质地黏重，渗透性差，持水性强，耕性不良，涝灾严重，是流域农业生产潜力最大的土壤；沼泽土包括沼泽土、草甸沼泽土、泥炭沼泽土、盐化沼泽土，主要分布在江河两岸的漫滩上，是分布最广泛的湿地土壤。

## 3.1.5　社会经济条件

挠力河流域地方工业主要包括各县、农场的农机修造厂、小型动力机械厂、食品加工厂、服装加工厂及电力工业等。挠力河流域土地肥沃，水资源丰富，是新中国成立以来重要农垦区之一[163-164]。

新中国成立初期，挠力河流域仅有耕地 1 582km²，主要分布在宝清、富锦和桦川。20 世纪 50 年代以来经历 3 次大规模开发阶段：第一阶段为 1956—1967 年开发初期，流域开发土地面积 4 350.8km²，占流域面积的 19%；第二阶段为 1967—1983 年开发中期，开发土地面积 4 457.9km²，耕地面积占到流域面积的 46%；第三阶段为 1983 年至今，农业综合开发政策的实施，特别是政府致力于对湿地资源的保护与恢复，湿地丧失的速度放缓，但 20 世纪 90 年代湿地垦殖有增无减，至 2000 年，全流域开发土地约 4 612.7km²，耕地面积占流域面积的 66%[165]。此外，流域粮食种植结构发生了重大变化，以前是旱田为主，现在是水田为主。

自 20 世纪 90 年代以来，挠力河流域土地利用结构变化以耕地的内部和外部转换为主（图 3.2）。特别是 21 世纪以来，随着耕地后备资源的开发殆尽，挠力河流域可开垦的耕地急剧减少，该时间段挠力河流域的耕地利用变化以耕地的内部结构转换为主，"水田化"是 2000 年以来该流域最主要的土地利用变化特征。

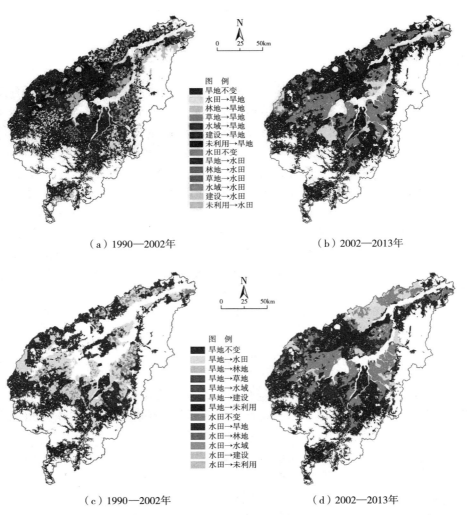

（a）1990—2002年　　　　　　　　　　（b）2002—2013年

（c）1990—2002年　　　　　　　　　　（d）2002—2013年

图 3.2　挠力河流域典型土地利用开发时间段的耕地变化特点

注：（a）和（b）代表耕地主要转入类型，（c）和（d）代表耕地主要转出类型。

农业灌溉用水的大量增加，导致地下水水位呈逐年降低趋势，并已在友谊县南部、宝清县中部和富锦市南部形成 3 个较大的地下水漏斗区[166]。挠力河流域下游低平，加上乌苏里江顶托，排水不畅，往往积水成涝。随着农业开发，20 世纪 50 年代后期陆续建设了一系列的抗旱除涝工程，包括密集的沟渠排水系统、堤防、水坝、农灌区和滞洪区等。水利设施的修筑在一定程度上改变了河流的水文状况及河道生境[167]。

挠力河流域大规模垦荒建设始于 20 世纪 50 年代，虽然开垦了大量荒地，但由于旱涝灾害频繁，严重困扰着农业的发展。20 世纪 50 年代后期开始兴建水利工程。挠力河防洪治涝骨干工程主要是 20 世纪 80 年代以来修建的内、外七星河河道开挖、堤防及挠力河堤防工程。主要水利工程包括：外七星河上游修建了黑鱼泡滞洪区，开挖了新外七星河、富锦支河等防洪治涝骨干工程，内七星河上修建了三环泡滞洪区围堤，封闭了流向外七星河的漫溢口。挠力河干流宝清以下堤防已建成。另外流域内还有多座大中型水库，如挠力河上的龙头桥水库（集水面积 1 730km²）、蛤蟆通河上的蛤蟆通水库（集水面积 473km²）和宝清河上的清河水库（集水面积 258km²）等。

# 3.2　背景数据库建立

提取 2000 年以来挠力河流域耕地及土地利用分布数据，基于多源数据来开展像元尺度下的挠力河流域水土资源平衡效应研究，并将其纳入耕地利用背景中，以挖掘耕地利用下水土资源平衡效应特征，研究其水土资源平衡规律，并进行精准灌溉管理，主要包括中分辨率成像光谱仪（MODIS）数据源、气象数据源、土地利用/覆被数据源、基础地理信息数据源。

## 3.2.1　MODIS 数据源

搭载在 Terra 和 Aqua 两颗卫星上的中分辨率成像光谱仪是美国地球观测系统（EOS）计划中用于观测全球生物和物理过程的重要仪器，能够实现从单系列极轨空间平台上对太阳辐射、大气、海洋和陆地进行综合观测，具有空间分辨率较高（百米级）、时间分辨率高（一天过境 4 次）和光谱分辨率高（36个波段）的特点。本研究主要用到 MODIS 陆地标准 3 级产品 Albedo 产品（MCD43B3，1d）、陆地表面温度（LST）和 Emis 产品（MOD11A2，1d）、LAI 产品（MCD15A2，8d），对数据进行拼接、投影与数据格式转换、裁剪、空间范围缺值插补和时间序列缺值插补处理，最终得到时间分辨率 1d 和空间分辨率 1km 的反演信息源数据，数据时间点为 2000 年、2005 年、2010 年和2015 年。

### 3.2.2 气象数据源

地面基准气象站点数据为来自中国气象数据中心的"中国地面气象资料日值数据集 V3.0",该数据集包含了中国 824 个基准气象站 1951 年 1 月以来本站气压、气温、降水量、蒸发量、相对湿度、风向风速、日照时数和0cm 地温要素的日值数据。该数据集经质量控制,要素数据的质量及完整性相对于以往发布的地面同类数据产品明显提高,各要素项数据的实有率普遍在 99% 以上,数据的正确率均接近 100%。挠力河流域邻近中俄两国边境处,流域境内气象站点较少(6 个),气象数据资料相对匮乏,因此选取包括富锦气象站和虎林气象站在内的 2 个气象站点数据(图 3.3、表 3.1),然后基于 Python 语言编程批处理实现对降水和温度数据的空间插值处理,最终得到挠力河流域 2000 年、2005 年、2010 年、2015 年逐日降水和逐日温度空间分布数据。

图 3.3  研究区周边气象站点空间位置

表 3.1　挠力河境内及周边地区站点信息

| 站名 | 纬度/℃ | 经度/℃ | 海拔/m |
|---|---|---|---|
| ASTRAHANKA，RS | 44.72 | 132.07 | 78.00 |
| BIKIN，RS | 46.80 | 134.27 | 68.00 |
| BIROBIDZHAN，RS | 48.73 | 132.95 | 80.00 |
| DALNERECHENSK，RS | 45.87 | 133.73 | 97.00 |
| EKATERINO NIKOLSKOE，RS | 47.73 | 130.97 | 72.00 |
| KIROVSKIJ，RS | 45.08 | 133.53 | 98.00 |
| KRASNYJ JAR，RS | 46.53 | 135.30 | 128.00 |
| OBLUCE，RS | 49.00 | 131.08 | 257.00 |
| POGRANICHNYJ，RS | 44.40 | 131.38 | 217.00 |
| SMIDOVICH，RS | 48.62 | 133.83 | 50.00 |
| URMI，RS | 49.40 | 133.23 | 198.00 |
| 富锦 | 47.14 | 131.59 | 66.40 |
| 宝清 | 46.19 | 132.11 | 83.00 |
| 虎林 | 45.46 | 132.58 | 100.20 |
| 鹤岗 | 47.20 | 130.12 | 227.90 |
| 佳木斯 | 46.47 | 130.18 | 82.00 |
| 勃利 | 45.45 | 130.36 | 234.40 |
| 鸡西 | 45.18 | 130.55 | 280.80 |
| 绥芬河 | 44.23 | 131.10 | 567.80 |

## 3.2.3　土地利用/覆被数据源

挠力河流域多期土地利用/覆被数据源来自美国陆地资源卫星 Landsat TM/OLI 多光谱遥感影像，数据获取自美国地质勘探局（http：//earthexplorer. usgs. gov/），解译过程中涉及选用不同的 Landsat 卫星数字产品，辅以中国科学院资源环境科学数据中心（http：//www. resdc. cn）的"2010 年中国土地利用现状遥感监测数据"，该数据比例尺 1∶100 000，数据精度良好。

2000 年、2005 年和 2010 年影像数据采用 Landsat TM 四景遥感影像，空间分辨率为 30m，条带号为 114 和 115，行编号为 027 和 028，数据获取中部分遥感影像在 6—10 月云量过高且清晰度不够，本研究将时间约束前后各推一年，以便在不影响最终判定结果基础上获得较为清晰的影像数据；2015 年影像数据采用 Landsat 8 OLI 四景影像，空间分辨率为 15m，条带号为 114 和 115，行编号为 027 和 028，其中三景影像为 2014 年 7—9 月数据，条带号为 114、行编号为 028 的影像数据来自 2015 年 8 月，云量均维持在 1%以下；卫星拍摄和传输方式的差异易导致影像发生畸变，为增强遥感信息的表达能力，使遥感影像更为清晰、目标地物更加明显和突出，保证后期土地利用信息提取的正确性，在遥感影像的分析、处理之前，对其进行纠正和配准等预处理，具体包括辐射校正、几何纠正、图像增强处理等（其中地面接收站在提供用户数据之前已进行几何粗校正），本章采用多项式法进行几何精校正，图像增强处理为通过三次卷积内插来进行重采样，但考虑到遥感数据已进行初步的辐射校正处理，因此，未进行进一步的图像辐射校正的处理；收集"2010 年中国土地利用现状遥感监测数据"，该数据为国家科技支撑计划和中国科学院知识创新工程的项目成果，数据的生产制作以 2010 年 Landsat TM/ETM 遥感影像为主要数据源，通过人工目视解译生成，为 1km 栅格数据。对获取得到的遥感监测数据进行数据坐标系转换、裁剪等过程处理后形成 2010 年挠力河流域土地利用现状遥感监测数据以备用。

土地利用分类系统采用中国科学院资源环境科学数据中心的一级分类标准，将挠力河流域划分为耕地（包括旱地和水田）、林地、草地、水域、建设用地和未利用地六大类，名称和含义见表 3.2。

表 3.2 土地利用分类系统

| 编码 | 类型 | 含义 |
|---|---|---|
| 11 | 水田 | 指有水源保证和灌溉设施，在一般年景能正常灌溉，用以种植水稻、莲藕等水生农作物的耕地，包括实行水稻和旱地作物轮种的耕地 |
| 12 | 旱地 | 指无灌溉水源及设施，靠天然降水生长作物的耕地；有水源和浇灌设施，在一般年景下能正常灌溉的旱作物耕地；以种菜为主的耕地，正常轮作的休闲地和轮歇地 |
| 02 | 林地 | 指生长乔木、灌木、竹类的土地及沿海红树林地等林业用地 |
| 03 | 草地 | 指以生长草本植物为主，覆盖度在 5%以上的各类草地，包括以牧为主的灌丛草地和郁闭度在 10%以下的疏林草地 |
| 04 | 水域 | 指天然陆地水域和水利设施用地 |
| 05 | 建设用地 | 指城乡居民点及县镇以外的工矿、交通等用地 |
| 06 | 未利用地 | 目前还未利用的土地，包括难利用的土地 |

遥感图像上的色调、几何形状、斑块大小、阴影、纹理和结构等构成了图

像的判读标志。建立的判读标志既要反映不同地物遥感影像的最大差异，又要便于人工判读时的掌握与应用。根据对十六景 Landsat TM 遥感影像各波段数据统计特征及其合成效果的目视分析，选择对绿色植被反应敏感的 TM 4、3、2 波段进行 RGB 假彩色合成，进行影像的判读。具体而言，大田作物（旱地和水田）呈鲜红或红色并具田块及耕作特征；林地多为暗红或褐红色，形状不规则；草地由于覆盖度不同，颜色由浅红到浅黄，呈不规则斑块；水域呈深蓝至浅蓝色；建设用地多为灰白、蓝灰色，有颗粒感；未利用地，如沙地，多为亮白色，形状不规则且呈波浪起伏状。示例见表 3.3、图 3.4。

表 3.3　挠力河流域土地利用分类系统

| 类型 | 判读特征 | 示例图 |
|------|---------|--------|
| 水田 | 多分布于河流水源周边地区，具有强烈的田状纹理特点 | |
| 旱地 | 多为规则的几何斑块，由于水分条件，主要呈现出鲜红的特征，具有一定的耕作纹理特征 | |
| 林地 | 多为不规则斑块，受地形影响较大，颜色多为暗红、褐红色，纹理较为粗糙 | |
| 草地 | 多为带状、块状斑块，颜色为浅红、浅黄，有的具亮红色斑点，纹理较林地细腻 | |
| 水域 | 边界清晰，颜色多为深蓝至浅蓝色 | |

（续）

| 类型 | 判读特征 | 示例图 | | |
|------|---------|--------|--|--|
| 城乡工矿居民用地 | 斑块大小不一，边界明显，呈青灰、浅灰、灰白色，色调斑杂，纹理粗糙 |  |  |  |
| 未利用地 | 斑块边界明显，沙地为白色，呈波浪起伏状；盐碱地多为白色、浅黄色，有的具白色盐斑 |  |  |  |

（a）旱地

（b）水田

（c）草地

（d）水域

图 3.4　挠力河流域典型地物样点

在 2010 年挠力河流域土地利用现状遥感监测数据基础上，采取人机交互式目视解译的方法完成 2000 年、2005 年和 2015 年的人工目视判读，并对 2010 年栅格图斑进行同步解译，特别是对耕地中的旱地和水田进行重点目视判读；选取 Google Earth 软件，配合野外考察采样的方式进行遥感解译结果的判读结果验证工作，最终形成挠力河流域 2000 年、2005 年、2010 年和 2015 年土地利用/覆被信息的遥感解译图件。对于历史期（2000 年、2005 年和 2010 年）的耕地利用数据的解译精度验证，通过 Google Earth 软件来布控数据的采样网格验证点，以实现耕地数据的精度验证（解译准确率均大于 85%），而对于 2015 年的耕地利用数据，通过对流域实地 GPS 信息样点的比对验证和记录（考察时间为 2016 年 9 月 26—30 日），结合后期的室内数据纠正，完成 2015 年耕地解译数据的精度验证[20]（解译准确率 89.20%）。

## 3.2.4　基础地理信息数据源

基础地理信息数据源主要包括栅格形式的 DEM 数据、经度数据和纬度数据（图 3.5）。DEM 数据来自 SRTM 高程数据，该数据集的空间分布率有 30m 和 90m 两种，本研究采用 90m 分辨率的高程数据作为模型输入数据；经纬度数据则通过 ArcGIS 计算得到。其他数据包括流域数字地形图、交通图（来源于国家基础地理信息中心 http://www.ngcc.cn/）、居民点分布图、地下水分布数据，以及县、市经济社会统计资料。各图件经投影变换统一转为 Albers 双标准纬线等积投影。

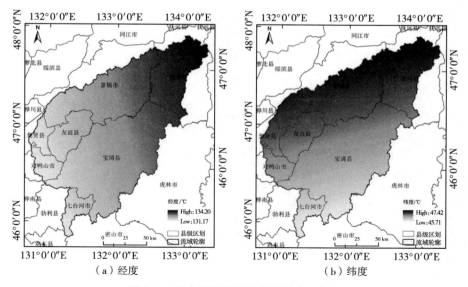

图 3.5　挠力河流域经纬度空间分布信息

## 3.3　本章小结

　　挠力河流域对全球气候变化极为敏感，曾是我国重要的沼泽湿地分布区，境内以白浆土和草甸土为主。1954 年友谊农场建立以来，垦区快速发展，并逐渐形成了垦区与普通农区交错分布的格局，在保障国家粮食安全方面有着重要地位。21 世纪以来，三江平原利用积温条件，大量的低洼旱地被改造为水田，水田面积及结构比例快速增加，井灌区迅速发展，改变了水土资源平衡格局。研究区富集了大量的自然、经济和政策等信息，具有显著的地域代表性和示范性。遵循研究思路，收集挠力河流域 MODIS、气象数据、土地利用/覆被相关数据、基础地理信息数据等，为后续研究开展提供数据支撑。

# 第4章 挠力河流域耕地信息提取及耕地格局

耕地分布监测既是水土资源要素循环基础，又是政府有关部门对耕地资源布局与调控的关键所在。耕地信息提取的准确性及其精度关系到流域水循环过程、农田需水情势研究准确性。然而在实际的耕地资源调查中，即使在1：100 000的尺度上，不超过一定宽度的农村道路、沟渠、林带、田坎等仍被纳入耕地中，不能准确反映有效耕地面积，同时受遥感影像的同物异谱和同谱异物作用及遥感影像精度影响，通过人工目视解译获得的耕地布局信息数据往往存在耕地面积被夸大的情形。如何在尽可能提高提取精度的基础上提取挠力河流域的耕地分布信息，即有效耕地分布信息的提取，是开展该流域耕地利用下水土资源平衡效应的基础。本章基于我国土地利用规划管控制度的政策背景，提出耕地信息统计理论假设并进行验证，来提取挠力河流域2000年以来4期有效耕地分布信息，并分析耕地格局特征，以揭示21世纪以来挠力河流域旱地和水田的变化特点，研究框架如图4.1所示。

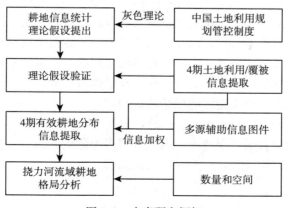

图4.1 本章研究框架

# 4.1　耕地信息统计理论假设

随着科学技术发展，遥感技术以其信息丰富、覆盖面广、实用性强、可周期性获取等特点成为现代对耕地分布监测的最主要手段。然而，受遥感影像空间分辨率、同物异谱和同谱异物等影响，一是实际存在的小地物（包括沟渠、小径、机耕道、简易公路、坟地和池塘等）被淹没在耕地，二是虽然部分小地物在遥感图像上有影像特征，但其像元宽度远大于实际宽度，影像面积夸大。据统计，遥感影像判读所获得的耕地图斑面积（指 30m 分辨率的卫星影像）比实际耕地面积大 30％左右，其中有各种非耕地的小地物和线状地物，需准确扣除小地物和线状地物，来实现对有效耕地信息提取。综合考虑我国土地利用规划管控制度下土地利用面积变化的"灰色性"特点，提出耕地信息统计理论假设。

## 4.1.1　灰色系统理论

包括土地利用系统在内的事物发展存在着不同层次的子系统，均可视作由多系统因素组成，系统及系统的组成要素间关系较为复杂。系统分析中常由于系统现象变化的随机性，导致系统发展的本质被随机性现象所掩盖，使得人们在认识、分析、预测和决策事物的发展时难以得到有用的信息。因此，不仅系统间存在"灰色"不确定性，系统内不同因素间的关系也是"灰色"的。由此导致人们难以从随机性的"灰色"系统发展中研究事物发展的规律。20 世纪 80 年代前期，由邓聚龙教授提出的灰色系统理论（Grey System Theory）能够从"部分"已知信息的生成、开发去理解、认识现实世界，实现对系统运行行为和演化规律的正确把握和描述，其研究对象是"部分信息已知，部分信息未知"的"小样本""贫信息"不确定性系统。该理论认为一切随机量都是在一定范围内、一定时段上变化的灰色量及灰色过程，对于灰色过程的处理，不寻求其统计规律或概率分布，而是从无规律的原始数据中找出规律，即对数据通过一定方式的处理，使其成为较为规律的时间序列数据，再建立模型。因为无论客观系统怎样复杂，它总是有关联，有整体规律的。

在一般情况下，对于给定的原始数据列：
$$X_{(0)}=\{x_0^1,\ x_0^2,\ x_0^3,\ \cdots,\ x_0^n\} \tag{4.1}$$
该数据列难以直接用于建模，因为数据多为随机的、无规律性的。若将该原始数据列进行累加处理，可获得新的数据列：
$$\sum a_i \leqslant A \tag{4.2}$$

其中

$$x_1^i = \sum_{k=1}^{i} x_0^i \qquad (4.3)$$

新生成的数据列为单调增长的曲线，它增强了原始数据的规律性，弱化了随机性，同时倘若累加次数越多，规律性更强，随机性更弱，可以为建立合适的指数动态模型提供必要的中间信息。将随机量视作是一定范围内变化的灰色量，将随机过程视作一定幅区和一定时区变化的灰色过程。通过对该处理后的数列进行灰色 GM 建模生成数据模型，然后逆还原处理以挖掘系统的演化规律。

作为预测模型，常用 GM($n$，1) 模型，即只有一个变量的 GM 模型，对数据列要求是"综合效果"的时间序列，$n$ 越大，计算越复杂，但精度未必越高。一般而言，取 $n$ 在 3 阶以下，即 GM(1，1)、GM(2，1) 和 GM(3，1)，其中 GM(1，1) 只有一个指数分量，单调变化，GM(2，1) 反映单调、非单调或摆动（震荡）等不同情况。

## 4.1.2　耕地信息统计理论假设提出

对小地物或线状地物面积的扣除是有效耕地提取关键。目前，国内外针对耕地资源调查中小地物或线状地物的扣除开展了大量研究。学者往往通过传统的实地抽样调查或结合高精度影像、航片来剔除小地物或线状地物对耕地分布信息的影响。此外，在全国土地利用现状调查（一次详查和二次详查）中都规定了应分坡度或者分类型区选择典型地段进行实测，结合线性回归的方法求算田坎系数，进而推算田坎面积。以上方法虽在一定程度上可减少田坎等小地物对有效耕地面积计算的影响，但是需要耗费大量的人力、物力、财力且受抽样方法、抽样样本大小和代表性等因素影响，其测算结果的精度也会受到影响。

现代数理统计观认为，无论客观系统怎么复杂，它总是有关联、有整体功能，因而有序的。因此，作为表现系统行为特征的数据，总是蕴涵着某种规律。具体到耕地面积信息提取，尽管无效耕地的提取具有复杂性，但通过对非耕地一定方式（如累加）的处理，将会增强原始数据的规律性而弱化随机性。灰色系统理论很好地契合有效耕地提取的解决途径，通过对部分已知的非耕地信息演化规律的探究，进而提取有效耕地面积，综合考虑对应年期小地物和线状地物的密度加权分布信息，然后在预提取的土地利用/覆被信息的基础上，实现提高提取实际耕地分布信息精度的目的，即有效耕地信息的提取。

灰色系统理论认为一切随机量都是在一定范围内、一定时间段上变化的灰色量及灰色过程。通过对原始数据列的累加处理，将能弱化其随机性而增强原始数据的规律性。我国实行土地利用管控制度，土地利用具有较强的规律性，具体可表现为地块面积与土地利用方式的关系。一方面，除了建设用地中的特殊地块，一些建设项目由于其规模、性质等原因，占地面积较大，但从区域宏观角度来看，该部分地块只占很小的比例。排除这些特殊地块，土地利用面积将存在较强的规律性。另一方面，由于非耕地类要素包括较多用地类型，现代统计观认为，通过对多种用地类型的加和处理，将大大降低其面积的随机性和人为偶然性。

因此，提出以下假设：在排除面积较大的特殊地块（如大片林地、建设项目用地）前提下，土地利用斑块面积存在"灰色"特点，对于净耕地而言，通过等额面积区间的非耕地斑块面积的一次或多次累加处理，数据序列将表现出显著的数理回归特征。

# 4.2 挠力河流域有效耕地提取

## 4.2.1 有效耕地提取思路

提取挠力河流域非耕地面积信息，通过灰色动态建模预测具有规律性的累加非耕地面积数据，然后通过数据的还原得到非耕地面积数据，进而提取有效耕地面积，借助对应年期的线状地物、小图斑等信息，最终得到挠力河流域有效耕地分布信息。

首先，基于易获取的遥感影像数据（如 Landsat TM/OLI 影像）和辅助解译数据，初步提取非耕地分布信息并统计面积数据，不需具体提取耕地分布信息，根据系统建模的需要，对非耕地斑块的一定范围面积数据按照等额间距进行累加处理。然后判断累加后的数据规律性，倘若规律性不明显则继续累加处理直至出现明显的数据规律性。根据累加处理后的数据，建立灰色系统预测模型来进行非耕地面积的测算，在第二次全国土地利用调查数据的基础上，通过分区对比其测算精度，精度不足则继续二次返回累加直至达到测算精度要求。再对建模后的结果数据进行还原处理得到最终的非耕地面积测算数据，并从区域总面积中扣除，得到有效耕地面积数据。也就是说，直接跳过小地物的处理过程，间接测算出有效耕地的面积数据。如果需要体现有效耕地的空间分布信息，可在现有二调渠道、农村道路等线状地物基础上，进行空间加权处理，得到最终有效耕地的空间分布数据。技术路线流程如图 4.2 所示。

## 4.2.2 有效耕地提取数值过程

### 4.2.2.1 数据获取

数据获取主要包括两类：基于 RS 的遥感影像和基准调查数据（如第二次全国土地利用调查数据）。根据实际情况，选取不同遥感卫星影像数据进行地

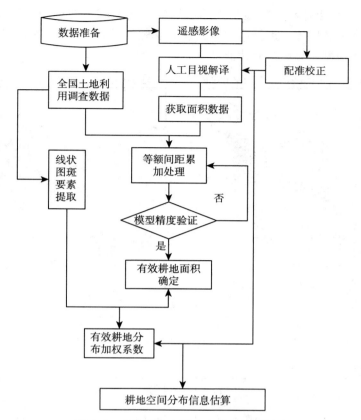

图 4.2　有效耕地空间分布信息精准提取

物信息的人工判读。研究采用建模推算小地物和线状地物的面积，一般来说需
要非耕地的大图斑面积数据的精确即可，因此可选用分辨率较高的遥感影像卫
星数据对流域所有上图的非耕地要素进行矢量化，节省了购买高分辨卫星数据
或航片的成本。基准调查数据获取与 3S 技术工作原理类似，采用资源卫星遥
感影像作为基础数据源，结合实地调查和测绘获得，因此可以直接选用该数据
源作为模型精度验证及最终耕地空间分布信息的基础数据资料。本研究选用基
于 Landsat TM/OLI 和 "2010 年中国土地利用现状遥感监测数据" 基础数据
源矢量化后的 2000 年、2005 年、2010 年和 2015 年挠力河流域土地利用/覆被
数据作为有效耕地基础数据。

**（1）挠力河流域土地利用分布数量特征。**图 4.3 为初步提取的挠力河流域
土地利用分布信息图，可以从初步矢量化成果上获取挠力河流域土地利用空间
分布特征。对初步矢量化的流域土地利用现状数据进行同步分析，其中耕地的
分析部分采用预提取的表述方式，即预提取耕地（包括预提取旱地和预提取水

田），其他 5 种土地利用类型均采用原始的表述方式，即林地、草地、水域、建设用地和未利用地，进行挠力河流域土地利用变化的初步分析，以认识和掌握该地区土地利用分布格局特征。

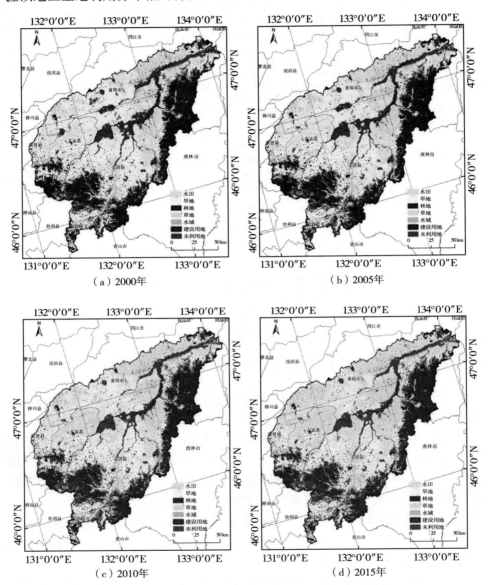

图 4.3 通过矢量化途径获取的挠力河流土地利用现状

进入 21 世纪以来，随着挠力河流域耕地后备资源的逐渐开发殆尽，耕地面积增长非常缓慢，土地利用结构趋于稳定。2000 年，利用矢量化得到的挠力河流域预提取的耕地总面积 14 338.61km²，占流域面积的 60.57%，2015 年缓慢升至 62.70%，15a 间仅增加 2.13 个百分点。但随着"两江一湖"改造和"高标准基本农田建设"等农田工程措施的陆续实施，农业结构改造仍大力推行，同时水田和旱地存在明显的利益剪刀差，受粮食的经济效益驱动作用，流域内大量农户实施"旱改水"农业结构调整。尽管 2000 年以来挠力河流域耕地整体扩张较为缓慢，但该流域旱地和水田之间存在明显的"此消彼长"关系，"水田化"（旱地和非耕地转变为水田）现象是最重要的土地利用变化景观类型。

预提取的旱地面积由 2000 年的 11 903.3km² 降至 2015 年的 9 294.3km²，相对面积比例由 50.31% 减为 39.28%，旱地缩减幅度非常明显。与之对应的是水田面积的快速增加，2000 年挠力河流域预提取的水田面积仅占流域面积的 10.24%，2015 年预提取的水田面积比例则上升至 23.39%，变为 5 534.35km²。水田化系数由 2000 年的 16.89% 增至 37.28%，开始进入水田化中期阶段。值得注意的是，2000—2005 年和 2005—2010 年水田化系数分别增加了 4.32% 和 5.50%，而在 2010—2015 年增加了 10.57%，可以看出挠力河流域的水田化进程愈来愈快，流域对水资源的需求压力势必会越来越大（表 4.1）。

挠力河流域土地开发历史较早且开发程度成熟，已形成较为稳定的田间防风林带，同时该流域的林地多位于东部和南部的山地丘陵区。15a 间该流域林地面积以极为缓慢的速度下降，由 2000 年的 6 259.74km² 降至 2015 年的 6 223.64km²，结构极为稳定；挠力河流域草地面积较小且多零星分布于流域的中部湿地及河流周边地区，2000 年，草地面积约为 382.98km²，15a 间草地面积也以较为缓慢的速度下降了 78.52km²，变为 2015 年的 304.46km²，面积下降了 20.50%。对于水域而言，其总面积不足流域面积的 1%，面积呈现出先增后减的趋势，但变化幅度较小，15a 间总面积增加了 1.94km²。挠力河流域产业以农产品生产为主，相对于我国东部地区而言，建设用地面积增长较为缓慢，2000 年总建设面积 397.15km²，而在 15a 间面积仅增加了 30.33km²，区域经济发展较为滞后。挠力河流域生态湿地较多，同时仍存在一定数量的耕地后备资源，2000 年未利用地总面积占 8.74%，2015 年下降至 6.97%，面积变为 1 648.34km²，下降幅度为 20.33%，尽管挠力河流域土地利用较为成熟，但仍存在大量未利用地垦殖为水田的情形。

**（2）挠力河流域土地利用分布空间变化特征。** 15a 间，该流域共有 25 种土地利用分布转换类型（面积大于 1km²），其中旱地的水田化是最主要的转换类型，15a 间面积达到 3 149.00km²，占到所有转换发生面积的 79.22%，从图 4.4 可以看出，转换主要发生在流域的中部、西部和北部的大部分地区，变化极其剧烈，同时整体土地利用分布呈现出东北—西南偏逆时针的走向特征（标准差椭圆主轴转角 33.77°），变化的重心点位于宝清县和富锦市的交界

表 4.1 挠力河流域 2000 年、2005 年、2010 年和 2015 年土地利用类型面积及其变化统计率

| 土地利用类型 | 2000 年 | | 20005 年 | | 2010 年 | | 2015 年 | | 2000—2005 年变化 | | 2005—2010 年变化 | | 2010—2015 年变化 | | 2000—2015 年变化 | |
|---|---|---|---|---|---|---|---|---|---|---|---|---|---|---|---|---|
| | 面积/km² | 比例/% | 面积/km² | 比例/% | 面积/km² | 比例/% | 面积/km² | 比例/% | 面积变化/km² | 变化幅度/% | 面积变化/km² | 变化幅度/% | 面积变化/km² | 变化幅度/% | 面积变化/km² | 变化幅度/% |
| 水田 | 2 422.48 | 10.24 | 3 103.85 | 13.12 | 3 944.54 | 16.67 | 5 534.35 | 23.39 | 681.37 | 28.13 | 840.69 | 27.09 | 1 589.81 | 40.30 | 3 111.87 | 128.46 |
| 旱地 | 11 903.3 | 50.31 | 11 513 | 48.66 | 10 804.6 | 45.67 | 9 294.3 | 39.28 | −390.3 | −3.28 | −708.4 | −6.15 | −1 510.3 | −13.98 | −2 609 | −21.92 |
| 林地 | 6 259.74 | 26.46 | 6 233.2 | 26.34 | 6 227.91 | 26.32 | 6 223.64 | 26.30 | −26.54 | −0.42 | −5.29 | −0.08 | −4.27 | −0.07 | −36.1 | −0.58 |
| 草地 | 382.98 | 1.62 | 373.65 | 1.58 | 361.07 | 1.53 | 304.46 | 1.29 | −9.33 | −2.44 | −12.58 | −3.37 | −56.61 | −15.68 | −78.52 | −20.50 |
| 水域 | 225.51 | 0.95 | 232.04 | 0.98 | 232.63 | 0.98 | 227.45 | 0.96 | 6.53 | 2.90 | 0.59 | 0.25 | −5.18 | −2.23 | 1.94 | 0.86 |
| 建设用地 | 397.15 | 1.68 | 400.97 | 1.69 | 408.06 | 1.72 | 427.48 | 1.81 | 3.82 | 0.96 | 7.09 | 1.77 | 19.42 | 4.76 | 30.33 | 7.64 |
| 未利用地 | 2 068.88 | 8.74 | 1 803.29 | 7.62 | 1 681.2 | 7.11 | 1 648.34 | 6.97 | −265.59 | −12.84 | −122.09 | −6.77 | −32.86 | −1.95 | −420.54 | −20.33 |

地带。其次为未利用地转换为旱地，以沼泽湿地为代表的耕地后备资源极其丰富，15a 间共有 330.07km² 的未利用地转换为旱地，占所有转换发生面积的 8.30%，多发生于挠力河的干流中部和外七星河的沿岸地区。受部分水田的水源保证度下降及农户自发意识影响，2000—2015 年，共发生了约 139.37km² 的逆水田化过程（水田转换成旱地）。其余转换类型如未利用地转水田、草地转旱地、林地转旱地和水域转旱地的面积依次达到 72.66km²、58.34km²、44.41km² 和 36.03km²，多发生于流域北部的干流沿岸，变化较为集中。

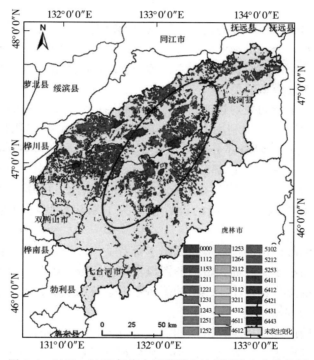

图 4.4　2000—2015 年挠力河流域土地利用分布变化特征

总之，自 21 世纪初以来，挠力河流域的土地利用变化以耕地内部转化和其他用地类型转化为耕地为主，耕地变化是该流域最为核心的土地利用变化类型。2000—2015 年，挠力河流域约有 34.55km² 的旱地转为水域用地。该流域地势低洼平坦且水资源较为丰富，对于沿河的低洼旱地而言，一旦降水过多，将易造成此类不稳定耕地转成水域用地。随着流域水利改造工程的实施，部分旱地区域被开发成水库（如龙头桥水库），促使部分旱地转换成水域用地。

#### 4.2.2.2　提取过程

采用等额区间划分法进行流域面积数据处理。对于任一区间数据，其数据的规律性差，数据间相关性不明显，可称之为"灰数"，难以直接对其进行拟合测算。倘若对数据进行累加处理，数据列间将呈明显的递增规律，基于该数据列进行递增趋势拟合将大大提高拟合的精度。研究基于各期非耕地矢量图斑面积数据，划分合适大小的等额区间并进行累加处理，以提高建模精度。

**（1）划分数据区间。** 数据区间的划分首先要确定区间的起始值及区间间隔。区间起始值及区间间隔应根据数据的特征来确定，如果区间起始值很大而区间间隔过小，会导致过多的区间范围内不存在对应的数值，继而影响测算的精度。

区间起始值及区间间隔的选取将影响模型精度。由于土地利用图斑面积大小存在较大差异，最大图斑可达上百万平方米，而 1∶10 000 的土地利用现状调查中规定的最小上图面状地物面积仅为 $400m^2$，因此选择合适的起始值以及区间间隔成为建立模型的关键。

我国实行国土空间规划管理制度，土地利用斑块具有较强的规律性，具体可表现在地块面积与土地利用方式上：除特别地块外，建设用地地块面积呈规律性分布特征，区域内部分项目由于其规模、性质等影响，占地面积大，但从区域宏观角度来看，该部分地块只占较小的面积比例。排除这些面积巨大图斑之后，土地利用面积存在一定的规律性，因此，可建立相关模型来探讨相关规律，其中区间起始值的设置正是为了剔除这些特别地块的不规律影响。

首先，区间起始值的选取应从数据本身着手。一定区域内，面积巨大的图斑只占少数，而小于某一面积数值的图斑占绝大多数，因此，可以很容易判别巨大图斑面积的界限值。小于该值的图斑数占总数的大部分，一般认为应占总数的 2/3 以上为宜。

其次，区间间隔的确定。区间间隔选取过大，则划分的区间数将很少，达不到统计计算的要求；区间划分过小将会导致计算量的大幅增加。因此，在选择区间间隔时，一般从数据特征和区间数量出发，以满足统计计算为原则，确定适宜区间间隔。

具体区间划分表示如下：将 $X^{(0)}$ 表示原始数值，起始值记为 $X_s$，区间间隔用 $T$ 表示，划分的区间数为 $n = floor(X_s/t)+1$，提取的数据和记为 $a$。

当 $X_1^{(0)} \geqslant X_s$，提取的数据和记为 $a_1$；

当 $X_S < X_2^{(0)} \leqslant X_s - T$，提取的数据和记为 $a_2$；

当 $X_s - T < X_3^{(0)} \leqslant X_s - 2T$，提取的数据和记为 $a_3$；

当 $X_s - 2T < X_4^{(0)} \leqslant X_s - 3T$，提取的数据和记为 $a_4$；

……

以此类推，可以得到：

当 $X_s-(n-2)T<X_n^{(0)}\leqslant X_s-(n-1)T$，提取的数据和记为 $a_4$。

由于耕地分为旱地和水田，针对单一耕地的有效面积提取，将旱地（或水田）视作提取目标，通过对非旱地（水田及其他非耕地用地类型）和非水田（旱地及其他非耕地用地类型）的灰色系统建模，分别实现对有效旱地和有效水田面积的模拟目的。

利用 ArcGIS 的面积统计及汇总功能，实现对挠力河流域内非旱地和非水田图斑的特征统计。以 2010 年为例，将本次测算的区间起始值设为 20 000 000m²，区间间隔设为 20.00hm²，区间段数为 11，分段结果如表 4.2、表 4.3 所示。

**表 4.2　挠力河流域非旱地分区段处理（2010 年）**

| 区间段 | 区间/hm² | 数据值/hm² | 区间段 | 区间/hm² | 数据值/hm² |
| --- | --- | --- | --- | --- | --- |
| 1 | $X_1^{(0)}>200.56$ | 883 335.69 | 7 | $100.56\geqslant X_1^{(0)}>80.56$ | 23 940.74 |
| 2 | $200.56\geqslant X_1^{(0)}>180.56$ | 5 749.72 | 8 | $80.56\geqslant X_1^{(0)}>60.56$ | 24 535.62 |
| 3 | $180.56\geqslant X_1^{(0)}>160.56$ | 15 229.93 | 9 | $60.56\geqslant X_1^{(0)}>40.56$ | 20 794.60 |
| 4 | $160.56\geqslant X_1^{(0)}>140.56$ | 9 061.89 | 10 | $40.56\geqslant X_1^{(0)}>20.56$ | 32 538.63 |
| 5 | $140.56\geqslant X_1^{(0)}>120.56$ | 10 279.82 | 11 | $20.56\geqslant X_1^{(0)}>0$ | $X_1$ |
| 6 | $120.56\geqslant X_1^{(0)}>100.56$ | 10 900.38 | | | |

**表 4.3　挠力河流域非水田分区段处理（2010 年）**

| 区间段 | 区间/hm² | 数据值/hm² | 区间段 | 区间/hm² | 数据值/hm² |
| --- | --- | --- | --- | --- | --- |
| 1 | $X_2^{(0)}>200.39$ | 1 681 223.83 | 7 | $100.39\geqslant X_2^{(0)}>80.39$ | 14 670.97 |
| 2 | $200.39\geqslant X_2^{(0)}>180.39$ | 5 506.14 | 8 | $80.39\geqslant X_2^{(0)}>60.39$ | 21 356.26 |
| 3 | $180.39\geqslant X_2^{(0)}>160.39$ | 6 577.77 | 9 | $60.39\geqslant X_2^{(0)}>40.39$ | 17 903.94 |
| 4 | $160.39\geqslant X_2^{(0)}>140.39$ | 7 399.19 | 10 | $40.39\geqslant X_2^{(0)}>20.39$ | 31 877.51 |
| 5 | $140.39\geqslant X_2^{(0)}>120.39$ | 11 314.86 | 11 | $20.39\geqslant X_2^{(0)}>0$ | $X_2$ |
| 6 | $120.39\geqslant X_2^{(0)}>100.39$ | 17 081.08 | | | |

挠力河流域的初始非旱地和非水田面积区间的统计规律性较差，巨大图斑（本研究为位于第 1 区间段的非旱地和非水田图斑）多位于流域南部、东南部及东部地区，一般为山地丘陵区的连片林地及干流周边的耕地地块，斑块面积较大（非旱地和非水田的第 1 区间段面积依次占流域总面积的 37.33% 和 71.06%），第 8 和第 10 区间段的斑块面积均偏大（图 4.5）。

根据建模步骤，首先对各区间段数据值进行一次累加处理，数据累加后的趋势特征如图 4.6 所示。可以发现，数据累加后数据集规律性明显增强。

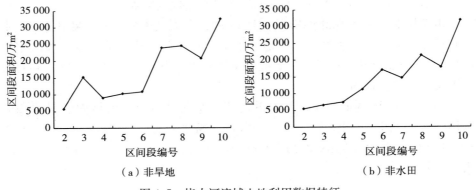

图 4.5　挠力河流域土地利用数据特征

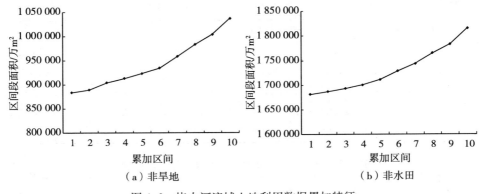

图 4.6　挠力河流域土地利用数据累加特征

**（2）建立测度模型。**

①灰色系统模型。对累加处理的区间数据进行单变量 GM 建模。但由于模型阶数的不同，使得预测精度存在差别，通过比较不同灰阶预测精度，以确定合适的灰色系统预测模型来进行非旱地和非水田的面积预测。对于高阶灰色预测模型 GM（1，$N$），数据样本数偏少（10 个），预测可信度差。因此，本研究选用 GM（1，1）和 GM（2，1）模型来进行非旱地和非水田的面积灰色系统预测。

GM（1，1）预测显示，挠力河流域非旱地斑块的残差修正模型为 $x^{(t+1)} = (65\ 954\ 864.77 \times 10^4) e^{0.02t} - (80\ 873\ 865.62 \times 10^4)$，其中 $a = -0.02$，$b = 80\ 873\ 865.62 \times 10^4$，依据灰色系统精度评定标准，该模型验差比值 $C = 0.17 < 0.35$，$p = 1.00$，预测结果很好（Good），预测值具有较高的可信度，可进行灰色系统预测，其中 $X_1^{(1)}(11) = 1\ 310\ 956.63 \times 10^4 \mathrm{m}^2$；非水田的残差修正模型表达式为 $x^{(t+1)} = (183\ 467\ 316.20 \times 10^4) e^{0.01t} - (226\ 633\ 848.20 \times 10^4)$，其中 $a =$

$-0.01$，$b=226\ 633\ 848.20\times10^4$，模型验差比值 $C=0.19<0.35$，$p=1.00$，预测结果很好（Good），预测值同样具有较高的可信度，对应的 $X_2^{(1)}(11)=1\ 980\ 505.34\times10^4\,\mathrm{m}^2$。

GM（2，1）模型为单序列二阶线性动态模型，非旱地斑块的残差修正模型为 $x^1(t+1)=(2\ 030.88\times10^4)e^{15.93t}+(63\ 261\ 471.34\times10^4)e^{0.02t}-6\ 224.94\times10^4$，其中 $a_1=-15.94$，$a_2=0.2$，$U=-15\ 478\ 522.37\times10^4$，该模型验差比值 $C=1\ 089.26$，$p=0.89$，预测可信度低，GM（2，1）不适用于非旱地的灰色系统预测；非水田的残差修正模型为 $x^1(t+1)=(1\ 582.21\times10^4)e^{22.23t}+(173\ 119\ 489.98\times10^4)e^{0.01t}-171\ 438\ 471.82\times10^4$，其中 $a_1=-22.24$，$a_2=0.21$，$U=-3\ 635.79\times10^4$，模型同样未通过可信度检验。

因此，最终采用 GM（1，1）灰色系统模型进行流域净耕地面积（非旱地和非水田面积）提取。

②趋势测算模型。根据累加数据列走势，分别采用线性预测、非线性预测中的指数曲线预测和多项式预测对挠力河流域非旱地和非水田的斑块面积进行研究，并对比验证不同趋势预测方法的精度。结果显示（表 4.4），线性预测、指数曲线预测和多项式预测方法均具有较高的可信度。非旱地面积预测的决定系数均超过 0.85，其中多项式预测的决定系数达到 0.96，预测方程为 $y=(1\ 242.74\times10^4)x^2+(1\ 330.99\times10^4)x+1\ 311\ 821.13\times10^4$，指数曲线预测决定系数为 0.89，精度偏低；对于非水田而言，线性、指数曲线和多项式预测方法也有极高的预测精度，其中多项式预测精度最高，对应的预测方程为 $y=(1\ 363.49\times10^4)x^2-(557.72\times10^4)x+1\ 982\ 083.22\times10^4$，$R^2=0.97$。综合以上分析结果，选用多项式预测方法进行非旱地和非水田面积趋势预测。

表 4.4　挠力河流域非旱地和非水田趋势测算对比

| 类型 | 拟合方式 | 拟合公式 | 拟合精度 | 测算值 |
|---|---|---|---|---|
| 非旱地 | 线性拟合 | $y=(15\ 001.12\times10^4)x+1\ 311\ 225.02\times10^4$ | $R^2=0.91$ | $1\ 311\ 225.02\times10^4$ |
| | 指数曲线拟合 | $y=(1\ 310\ 696.08\times10^4)e^{0.01x}$ | $R^2=0.89$ | $1\ 310\ 696.08\times10^4$ |
| | 多项式拟合 | $y=(1\ 242.74\times10^4)x^2+(1\ 330.99\times10^4)x+1\ 311\ 821.13\times10^4$ | $R^2=0.96$ | $1\ 311\ 821.13\times10^4$ |
| 非水田 | 线性拟合 | $y=(14\ 440.68\times10^4)x+1\ 981\ 218.01\times10^4$ | $R^2=0.93$ | $1\ 981\ 218.01\times10^4$ |
| | 指数曲线拟合 | $y=(1\ 980\ 928.96\times10^4)e^{0.01x}$ | $R^2=0.88$ | $1\ 980\ 928.96\times10^4$ |
| | 多项式拟合 | $y=(1\ 363.49\times10^4)x^2-(557.72\times10^4)x+1\ 982\ 083.22\times10^4$ | $R^2=0.97$ | $1\ 982\ 083.22\times10^4$ |

**（3）有效耕地测算与分析。** 从理论上来讲，非旱地和非水田面积是灰色系统的 $t$ 值无限趋近于 11 或趋势预测的 $x$ 值无限趋近于 0 时的模型预测值。当 GM（1，1）的 $t$ 值无限趋近于 11 时，非旱地和非水田面积预测值分别为 $1\ 310\ 956.63\times10^4\,\mathrm{m}^2$ 和 $1\ 980\ 505.34\times10^4\,\mathrm{m}^2$。当多项式预测法的 $x$ 值无限趋

近于 0 时，非旱地和非水田的趋势预测值分别为 1 311 821.13×10⁴ m² 和
1 982 083.22×10⁴ m²。考虑到 GM（1，1）和多项式预测法预测精度均较高，综合两者结果将会有效提高净耕地面积预测精度，取两者平均值作为非旱地和非水田面积的预测结果，即分别为 1 311 388.88×10⁴ m² 和 1 981 294.28×10⁴ m²。

2015 年土地利用变更调查数据中，流域总面积为 2 368 135.35×10⁴ m²，其中达到上图标准的所有非旱地面积为 1 285 957.70×10⁴ m²，非水田面积为 1 973 681.32×10⁴ m²，对应的旱地和水田面积依次为 1 082 177.64×10⁴ m² 和 394 454.03×10⁴ m²，而预测出的非旱地和非水田面积依次为 1 311 388.88×10⁴ m² 和 1 981 294.28×10⁴ m²，净旱地和净水田面积为 1 056 746.47×10⁴ m² 和 386 841.07×10⁴ m²，对应的净旱地系数和净水田系数分别达到 97.65% 和 98.07%。挠力河流域位于三江平原腹地，境内垦区与农区并存，垦区内小径、简易公路等地物的空间分布密度低，且其水田分布率显著高于农区，即对应的净面积系数应高于旱地，与预测结果相符；流域境内垦区的耕地斑块较为规整，依据变更调查数据，田间沟渠面积约为 25 102.74×10⁴ m²，约占耕地和田间沟渠总面积的 1.67%，但倘若考虑其他田间信息，该值应更高，即对应的耕地系数应低于 98.33%，而预测的净耕地系数均值为 97.91%，预测结果与实际情形基本相符。

依据提出的有效耕地信息提取方法，依次对 2000 年、2005 年和 2015 年耕地面积信息进行推算，然后结合前期提出的对应年期土地利用/覆被信息数据，结合多年期地表线状地物信息，最终提取得到挠力河流域 2000 年、2005 年、2010 年和 2015 年旱地和水田的分布图。

# 4.3 挠力河流域耕地格局研究

## 4.3.1 测度模型及处理方法

**（1）水田化系数及转化贡献率。**分析水田变化特征，可以直接研究水田数量的时空变化情况，也可以研究耕地内部结构变化特征，本研究采用水田比例系数来反映耕地内部结构，其数学表达式如下：

$$\eta = \frac{\sum a_i}{A} \quad \left( \sum a_i \leqslant A \right) \tag{4.4}$$

式中，$\eta$ 为水田比例系数；$a_i$ 为水田面积，km²；$A$ 为耕地总面积，km²。旱地水田化是该地区近十几年来最主要的景观变化特征[9]，为分析各土地利用类型变化对水田的转化影响程度，研究中借鉴经济学中的贡献率指标概念对转化影响程度进行衡量，具体公式如下：

$$K_{m-n} = \frac{I_{m-n}}{\Delta I_n} \quad (I_{m-n} \leqslant \Delta I_n) \tag{4.5}$$

式中，$K_{m-n}$ 为土地利用类型 $m$ 转化为水田 $n$ 的贡献率；$I_{m-n}$ 为土地利用类型 $m$ 转化为水田 $n$ 的面积，$km^2$；$\Delta I_n$ 为转化为水田 $n$ 的面积之和，$km^2$。

**（2）耕地利用动态度。** 在自然和人为因素影响下，区域时间段、空间位置存在差异，不同土地利用类型的变化幅度和速度是不同的，变化幅度为研究时段初、末的面积差值，变化速度可以用动态度模型进行定量描述，计算公式如下：

$$K = \frac{(U_b - U_a)}{U_a} \times \frac{1}{T} \times 100\% \qquad (4.6)$$

式中，$K$ 为土地利用动态度，$U_a$ 和 $U_b$ 分别为研究时段初、末的面积，$T$ 为研究时段长度。

**（3）耕地格局形态指数模型。** 空间依赖性是空间数据的基本特征，独立性假设不成立，对空间数据的直接统计推理可能导致误导性的结论。中心形态学忽略空间数据的依赖性特征，未触及独立性假设及一般统计方法的可靠性问题。中心形态学中的标准差椭圆分析方法侧重数据的整体性、格局性和图形性，能够直观精确地计量空间格局的多方面特征，通过椭圆之间的相似性建立空间格局的顺序，通过椭圆之间的差异性鉴别空间格局的各种状态[31]。它能够描述节点在各个方向的离散状况，其形态在一定程度上可以反映节点空间组织的总体轮廓和主导分布方向。一般来说，标准差椭圆常用来度量一组点的数据空间分布特征，考虑到不同大小的耕地（旱地和水田）斑块对应不同面积的耕地，可以将各斑块的面积赋值到对应斑块的几何中心点上以实现标准差椭圆分析的目的。其中心，即节点分布重心的迁移情况，则反映总体空间位移特征，即

$$M(\overline{X}, \overline{Y}) = \left[ \frac{\sum\limits_{i=1}^{n} w_i x_i}{\sum\limits_{i=1}^{n} w_i}, \ \frac{\sum\limits_{i=1}^{n} w_i y_i}{\sum\limits_{i=1}^{n} w_i} \right] \qquad (4.7)$$

式中，$M(\overline{X}, \overline{Y})$ 为耕地（旱地和水田）空间分布重心，$n$ 为分析单元数目，$w_i$ 为分析单元的属性值，为 $i$ 对应分析单元的空间权重，$(x_i, y_i)$ 为第 $i$ 个子单元的中心坐标。

标准差椭圆主要由 3 个基本要素构成，包括转角 $\theta$、沿主轴（长轴）的标准差和沿辅轴（短轴）的标准差，即

$$\tan\theta = \frac{\left(\sum\limits_{i=1}^{n} w_i^2 x_i^2 - \sum\limits_{i=1}^{n} w_i^2 y_j^2\right) + \sqrt{\left(\sum\limits_{i=1}^{n} w_i^2 x_i^2 - \sum\limits_{i=1}^{n} w_i^2 y_i^2\right)^2 + 4\left(\sum\limits_{i=1}^{n} w_i^2 x_i y_i\right)^2}}{2\sum\limits_{i=1}^{n} w_i^2 x_i^2 y_i^2}$$

$$(4.8)$$

$$\delta_x = \sqrt{\frac{\sum\limits_{i=1}^{n}(w_i x_i' \cos\theta - w_i y_i' \sin\theta)^2}{\sum\limits_{i=1}^{n} w_i^2}} \qquad (4.9)$$

$$\delta_y = \sqrt{\frac{\sum\limits_{i=1}^{n}(w_i x_i' \sin\theta - w_i y_i' \cos\theta)^2}{\sum\limits_{i=1}^{n} w_i^2}} \qquad (4.10)$$

式中，$x_i$、$y_i$ 为各点距离平均中心的相对坐标，$\theta$ 为由正北方向顺时针旋转到主轴所形成的夹角，$\delta_x$、$\delta_y$ 为沿 $x$ 轴和 $y$ 轴的标准差。

标准差椭圆的形状指数（沿辅轴标准差除以沿主轴标准差的无量纲数值）反映椭圆方向的明确性和向心力程度，可用来衡量耕地（水田和旱地）总体分布格局，值越大，形状越接近于圆，分布的随机性越大，极化特征越不突出，反之越接近于线性，方向性特征越突出，极化特征越明显。

## 4.3.2 耕地格局变化分析

### 4.3.2.1 耕地数量变化特征

进入 21 世纪以来，随着挠力河流域耕地后备资源的逐渐开发殆尽，耕地面积增长非常缓慢，整体上土地利用结构趋于稳定。2000 年，挠力河流域耕地总面积 14 338.61km²，占流域面积的 60.57%，2015 年缓慢升至 62.70%，15a 间仅增加 2.13 个百分点。但随着"两江一湖"改造和"高标准基本农田建设"等农田工程措施的陆续实施，农业结构改造仍大力推行，同时水田和旱地存在明显的利益剪刀差，受粮食的经济效益驱动作用，流域内大量农户实施"旱改水"农业结构调整。尽管 2000 年以来挠力河流域耕地整体扩张较为缓慢，但该流域旱地和水田之间存在明显的"此消彼长"关系，"水田化"（旱地和非耕地转变为水田）现象是最重要的土地利用变化景观类型（图 4.7）。

研究期内，挠力河流域旱地面积持续下降，由 2000 年的 11 916.13km²降至 2015 年的 9 311.47km²，相对面积比例由 50.34% 减为 39.28%，旱地缩减幅度非常明显。与之对应的是水田面积的快速增加，2000 年，挠力河流域水田仅占流域面积的 10.23%，2015 年面积比例则上升至 23.39%，变为 5 534.35km²。水田化系数由 2000 年的 16.89% 增至 37.28%，开始进入水田化的中期阶段。值得注意的是，2000—2005 年和 2005—2010 年水田化系数分别增长 4.32% 和 5.50%，而在 2010—2015 年增长 10.57%，可以看出挠力河流域的水田化进程越来越快，流域对水资源的需求压力势必会越来越大。

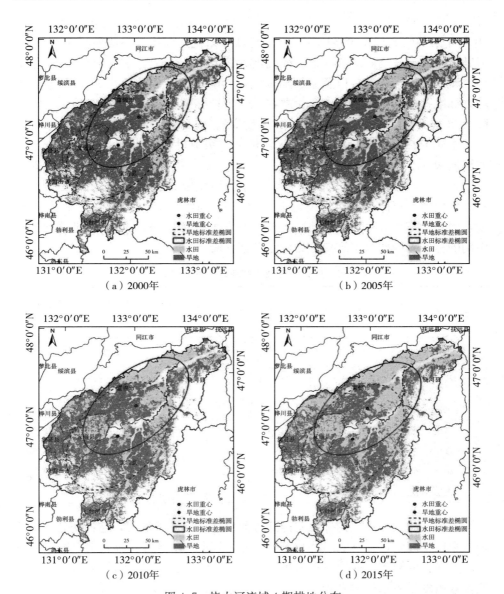

图 4.7 挠力河流域 4 期耕地分布

## 4.3.2.2 耕地空间变化特征

挠力河流域旱地的标准差椭圆主轴均沿东北偏北—西南偏南方向进行分布，且辅轴一致为西北偏西—东南偏东走向，表明了 2000 年、2005 年、2010年和 2015 年挠力河流域旱地的分布趋势均为东北偏北—西南偏南轴的特点，旱地在东北偏北—西南偏南方向上的分布较西北偏西—东南偏东更为密集

（图 4.7）。研究期内，旱地的标准差椭圆空间形态保持相对稳定，转角 $\theta$ 由 2000 年的 39.58°回旋至 39.04°，尽管近 15a 来挠力河流域旱地面积显著减少，但其分布的整体空间的方向性特征仍极为稳定，这种变化格局同样体现在旱地标准差椭圆的形状指数以及主、辅轴上，其间形状指数维持在 0.63 左右，沿辅轴标准差也基本保持在 45km 左右，沿主轴标准差仅由 2000 年的 73.39km 降至 2015 年的 72.51km，旱地整体轻度离散化。

本研究在标准差椭圆分析中，将标准差级数设置为 1 级，即可将约 68% 的旱地包含在椭圆内，统计显示，4 个研究时点的椭圆面积变化缓慢，由 2000 年的 10 484.75km 降至 10 345.96km。挠力河流域的旱地变化在空间上具有极强的随机性和离散型，对于旱地集中的地区，其旱地转水田的发生面积也较大，而对于旱地分布较少的地区，转化发生面积较小，综合导致旱地变化过程中期的标准差椭圆基本维持较为稳定形态（表 4.5）。

表 4.5 挠力河流域 4 期耕地标准差椭圆统计

| 年份 | 类型 | 空间重心 | 转角 $\theta$/° | 沿主轴标准差/km | 沿辅轴标准差/km | 形状指数 | 椭圆面积/km² |
|---|---|---|---|---|---|---|---|
| 2000 | 旱地 | 东经 132.31，西经 46.72 | 39.58 | 73.39 | 45.48 | 0.62 | 10 484.75 |
| | 水田 | 东经 132.73，西经 46.95 | 44.98 | 71.97 | 40.98 | 0.57 | 9 265.04 |
| 2005 | 旱地 | 东经 132.30，西经 46.71 | 39.98 | 72.51 | 45.44 | 0.63 | 10 351.46 |
| | 水田 | 东经 132.74，西经 46.95 | 45.42 | 70.55 | 40.20 | 0.57 | 8 910.85 |
| 2010 | 旱地 | 东经 132.29，西经 46.70 | 39.94 | 71.78 | 45.67 | 0.64 | 10 298.79 |
| | 水田 | 东经 132.68，西经 46.95 | 47.99 | 71.92 | 38.71 | 0.54 | 8 745.23 |
| 2015 | 旱地 | 东经 132.27，西经 46.67 | 39.04 | 72.51 | 45.42 | 0.63 | 10 345.96 |
| | 水田 | 东经 132.61，西经 46.93 | 51.01 | 70.29 | 39.12 | 0.56 | 8 637.90 |

与旱地相比，水田的标准差椭圆参数年际差异显著偏大，这种变化主要体现在水田空间整体形态顺时针收缩的特点。15a 间，挠力河流域水田在东北—西南方向上的分布较西北—东南更为密集。4 期标准差参数结果显示，挠力河流域水田的沿主轴标准差由 2000 年的 71.97km 降至 2015 年的 70.29km，并且沿顺时针方向移动，转角 $\theta$ 由 44.98° 变为 2015 年的 51.01°，沿辅轴标准差则由 40.98km 降至 39.12km，同时其形状指数对应地由 0.57 降至 0.56，整体极化特征轻度变强。标准差椭圆覆盖面积包含着约 68% 面积的水田，椭圆面积统计结果显示，挠力河流域水田的椭圆面积持续下降，由 2000 年的 9 265.04km² 降至 8 637.90km²，水田分布更趋于集中化，挠力河流域境内的农田土地整治改造工程的大量实施使得水田逐渐趋于规模化经营。空间重心

上，挠力河流域整体上水田缓慢向西南方向移动，由 2000 年的（东经132.73，西经46.95）移至2015年的（东经132.61，西经46.93）。

水资源是北方寒地农业的核心限制性要素，从基于地表起伏等综合状况划分的封闭型流域单元出发来制定耕地管理策略，更利于耕地的水分利用管理，进而采取科学的农田灌溉措施和耕地调整对策，研究挠力河流域的耕地变化与利用问题将具有较强的示范导向作用。然而挠力河流域是三江平原境内土地利用开发历史最早、耕地利用与管理手段最为成熟的地区，特别是自2000年以来该地区陆续建立多个国家级湿地自然保护区，土地利用结构相对稳定，差别于挠力河流域其他地区的土地利用特点。研究显示，挠力河流域的水田整体偏移特征恰好与三江平原水田"北移东扩"的整体特征相反，因此未来需根据挠力河流域的地区特点的差异性制定差别化的耕地管理策略。挠力河流域北部仍处于扩张状态的水田应尽量保障其粮食生产能力，而水田发展成熟的地区应在保证其粮食可持续生产的前提下，关注水田开发利用中生态及水资源开发问题。

## 4.4 本章小结

我国实行土地利用总体规划制度，土地利用具有较强的规律性。本章提出耕地信息统计理论假设，即在排除面积较大的特殊地块（如大片林地、建设项目用地）前提下，在一定非耕地斑块面积范围内，对一定面积区间间隔的非耕地斑块进行面积统计和若干次累加处理，数据将表现出显著的指数回归特征。通过对非耕地信息变化规律的"灰色"规律挖掘，预测不同区间的灰色预测精度。

（1）本章提出净耕地面积变化灰色数理假设，认为在排除面积较大的特殊地块下，土地利用斑块面积存在"灰色"特点，可通过等额面积区间的非耕地斑块面积的一次或多次累加处理，来增强数据序列的数理回归特征，进而提取净耕地面积。以位于三江平原腹地的挠力河流域为实证区进行净耕地面积提取，在非旱地和非水田的斑块面积区间突变检测基础上，划分出合适的区间段来进行灰色模拟预测和多方法趋势拟合，最终预测得出2015年挠力河流域旱地和水田的净面积，依次为 $1\,056\,746.47 \times 10^4\,\mathrm{m}^2$ 和 $386\,841.07 \times 10^4\,\mathrm{m}^2$，对应的净旱地系数和净水田系数分别为97.65%和98.07%。研究认为，灰色理论假设能够很好地应用于旱地和水田面积精准提取，在节省时间、财力、物力等基础上，较好地模拟出净旱地和净水田面积信息，进而确定出对应的净旱地系数和净水田系数。同时，本研究在现有道路、田间沟渠等信息基础上，对净耕地系数进行空间化处理，以间接反映流域的净耕地空间分布状况。低和中低净耕地系数区相对面积比例依次为 1.64％和 7.62％，主要位于外七星河下游、友谊县北部和宝清县西部，高净耕地系数区面积比例为 33.56％，多位于山区边缘带。本研究对耕地的精细化研究具有一定的探索性价值。

（2）本研究基于现有土地利用变更调查数据库中耕地数量及空间分布特征，来精细提取出其中的净耕地信息，并判断耕地调查结果的精细程度。然而对应于土地利用调查中存在小地物易纳入耕地的情形，其他非耕地调查中也存在小片耕地被纳入非耕地情况，后续可配合抽样调查进一步完善净耕地提取的研究角度和思路。

（3）2000—2015 年，挠力河流域耕地面积整体上变化缓慢，但其耕地子类型变化极其剧烈，即水田持续性扩张，水田化强烈，已进入水田化的中期阶段，对应的旱地面积持续下降。耕地子类型变化，使得耕地格局发生相应的变化。挠力河流域是三江平原境内土地利用开发历史最早、耕地利用与管理手段最为成熟的地区，导致其水田的整体重心向西南方向缓慢移动。由于水田的作物需水量高于旱地的作物需水量，水田的急剧变化势必导致该流域水土资源平衡关系发生改变。

# 第5章 挠力河流域水土资源平衡影响关键参数

气候变化驱动了挠力河流域降水、气温等主要气象因子的变化，改变了挠力河流域水循环的气象输入，驱动流域水循环过程。解析包括降水、气温和地表辐射在内的气象水文要素以及地表植被要素条件和流域下垫面条件，分析2000年、2005年、2010年和2015年的挠力河流域水土资源平衡过程中的关键模拟要素数量及空间分布特征。本研究主要从气候、作物和土壤水分平衡3个层次来揭示挠力河流域水土资源平衡特征，其中气候水分平衡主要涉及降水和潜在蒸散量2个关键性参数，作物水分平衡主要通过包括耕地分布情况在内的地表实际蒸散及有效降水条件来进行表征，农田水分平衡则主要考虑了融雪、植被、截留、蒸散发、地表径流、下渗、壤中流及汇流等水循环物理过程，对水分在农田内的分配过程进行模拟。本章选取部分关键参数要素进行特征分析。

## 5.1 降水量变化特征

### 5.1.1 数据空间插值

空间气候要素插值方法很多，优缺点和适用性不同，一般分为3类：整体插值法（趋势面法和多元回归法等）、局部插值法（泰森多边形法、反距离插值法、克里金插值法和样条法）和混合插值法（整体插值法和局部插值法的综合）。

可在ArcGIS软件中实现多种方法的空间插值，但专门针对气候数据，并兼顾准确性、方便性与时间序列性要求的系统并不多。澳大利亚科学家Hutchinson基于薄盘样条理论编写了针对气候数据曲面拟合的专用软件ANUSPLIN。ANUSPLIN允许引进多元协变量线性子模型，模型系数可以根据数据自动确定，因此可以平稳地处理二维以上的样条，并为引入多个影响因子作为协变量进行气象要素空间插值提供了可能。更为重要的是它能同时进行多个表面的空间插值，对于时间序列的气象数据尤为适合。ANUSPLIN 已在国际上得到了广泛应用，但在我国应用还不是很广泛。蔡福等采用反距离权重、趋势面模拟＋残差内插、ANUSPLIN 软件插值、空间化气候值＋年际距平值法等四种空间插值方法对东北地区降水要素空间插值精度进行了对比[168]，发现 ANUSPLIN 对降水数据空间插值相对误差是最小的，操作方便，具易于批量运算的最优方法。刘志红应用 ANUSPLIN 软件对黄土高原多沙粗沙区时间序列气象要素进行了空间插值，发现对气温、相对湿度等的误差较小[169]。郑小波等用反距离加权法、普通克里格法、薄盘光滑样条函数法 3 种空间插值方法对西南地区复杂山地农业 30a 气象要素进行了空间插值，结果表明 ANUSPLIN 的插值精度最优，特别是对温度和降水的效果尤其明显[170]。

挠力河流域境内气象站点数据较少，获得的 19 个站点分布较为离散，通过引入多个影响因子作为协变量来拟合气象数据曲面，将能够提高该流域的气象数据插值的精度。本章采用高程数据作为辅助插值数据，进行挠力河流域降水数据的空间插值处理，分析近 60a 以来挠力河流域降水量变化特征。

## 5.1.2 研究方法

### 5.1.2.1 气候趋势与突变检测

借助 DPS 7.5、Excel 2013 等软件平台，应用描述统计、气候趋势系数及 WMO 推荐的 M-K 非参数检验法[171-172]等分析多年来降水量时间序列变化趋势和突变特征，其中，M-K 检验法理论意义及计算公式可参考文献[173]。

### 5.1.2.2 降水距平百分率

依据国家标准（国家质量监督检验检疫总局等，2006），选取降水距平百分率为研究指标，用以反映区域异常气候特征，公式如下：

$$P_a = \frac{R - \overline{R}}{\overline{R}} \times 100\% \tag{5.1}$$

式中，$P_a$ 为某时间尺度降水距平百分率，%；$R$ 为降水量，mm；$\overline{R}$ 表示气候常年值，mm，即按照 WMO 最新规定的 1981—2010 年气候资料统计值，公式如下：

$$\overline{R} = \frac{1}{n} \sum_{i=1}^{n} R_i \tag{5.2}$$

式中，$n$ 为规定时序长度，$i$ 取 1，2，…，$n$。

## 5.1.3　变化特征分析

### 5.1.3.1　降水序列多尺度特征及突变检验

挠力河流域近 60a 以来降水变化并不明显，呈弱减少特点，与已有研究结果基本一致[174]，气候变化线性倾向率为−8.638mm/10a（未通过显著性检验），显著高于周边区域的降水减少程度。挠力河流域多年平均降水量为510.10mm，其中最大值（775.26mm）、最小值（306.60mm）分别出现在1981 年和 2003 年（图 5.1），最大值和最小值的比值为 2.53。从降水量的年代际变化来看，20 世纪 60 年代挠力河流域降水量为 538.70mm，70 年代降水量降至 502.81mm，80 年代有所上升，达到 517.38mm，90 年代又降至503.58mm，21 世纪初至 2010 年继续下降，平均降水量变为 475.05mm，2010 年之后升至 537.55mm，年代际降水量最大值与最小值比值为 1.13，说明挠力河流域年代际降水量变化小于年降水量变化。5a 滑动平均曲线拟合结果显示，1960—2016 年挠力河流域降水量整体变化幅度逐渐减小，20世纪 90 年代以前降水量波动非常明显，20 世纪 90 年代降水量呈现波动中缓慢下降的趋势，2002 年以后降水量表现出明显的上升趋势（图 5.1）。M−K 突变判别曲线（UF 曲线和 UB 曲线）表明，多年来挠力河流域降水量突变于 1961 年和 2014 年。

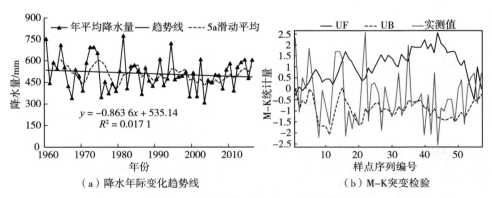

（a）降水年际变化趋势线　　　　　　（b）M−K 突变检验

图 5.1　挠力河流域降水量年际变化及其 M−K 突变检验（1960—2016 年）

挠力河流域降水量的季节变化大，降水主要集中于夏季，冬季降水量非常少，春夏秋冬的多年均值分别为 87.84mm、296.41mm、108.79mm 和17.05mm（图 5.2），其中夏季和秋季对全年降水量贡献率最大，占全年降水量的 79.44%。四季的气候倾向率分别为 5.73mm/10a、−12.39mm/10a、−4.47mm/10a 和 2.49 mm/10a，说明春季和冬季降水量有逐年增加的趋势，而夏季和秋季降水量逐渐减少。对于挠力河流域的春季而言，降水量最小值（20.85mm）和最大值（187.85mm）分别出现在 2003 年和 1983 年，比值达到 9.01，年际差异非常大。夏季降水量最大值（545.42mm）和最小值（181.59mm）分别出现在 1981 年和 2003 年，秋季降水量最大值和最小值分别出现在 1972 年和 2001 年，降水量依次为 252.04mm 和 37.20mm，冬季则分别为 2007 年和 2008 年，降水量分别为 57.34mm 和 3.67mm，年际差异比值达到 15.62。与挠力河流域境内毗邻挠力河流域的建三江垦区相比，挠力河流域降水特征差异较大，特别是夏季，农田农作物生长旺盛，农业需水量较大，挠力河流域在该季节降水量呈逐年减少的态势，而建三江垦区的降水量缓慢地波动上升。

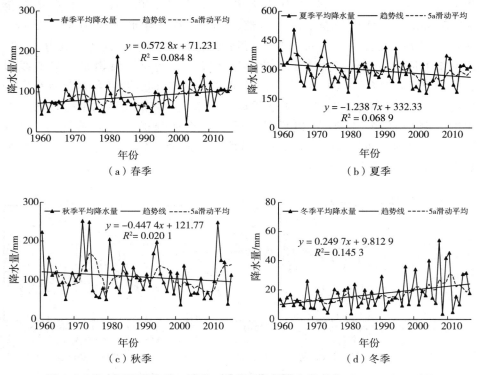

图 5.2　挠力河流域春季、夏季、秋季、冬季降水量变化（1960—2016 年）

对于逐月需水量，在 SPSS 中绘制其 Q-Q plot 正态检验图（图 5.3），可以发现各月检验参数近似围绕着直线，正态分布的偏度系数为 0.821，峰度系数为 -0.684，sig=0.2>0.05，因此可以认为 1960—2016 年挠力河流域降水量呈现出明显的正态分布特征。其中 7 月和 8 月的平均降水量依次达到110.93mm 和 110.87mm，1 月、2 月、12 月降水量极少，分别为 4.92mm、4.35mm、7.79mm。

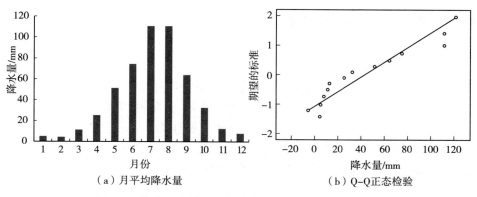

（a）月平均降水量　　　　　（b）Q-Q 正态检验

图 5.3　挠力河流域月平均降水量及其 Q-Q 正态检验

　　总之，自 1960 年以来，挠力河流域降水较为集中，季节降水分布不均，极易导致旱涝灾害，同时长期的生长季降水缓慢减少态势，势必导致该流域水资源情势日趋紧张，耕地可用水资源逐年下降，导致水土资源平衡态势逐渐恶化。

### 5.1.3.2　降水距平百分率旱涝指标

　　按照 WMO 的规定（采用最新的 30a 平均值作为气候基准平均值），1960年以来，已经有 3 个不同时段的气候基准平均值，选取哪个气候基准平均值更能客观反映近 57a 降水量的变化是一个问题。随着挠力河流域降水的日益趋少，该地区不同时段的 30a 气候基准平均值在波动中呈现减少的趋势。1967—1996 年气候基准平均值为 505.33，比 1977—2006 年气候基准平均值少18.09mm，而 1987—2016 年气候基准平均值比上一基准年增加 10.25mm，但从 57a 看，平均降水量为 510.1mm，整体以 8.64mm/10a 的气候倾向斜率下降（图 5.4）。

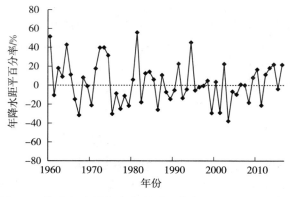

图 5.4　挠力河流域年降水距平百分率（1960—2016 年）

## 5.2 常年地表蒸散特征

### 5.2.1 估算方法

**（1）地表潜在蒸散发。**蒸散是地面水量平衡和热量平衡的重要组成部分，区域蒸散过程由于受不同植被类型、气象、土壤等多种因素影响，精确计算地表蒸散量存在一定的难度[88]。地表潜在蒸散发作为实际蒸散量的理论上限，其大小体现着大气蒸发能力的强弱，是影响地表水分传输扩散速率的重要指标之一，地表潜在蒸散发可作为实际蒸散量的计算基础。基于叶片气孔阻力的 Penman Monteith 模型对地表植被能量平衡和水汽扩散理论进行了较为全面的考虑，能够很好地反映各气候要素的综合影响，其具体公式如下所示：

$$ET_0 = ET_{rad} + ET_{aero} = \frac{0.408\Delta(R_n - G) + \gamma\frac{900}{T+273}U_2(e_s - e_a)}{\Delta + \gamma(1 + 0.34U_2)}$$

(5.3)

式中，$ET_0$ 为地表潜在蒸散发，mm/d；$ET_{rad}$ 为地表潜在蒸散发中的辐射项，mm/d；$ET_{aero}$ 为地表潜在蒸散发中的空气动力学项，mm/d；$R_n$ 为冠层表面净辐射，MJ/(m²·d)；$G$ 为土壤热通量，MJ/(m²·d)；$e_s$ 为饱和水汽压，kPa；$e_a$ 为实际水汽压，kPa；$\Delta$ 为饱和水汽压—温度曲线斜率，kPa/℃；$\gamma$ 为干湿球常数，kPa/℃；$U_2$ 为 2m 高处的风速，m/s；$T$ 为平均气温，℃。

**（2）陆面实际蒸散发。**陆面实际蒸散与气象、地理要素等有着密切联系，其形成机理十分复杂。不同植物、不同植被类型在长期适应环境演替过程中有着不同的生理特征和耗水机理[89]，且水分来源不同，即便同一区域的相同植被类型，其实际蒸散量也可能不相同。考虑到基于水量平衡法推导出的傅抱璞公式在计算流域长期实际蒸散量时与实际情况较为符合[87]，本研究采用该公式并结合计算出的参考作物蒸散量进行陆面实际蒸散量的计算。傅抱璞公式体现了实际蒸散量受参考蒸散量、降水量和下垫面的控制影响。

诸多研究表明实际蒸散量与参考作物蒸散量间存在着正比或者互补的关系[90]，流域为半湿润地区，下垫面和降水量是影响实际蒸散量最重要的 2 个因素。研究采用傅抱璞公式进行天然条件下陆面实际蒸散量的计算，具体公式如下：

$$\frac{ET}{Q} = 1 + \frac{ET_0}{Q} - \left[1 + \left(\frac{ET_0}{Q}\right)^m\right]^{1/m}$$

(5.4)

式中，$ET$ 为陆面实际蒸散量，mm；$Q$ 为降水量，mm；$m$ 为表现下垫面透水性、植被状况和地形等特征的参数，下垫面透水性差、植被少、地形坡度大的地区，地表径流强，$m$ 值小，反之，在透水性好、植被覆盖度高、地势平坦的地区，地表径流弱，$m$ 值大。流域耕地大部分位于平原地区，下垫面条件较好，参考相关学者研究成果[90-91]，将 $m$ 统一取值为 2.5。

## 5.2.2　地表蒸散结果分析

蒸散来自土壤表面蒸发和植物叶片的蒸腾作用而形成的地表水分散失，是农作物生长期间土壤的主要水分消耗，因此针对耕地进行蒸散量的估算非常重要。蒸散的估算包括参考作物蒸散量 $ET_0$ 的估算和实际蒸散量 $ET$ 的估算2个方面，本研究基于反距离插值法获得的多年面状气候要素数据，并结合通过 DEM 提取的高程和地理经纬度（以弧度表示）地理数据，定量计算流域参考作物蒸散量，在此基础上根据式 5.4 计算天然条件下的流域多年实际蒸散量。

挠力河流域蒸散量结果显示（图 5.5），流域多年参考作物蒸散量在 372～620mm，均值为 577mm，空间格局整体表现出从流域的东北部向西南部不规则状递增的特征，东南部和南部的部分地势较高地区参考作物蒸散量偏低，其中，值域为 599～620mm、579～599mm 和 558～579mm 的参考作物蒸散量分别占流域土地总面积的 24.55％、35.53％和 17.75％，三者为流域主要的蒸散量区间。季节的变换导致年内参考作物蒸散量差异明显，基于月份对 4 个季节蒸散量统计分析发现，作为流域年内参考作物蒸散量最高的夏季，其蒸散量区间为 135～218mm，均值 202mm。冬季流域气候寒冷，太阳辐射较弱，蒸散相对困难，参考作物蒸散量在 14～44mm，均值仅为 38mm，不足

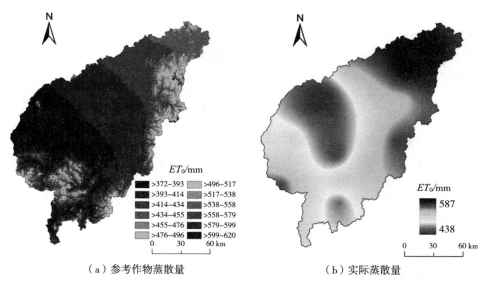

（a）参考作物蒸散量　　　　　　　（b）实际蒸散量

图 5.5　挠力河流域多年平均参考作物蒸散量及实际蒸散量分布

全年的 6.59%。流域多年实际蒸散量在 438～587mm，空间分布特征表现为从流域的东北部向西南方向逐渐下降，在流域的中部达到极值后逐渐上升，整体表现出中间低、两头高的分布特征，实际蒸散量地域分布差异明显，低值区主要分布于富锦市的长安镇、锦山镇和宝清县的万金山乡，高值区大部分位于饶河县境内。

# 5.3　地表植被要素条件

## 5.3.1　叶面积指数

叶面积指数又叫叶面积系数，指单位土地面积上植物叶片总面积是土地总面积的倍数，即叶面积指数＝叶片总面积/土地面积。叶面积指数是陆地生态系统的一个十分重要的参数，它与蒸散、冠层光截获、能量交换等密切相关。叶面积指数来自 MODIS 的 LAI 数据。

### 5.3.1.1　常年叶面积指数空间分布

叶面积指数表现冠层的光合能力，在一定程度上反映着作物植被的蒸散能力。通过对逐日 LAI 数据的汇总计量处理，得到挠力河流域多年平均叶面积指数分布图（图 5.6）。挠力河流域多年平均叶面积指数范围为 0.06～0.16。流域东部为完达山山脉，以落叶阔叶林土地覆被特征为主，南部为挠力河的源头，同样为山地丘陵区，图中显示，该地区的叶面积指数明显偏高。宝清县南部、友谊县南部和集贤县东部地区，叶面积指数也明显偏高，该地区多为挠力河流域的旱作物主种植区，作物种植种类较为丰富且种植期较长，因此全年叶面积指数偏高。而对于挠力河流域中部而言，该地区集中了挠力河流域大部分的水田，一年一季，地表覆被类型单一，水稻的苗期前和收获期后，稻田地表植被较少，对于该地区而言，叶面积指数偏低。对于挠力河的湿地自然保护区而言，地表多为芦苇、灌丛，叶面积指数也同样偏低。

### 5.3.1.2　季节性叶面积指数空间分布

对于季节性而言，挠力河流域冬季和夏季的叶面积指数相对空间分布特征差别较大。冬季叶面积指数偏低，但其相对空间分布差异性特征与全年叶面积指数相对空间差异特征基本一致，即东部和南部的山脉区是整个流域的高值集中区域，而宝清县的南部平原地带以旱地种植为主，冬季叶面积指数相对偏高，对于流域的中部的大片地区，叶面积指数偏低。然而对于夏季而言，作物生长旺盛，地表植被覆盖度较高，叶面积指数之间的空间分布性差异明显较冬季小，除了流域的北端地区，流域大部分地区的叶面积指数差别非常小（图 5.7）。

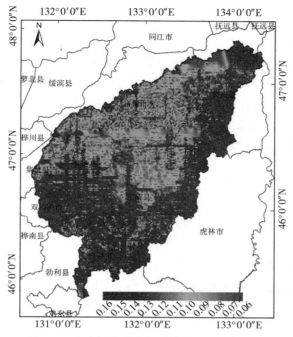

图 5.6 挠力河流域多年平均叶面积指数分布

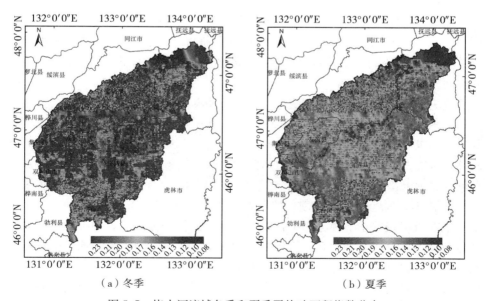

（a）冬季　　　　　　　　　（b）夏季

图 5.7 挠力河流域冬季和夏季平均叶面积指数分布

## 5.3.2 植被覆盖度

### 5.3.2.1 计算原理

植被覆盖度一般被定义为观测区域内植被垂直投影面积占地表面积的百分比，是刻画地表植被覆盖的一个重要的参数，也是指示生态环境变化的重要指标之一。在模拟地表植被蒸腾、土壤水分蒸发及植被光合作用等过程时，植被覆盖度是一个重要的控制因子。植被覆盖度通过地表的蒸散作用强度，对区域水土资源平衡造成强烈的影响，通过 LAI 与植被覆盖度之间的关系，间接测定植被覆盖度：

$$VF = 1 - e^{-k \times LAI} \qquad (5.5)$$

$$k = \Omega \times K \qquad (5.6)$$

式中，$VF$ 为植被覆盖度；$k$ 为与几何结构有关的系数；$\Omega$ 为聚集指数，随机分布 $\Omega = 1$，规则分布 $\Omega > 1$，从生分布 $\Omega < 1$，可根据植被类型加以确定；$K$ 为消光系数，对于两年生或多年生树木，假定叶片在空间的分布为球面角分布，则其折射光的消光系数只取决于太阳高度角或太阳天顶角，计算方法如下：

$$K = 0.5 / \cos z \qquad (5.7)$$

式中，$z$ 为太阳天顶角，Monsi 和 Saeki（1953）认为草本植物的 $K = 0.3 \sim 0.5$。

### 5.3.2.2 结果分析

植被覆盖度是模拟植被蒸腾、土壤水分蒸发及植被光合作用的一个重要的因子，能够直接反映植被的生长发育和分布格局。结合国际地圈生物圈计划（IGBP）指数表和叶面积指数信息数据，最终提取了挠力河流域常年植被覆盖度的空间分布数据（图5.8）。

挠力河流域地处三江平原腹地，境内富集多种土地利用要素信息，土地利用形式多样。挠力河流域的常年植被覆盖度处于 0.04～0.54，流域内的数值差异较大。东部的完达山山脉和南部的双鸭山山区多为落叶阔叶林，植被覆盖度较高，是挠力河流域植被覆盖度的高值集中区，其周边的山地丘陵区的植被覆盖度也表现出覆盖度较高的特点。对于中部的粮食产区而言，挠力河流域多采取一年一季的种植制度，非作物耕作期内的旱地和水田的地表植被覆盖度非常低。

在植被覆盖的季节性分布上，挠力河流域的植被覆盖度表现出显著的差异性分布特点。对于夏季而言，流域的富锦市境内及七星河流域腹地的植被覆盖度偏高，该地区内分布有大量农场，农业现代化程度较高，旱地和水田的连片性较好，而东南部的山区和西部的山地丘陵区尽管分布有大量的原始落叶阔叶林，但相对于作物的生育期而言，植被覆盖度显著偏低；冬季主要农作区的农田处于冻结期，地表基本无植被覆盖，东部和西南部的山地丘陵区植被覆盖度

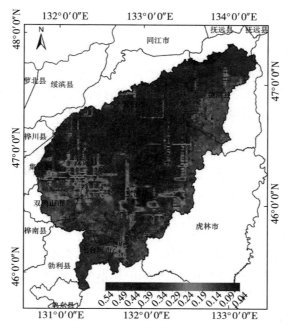

图 5.8　挠力河流域多年平均植被覆盖度分布

偏高。植被覆盖度的年度分布特征和季节性分布特征的差异性，影响了年和季度内的差异性水分蒸散特征（图 5.9）。

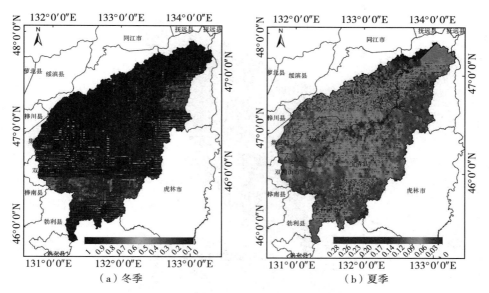

（a）冬季　　　　　　　　　　　　　　（b）夏季

图 5.9　挠力河流域冬季和夏季平均植被覆盖度分布

### 5.3.3 根系深度

#### 5.3.3.1 计算原理

植物主要依靠根系从土壤中吸收水分，供给植物生长发育、新陈代谢等生理活动和蒸腾作用，根系深度是估算植被蒸腾耗水量的一个重要参数。由于传统根系深度调查多采用剖面法或样方调查的方法，对于区域的实际的实用性比较差。本研究采取 Andersen 提出的根据不同土地覆被类型的计算方法来进行根系深度计算[175]。对于多年生乔木林而言，认为根系深度在一年中不发生变化，即给定固定的根系深度。而对于一年生的草本和作物，假定根系深度与 LAI 的变化趋势一致，即：

$$Rd_i = Rd_{max} \times \frac{LAI_i}{LAI_{max}} \tag{5.8}$$

式中，$Rd_i$ 为时段 $i$ 的根系深度；$Rd_{max}$ 为最大根系深度，根据植被类型确定，草地的根系深度约为 30cm，荒草地的根系深度约为 40cm，作物的根系深度约为 25cm；$LAI_i$ 为时段 $i$ 的叶面积指数；$LAI_{max}$ 为最大叶面积指数，统计分析得到，林地、草地、农田、稀疏植被 $LAI_{max}$ 分别为 3、2.6、1.3、1.0。

#### 5.3.3.2 结果分析

依据 LAI 数据反演得到挠力河流域常年植被根系深度（图 5.10）。挠力河

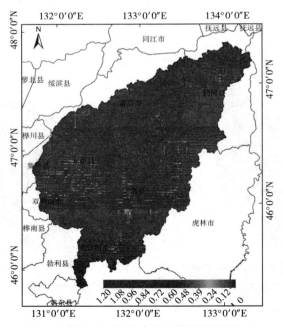

图 5.10 挠力河流域多年平均根系深度分布

流域的根系深度范围为 0～1.20，尽管数值波动范围较大，但根系深度值的差别比较小。流域的中部及南部多为农田作物种植区，夏季作物生长旺盛，叶面积指数值偏高，导致其根系深度值明显大于东部和南部山地区的根系深度值，夏季的根系深度值范围为 0～0.10（图 5.11）。对于冬季而言，域内根系深度的差异较小且值偏低，大部分地区的根系深度均低于 0.10（冬季由于 MODIS 卫星影像数据原因，存在部分异常值，因此冬季根系深度存在部分异常值，但其所占比例较小）。

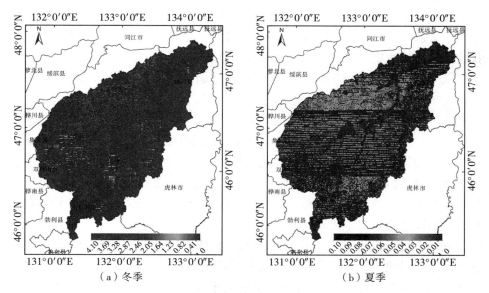

图 5.11　挠力河流域冬季和夏季平均根系深度分布

## 5.4　挠力河流域下垫面条件

### 5.4.1　水利工程条件

挠力河流域大规模垦荒建设始于 20 世纪 50 年代，虽然开垦了大量荒地，但由于旱涝灾害频繁，严重影响着其农业发展。20 世纪 50 年代后期开始兴建水利工程，开始兴建一些较大规模的抗旱除涝工程。挠力河防洪治涝骨干工程主要是 20 世纪 80 年代以来修建的内、外七星河河道开挖和堤防及挠力河堤防工程。主要工程包括在外七星河上游修建了黑鱼泡滞洪区，兴建了新外七星河、富锦支河等防洪治涝骨干工程，在内七星河上修建了三环泡滞洪区围堤，封闭了流向外七星河的漫溢口。挠力河干流宝清以下堤防已基本建成。另外流域内还有多座大中型水库，如挠力河上的龙头桥水库（集水面积 1 730km²）、蛤蟆通河上的蛤蟆通水库（集水面积 473km²）和宝清河上的清河水库（集水面积 258km²）等。

## 5.4.2 历史土地利用状况

挠力河流域土地利用具有明显的年代类型变化特点和区域差异，新中国成立以来经历过 4 次大规模农业开发高潮，湿地垦殖率达到 64%，挠力河流域位于三江平原腹地，是三江平原的典型流域，农业垦殖活动十分活跃，已成为挠力河流域主要产粮区和国家重要商品粮基地。20 世纪 50 年代以前，湿地是流域主要的景观基质，遍布整个流域；经过几十年的农业垦殖，农田已经成为挠力河流域的主要景观，湿地只分布在河道周围。

从 1954 年友谊农场建立到 2005 年，湿地面积由 9 435km² 减少为 2005 年的 1 837.2km²，所占面积比例减少 32.2%，同时耕地面积由 3 287km² 增加到 14 699.1km²，所占百分比增加 48.2%[2]；1956—1966 年为 10 万名转业官兵开发"北大荒"时期，先后在宝清县境内外建起国有农场群，1966—1976 年为城市知识青年上山下乡建设"北大荒"时期。在挠力河流域湿地开垦的初始 20 年时间内，耕地面积增加了 4 592km²。这一时期为挠力河流域湿地农田化规模最大的阶段，由湿地转化为耕地的面积为 18 640km²。1976 年以前的土地开发活动主要受政治驱动。

1977—1986 年为挠力河流域湿地农田化规模最大的另一个阶段，同时是居民地增长最快时期，挠力河流域每年平均增加居民地面积 12.93km²，这期间耕地和湿地年变化率也是最高，耕地每年增加 524.22km²，湿地每年减少 301.78km²。土地开发利用受到经济发展驱动。

20 世纪 80 年代中期至 90 年代中期全面改革开放期，挠力河流域的耕地面积增加了 849km²，其间较大面积的重度沼泽地不断被开发为农田，再加上"井排井灌"这一改造沼泽水利工程的实施，低洼易涝耕地得到了有效治理[6]。

20 世纪 90 年代中期至 2002 年，政府大力推行以稻治涝农业结构调整政策，土地利用变化主要表现在耕地内部结构调整。同时湿地受国内外关注和保护，水田作为人工湿地，其年均增加速度在 1993 年前为 37.67km²/a，1993 年后为 116.75km²/a。1990—2002 年，耕地面积由 1 239km² 增加至 15 417km²，其中旱地面积由 123km² 增加至 10 555km²，而水田面积增加至 4 862km²，占土地面积比重由 8.3% 提高到 20.53%；2002—2013 年，随着未利用地和滩涂用地逐渐开发殆尽，耕地后备资源逐年减少，耕地面积变化较小，仅新增了 108km²，水田面积增加了 659km²，旱地面积则减少了 551km²[8]。

# 5.5　本章小结

本章对挠力河流域水土资源平衡中关键水土要素进行分析。研究显示，与三江平原境内毗邻挠力河流域的建三江垦区不同的是，挠力河流域降水特征差异较大，夏季农田农作物生长旺盛，农业需水量偏大，挠力河流域在该季节降水量呈逐年减少的态势，而建三江垦区的降水量缓慢波动上升，可认为挠力河流域的水分供应条件逐渐变差，这种变化也体现在地表潜在蒸散量上和地表的植被要素条件上。同时人工下垫面要素条件的改变，势必会改变该流域的地表覆被、沟渠信息等，对水循环过程造成强烈影响。

# 第 6 章　挠力河流域遥感驱动式水文模型构建

　　水资源和土地资源交互影响，通过概化水资源循环规律，以实现水文过程模拟。将水土资源平衡中的水资源分项纳入水文循环过程中，结合土地资源变化过程，实现水土资源平衡交叉研究目的。现代遥感信息技术对于复杂的水文变量和参数获取具有特有的优势，可以获得传统水文方法难以获取或观测不到的信息，将其与水文模型进行耦合能够实现对区域水文循环过程分布式模拟的目的。挠力河流域是我国重要的商品粮生产基地，流域受人类的干扰活动较为强烈，挖掘其水文演化规律对于水土资源平衡规律探讨具有重要的意义，然而由于其境内水文及气象站点稀疏，水文变量及参数数据资料较为匮乏，水文循环过程研究存在较大的困难。基于土壤—植物—大气水分基本传输原理，通过包括遥感信息和社会经济数据在内的遥感估算数据驱动的分布式水文模型来研究流域的水文循环分项过程，以分析水土资源平衡中的基础分项特点。

## 6.1　需求分析与模型构建思路

　　流域水循环具有系统复杂性、多学科交叉性和适应性等特点，需要采用多技术多途径方法进行流域水循环过程研究。定量观测作为认识水系统关键过程和机理的重要途径，越来越得到重视，采用新方法、新技术、新手段获得的试验观测数据是揭示水系统耦合机制及演变规律的基础，包括降水、气温、风速、辐射等气象资料，潜热、感热、土壤热通量等通量数据，土壤湿度、径流、蒸散发、地下水等水文要素，植被叶面积指数等植被状况，工程和用水等数据。结合观测数据，构建以水循环为基础、耦合生物地球化学过程的水系统模型并建立多要素、多过程、多尺度的综合模型，是认识水资源的耦合及水资源与土地资源的反馈机理，以及进行水土资源综合调控的重要手段。

流域水循环模型是对流域水系统各过程进行抽象概化物理描述的数学模型，水土资源平衡的研究特点决定了流域水文模型的性质：①流域水循环模型具有一定的物理基础，能够反映水资源循环过程的物理变化过程机制；②流域水系统模型必须是分布式的，能够反映水循环过程分项的时空分布动态特征；③流域水系统模型必须与地理信息系统相结合，为模型的构建和模型的应用提供基础。

根据模型的一般属性，流域水循环模型包括模型结构描述、模型输入、模型参数及模型输出 4 个部分。流域水循环模型结构必须包含对水循环陆面水文物理、生物地球化学等过程及其耦合的描述。由于水循环的复杂性，一些物理过程和边界条件并不明确，故需要一些基本的假设：①模型计算单元（水文响应单元或网格，不含次网格）是具有一定坡度的坡面，单元内下垫面性质（土壤性质及土壤厚度等）存在均一性；②流域计算单元只有一个水流出口，所有径流必须通过出口与其他计算单元进行连接（不考虑网格的多流向法）；③流域水循环模型按照系统的聚集程度一般可以划分为功能独立的多个子系统以进行模块化处理，子系统之间通过水、碳、氮循环的生物、物理或化学过程对应的某一环节进行连接，水循环研究的侧重点不同，子系统的描述重点可能不同，基本结构和通用功能是一致的，陆面水文过程包括冠层辐射传输、截留及蒸发、植物蒸腾、地表产流、土壤蒸发、土壤水热运动、壤中流、地下径流、坡面汇流及河道汇流，生物地球化学过程包括植物光合作用及自养呼吸、植物的生长及凋落和土壤中生物地球化学循环，以及人类活动范围内的土地利用分布等。

## 6.2　DTVGM 模型原理及其改进

### 6.2.1　模型原理

水文系统是一个巨大的复杂的非线性系统，即相同的系统输入并不能产生完全相同的模型结果，即非线性和不确定性是水文系统的固有特性。20 世纪 70 年代末，爱尔兰的 Dooge 基于当时的理论假设提出了水文系统线性理论，Nash 教授还以此为基础提出了总径流线性响应模型（TRM）和线性扰动模型（LPM），希望借由水文系统增益因子的引入来简化和表达离散的降水—径流关系。但在实际应用过程中，水文循环过程中的非线性现象决定了考虑流域非线性系统理论模型的必要性，因此夏军通过对比分析世界不同国家和地区的40 多个流域站点实测水文数据序列发现，水文系统的增益因子不应该是一个常数，而应是流域某个状态变量的函数，并由此提出了时变增益模型（TVGM）的概念，即降水和产流之间的关系是非线性的，产流过程中土壤水分的变化深刻地影响着产流量的变化。该模型已经在国内外多个流域得到了检验，应用表明该模型不仅在湿润地区效果显著，而且在受季风影响的半湿润、半干旱流域应用效果较好。宋星原通过改进前期影响雨量递推的计算关系，提出了更加适用于中小流域短时段时变增益产流计算的方法，并得到很好的检验[176]。其理论基础是降水径流的系统关系是非线性的，并建立了与前期影响的雨量指数，有关的时变增益因子，反映了土壤湿度对降水径流时变非线性系统关系的作用。夏军由此将地表径流重新表达为地表有效降水量和系统增益因子的乘积：

$$R_{i,t} = G \times P_{i,t} \tag{6.1}$$

式中，$P_{i,t}$ 为有效降水量，$R_{i,t}$ 为地表流量，$G$ 为时变增益因子。$G$ 可以理解为整个流域的产流系数，取值范围在 $0\sim1$，可以进一步表达流域当前土壤湿度的公式为：

$$G = g_1 \left( \frac{S_{i,t}}{W_{i,t}} \right)^{g_2} \tag{6.2}$$

式中，$g_1$ 和 $g_2$ 为模型参数，$S_{i,t}$ 为饱和土壤水量，$W_{i,t}$ 为土壤实际含水量，经推导，TVGM 可表达为整体非线性的 Volterra 非线性系统响应模型的形式，即：

$$Y(t) = \int_0^m H_1(t-\tau)X(\tau) + \int_0^m\int_0^\tau H_2(t-\sigma,t-\tau)X(\sigma)X(\tau)\mathrm{d}\tau\mathrm{d}\sigma \tag{6.3}$$

式中，$H_2(\sigma, \tau)$、$H_1(\tau)$ 为 $i$ 阶水循环响应函数，TVGM 在国内外的多个流域进行了应用，应用表明在其半湿润、半干旱环境下，对于中小尺度流域的模拟效果最好，这表明了 TVGM 能以相对简单的形式模拟得到与复杂的泛函级相同的计算效果。

夏军提出了新的分布式时变增益水文模型（DTVGM）。结合空间数字化信息拓展应用到流域时空变化模拟的分布式水文模型，通过提取流域下垫面空间变化信息，包括单元坡度、流向、水流路径、河流网络、流域边界、土地利用、土壤类型等，基于划分的流域单元（子流域或网格）对非线性产流、冠层截留、蒸散发、融雪、下渗、上层下层土壤水产流（水量平衡方程和蓄泄方程）等物理过程进行模拟，基于动力网络原理，利用提取的汇流无尺度网络进行分级网格汇流演算，从而得到流域水循环要素的时空分布特征以及流域各单元的出口断面流量过程。该模型以 GIS/DEM 为基础，利用 GIS 手段提取坡度、坡向、水流路径等地形地貌信息，而在水文物理过程的考虑上，采用了分布式水文模型构建的通用模式，即以水量平衡方程为核心，将水文循环中各个过程进行整合，DTVGM 整体结构如图 6.1 所示。夏军等[177] 对 DTVGM 进行了改进与发展，引入地表覆被因子来表达不同下垫面状况对地表径流的影响，提出了月、日、时3个时间尺度的子模型，并丰富了模型输入参数（降水、气温等）的获取方法。

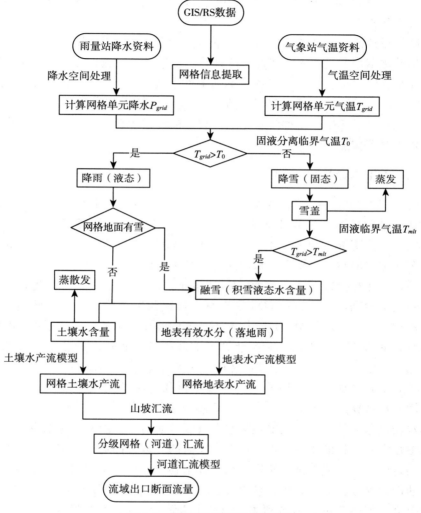

图 6.1　DTVGM 模型结构示意

　　该模型将水文非线性系统理论与分布式模型框架有机地结合起来，有明确的水文意义，能够反映流域下垫面土壤类型土地利用植被覆盖变化等的复杂空间变异性，同时模型简单易用，对于不同流域、水文资料信息不完整或不确定性干扰下的水文模拟具有较强的适应能力，已经在很多流域得到验证[178]。同时模型广泛应用于气候变化和人类活动影响评估等方面的研究，如王纲胜等应用月尺度模型分析了气候变化和人类活动对潮白河流域径流变化影响的贡献率[179]；Ye 等（2014）利用遥感的高分辨率信息构建以遥感为基础的多源信息驱动的模型，为进一步解决模型在无资料或缺资料地区的水文模拟提供基础[111]；宋晓猛等基于一种集成统计仿真技术和方法的优化方案对模型参数优化进行了分析[180]。

DTVGM 既有分布式水文概念性模拟的特点，又具有水文系统分析适应能力强的优点，通过引入非线性系统理论，降低模拟对输入参数的要求，使得其能在水文资料信息不完全或者有不确定性干扰条件下获得较好的模拟效率。总体上，DTVGM 具有模型产流机制简单、模型结构和参数没有假定、适应性强、参数易于容错、模型体系比较开放、模型结构较灵活和易于与其他空间信息相耦合等特点。

## 6.2.2  DTVGM 的改进

对 DTVGM 的遥感驱动主要从模型结构、参数获取 2 个方面着手，基于DTVGM 基础框架，增强部分模型模块的物理机制，增加模型对遥感数据的兼容性，以公用 RS/GIS 平台数据为基础，推求模型输入，构建基于遥感驱动的分布式时空增益水文模型，从而能够减少水文模型中对地面站点观测数据的依赖性，具体包括以下几个方面：①对部分 DTVGM 模块进行改进，加强其与遥感数据的耦合，原 DTVGM 中未考虑植被截留过程，导致区域蒸散发模拟过程和有效降水计算中出现结构上不严谨的问题，模型改进后增加了植被截留环节，采用 Aston 公式，模拟计算植被截留量。此外，蒸散发模型选用较为成熟的、主要输入参数可依靠遥感技术直接或者间接获取的 Kristensen - Jensen 模型，综合考虑林冠截留蒸发、植被蒸腾和土壤蒸发 3 个方面，增强了区域蒸散发量估算的物理机制。②利用遥感反演技术推算水文模拟中关键参数。影响水文过程的气象因子主要是降水和气温，而潜在蒸散发是蒸散发估算最重要的参数之一，目前遥感技术在这 3 个参数的获取方面均有不同深度研究，因此可结合已有研究成果进行拓展研究。③增强模型对于多源数据的支持，主要涉及地形地貌数据——高程、坡度/坡向、数字河网等，下垫面信息数据——植被盖度、根系深度、地表覆被/土地利用类型、叶面积指数和土壤水文等。④利用 RS/GIS 等现代技术获取空间数据上的优势，研究缺资料地区水文模型的理论和方法，构建基于遥感驱动的 DTVGM 分布式水文模型（RS_DTVGM），以遥感技术为手段获取流域内关键生态水文因子、参数，以模拟流域水循环过程，评估水资源特点。

RS_DTVGM 中的径流量计算从有效降水量计算开始，有效降水量等于降水经过植被截留消耗后与融雪量之和。有效降水到达下垫面表层后产生地表径流，并通过下渗作用进入土壤，改变地表、中间和下层土壤的水分含量，产生壤中流。土壤水分的变化还直接影响着土壤蒸发和植被蒸腾作用的强弱，影响水量平衡中蒸发量的大小。运用 RS_DTVGM 计算得到的地表径流和多层壤中流组成了栅格总产流量，栅格总产流量经汇流模块，模拟得到河道任一断面位置的径流量（图 6.2）。

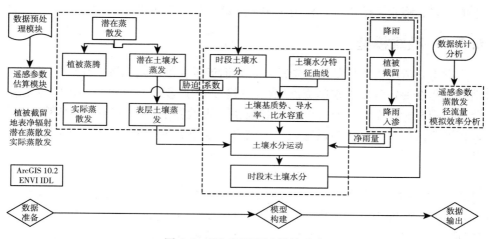

图 6.2　RS_DTVGM 结构示意

## 6.3　模型水循环过程

### 6.3.1　植被截留过程

植被截留过程反映的是降水到达地面前与地上植被的相互作用，是降水经过植被冠层过程中被枝叶阻挡、吸附的水量。截留过程影响着区域蒸散发和有效降水的计算，是降水的第一步损耗。目前林冠截留模型包括经验模型、半经验半理论模型及理论模型，研究考虑到遥感数据驱动模型的参数可获取性，采用半经验半理论进行植被截留量估算。

植被截留主要由植被的枝叶对降水的阻挡和吸附引起，因此截留量主要与植被特征（如植被覆盖度、叶面积指数）有关，并且随植被类型和生长时段发生变化。采用 Aston（1979）构建的植被截留计算公式进行计算：

$$S_v = C_v \times S_{\max} \times \left( 1 - e^{-\frac{P_{cum}}{\eta S_{\max}}} \right) \tag{6.4}$$

式中，$S_v$ 为累计截留量，mm；$C_v$ 为植被覆盖度，反映植被的茂密程度；$P_{cum}$ 为累积降水量，mm；$S_{\max}$ 为林冠最大截留量，mm；$\eta$ 为校正系数。

林冠最大截留量取决于叶面积和叶面粗糙度等叶面特征，Hoyninegen -

Huene（1981）建立了直接基于 $LAI$ 估算最大截留量的公式：

$$S_{max}=0.935+0.498\times LAI-0.005\ 7\times LAI^2 \tag{6.5}$$

$$\eta=0.46\times LAI^2 \tag{6.6}$$

降水经过植被截留重新分配后，渗入土壤中，引起土壤含水量变化。假设降水集中在一天中某固定时间段内，取单位时间净雨量与饱和导水率之间的最小值，得到降水入渗强度，作为土壤水运动方程的上边界条件。

## 6.3.2 融雪模型

融雪是流域内重要的淡水资源，也是河流重要的补给水源，积雪的存储与消融过程在一定程度上控制着流域径流过程，因此积雪与冰川的融化模型在水资源模拟分析中至关重要。融雪估算模型采用世界上通用的度—日因子模型。该模型算法简单，易于与遥感数据相结合。气温和雪盖面积是主要输入参数。其表达式如下：

$$M_s=D_f\times(T_a-T_{mlt}) \tag{6.7}$$

式中，$M_s$ 为融雪量，mm/d；$T_a$ 为气温，℃；$T_{mlt}$ 为开始融雪时的气温，℃；$D_f$ 为随季节和海拔变化的度—日因子，mm/(℃·d)，是模型最为敏感和重要的参数，为单位正积温产生的冰雪消融量。度—日模型中，融雪量由气温、积雪温度、度—日因子和积雪覆盖率决定。

融雪模型的关键在于确定度—日因子，其不仅反映了气温与融雪之间关系，还反映了多年平均辐射对融雪的影响。初期积雪的量大且储存量大，积雪层持水能力较强，融雪水在下层再次冻结，因此，度—日因子在消融期不是常数，而是随季节变化，同时受纬度和坡向等影响。度—日因子通过下述公式进行估算：

$$D_f=1.1\times\frac{\rho_s}{\rho_w} \tag{6.8}$$

式中，$\rho_w$ 为水密度，g/cm³，为定值，取值 1g/cm³；$\rho_s$ 为积雪密度，g/cm³。

# 6.4 蒸散发模型

蒸散发的计算可从其发生的空间位置上进行划分，包括植被截留蒸发、植被蒸腾、水面蒸发和土壤蒸发。对于水域的蒸发计算可采用水体表面的潜在蒸散发量代替，而对于陆面的蒸散法计算需同时考虑植被截留蒸发、土壤蒸发和植被蒸腾 3 个方面的影响。采用 Kristensen-Jensen 模型[181]计算陆面的实际蒸散发。近年来诸多学者对以遥感 LAI 为主要参数的 Kristensen-Jensen 模型开展了大量研究工作，结果表明该模型对较为干燥的土壤，地下水埋藏较深地区的蒸散发计算具有良好效果，且输入参数可由遥感技术获取。

**（1）植被截留蒸发。**模型在计算蒸散发过程中优先计算植被截留蒸发，其大小取决于植被截留量和潜在蒸散发能力，取两者中的低值，如果冠层有足够的水分，则林冠截留蒸发等于潜在蒸散发大小，公式如下：

$$E_{can} = \min(S_v \times ET_p \times P) \tag{6.9}$$

式中，$E_{can}$ 为植被截留层蒸发，mm；$S_v$ 为植被截留量，mm；$ET_p$ 为潜在蒸散发量，mm；$P$ 为降水量，mm。

**（2）植被蒸腾。**植被蒸腾速率取决于土壤的水分状况和植被覆盖状况。模型通过引入叶面积指数和根系深度（Rootdeepth）来反映和表达植被状况对蒸腾作用的影响，并将植被蒸腾表达为叶面积指数、根系区土壤水分及根系密度的函数。模型表达式如下：

$$E_{at} = f_1(LAI) \times f_2(\theta) \times RDF \times (ET_p - E_{can}) \tag{6.10}$$

式中，$E_{at}$ 为植被蒸腾，mm；$f_1$ 为植被叶面积指数的函数，反映植被长势对蒸腾速率的影响；$f_2$ 为根系层土壤水分函数，反映土壤水分状况对蒸腾的影响；$RDF$ 为根系分布函数；$f_1$ 和 $RDF$ 分别为蒸腾对植被叶面积和根系密度的依赖程度；$(ET_p - E_{can})$ 为扣除林冠截留最后的最大蒸发能力。式中 $f_1$、$f_2$ 和 $RDF$ 的表达式分别如下：

$$f_1(LAI) = \max\{0, \min[1, (C_2 + C_1 \times LAI)]\} \tag{6.11}$$

$$f_2(\theta) = \begin{cases} 0, & \theta \leqslant \theta_w \\ 1 - \left(\dfrac{\theta_f - \theta}{\theta_f - \theta_w}\right)^{\frac{C_3}{ET_p}}, & \theta_w < \theta < \theta_f \\ 1, & \theta \geqslant \theta_f \end{cases} \tag{6.12}$$

$$RDF = \frac{\displaystyle\int_{Z_1}^{Z_2} R(z)\mathrm{d}z}{\displaystyle\int_0^{L_r} R(z)\mathrm{d}z} \tag{6.13}$$

式 6.13 的计算形式可转化为：

$$RDF = \frac{e^{-AROOT \times Z_2} - e^{-AROOT \times Z_1}}{e^{-AROOT \times L_r} - 1} \tag{6.14}$$

式 6.10 至式 6.14 中，$C_1$、$C_2$、$C_3$ 为植被参数，可调整或者根据参考文献获得；$\theta$ 为土壤实际含水量，%；$\theta_f$ 为田间持水量，%；$\theta_w$ 为萎蔫含水量，%；$AROOT$ 为描述根系主要分布的参数；$Z_1$、$Z_2$ 分别为所求土壤垂直方向上的两段坐标，m；$L_r$ 为根系深度，m。

**（3）土壤蒸发。**Kristensen - Jensen 模型认为土壤蒸发仅发生在表层土壤，由非饱和上层土壤基础蒸发量和土壤达到田间持水量时多余水分蒸发组成，其中土壤蒸发受表层土壤水分的限制，同时取决于潜在蒸散发，当土壤含水量降至剩余土壤含水量时，土壤水分蒸发停止。

**(4) 潜在蒸散发及日尺度转换。** 蒸散发是水循环中的重要支出项，准确估算蒸散发是流域水循环与水平衡关系研究的基础。Priestley - Taylor[182] 在蒸发达到平衡（即当下垫面与下垫面上方空气的相对湿度相等时的蒸发）的基础上，引入 $\alpha$ 常数，推导出无平流条件下潜在蒸散发的计算方法，已成为目前潜在蒸散量估算的重要方法之一。

Priestley - Taylor 公式如下：

$$ET_0 = \alpha \times \frac{R_n - G}{\lambda} \times \frac{\Delta}{\Delta + \gamma} \qquad (6.15)$$

式中，$ET_0$ 为潜在蒸散发，mm；$\alpha$ 为 Priestley - Taylor 系数；$R_n$ 为地表净辐射量，W/m²；$G$ 为土壤热通量，W/m²；$\lambda$ 为汽化潜热，MJ/kg；$\Delta$ 为饱和水汽压—温度曲线斜率，kPa/℃；$\gamma$ 为干湿表常数，kPa/℃。其中饱和水汽压斜率 $\Delta$ 可通过大气温度 $T_a(K)$ 的经验公式计算得到，干湿表常数（$\gamma$）可由空气定压比热、大气压（海拔高度 $H$ 推算）等计算；净辐射通量 $R_n$ 同样采用能量平衡法，基于 MODIS 估算卫星过境时刻，进而估算得到[183]，估算过程中将涉及大气温度 $T_a$、Emis 地表发射率数据（波段 31 和波段 32 数据）。

由 Priestley - Taylor 公式计算得到的卫星过境时刻的瞬时潜在蒸散发，需要通过尺度转换才能得到逐日潜在蒸散发。由于净辐射 $R_n$ 在一天中呈正弦曲线变化特征（图 6.3），决定了潜在蒸散量变化也具有正弦变化特征。因此可以采用正弦曲线拟合的方法来完成潜在蒸散发向日蒸散发的转化。一般而言，日出后 1h 和日出前 1h 左右的蒸发速率可以认定为 0，而在日变化过程中潜在蒸散发将呈现出正弦曲线的变化趋势，最大潜在蒸散发出现在当地的正午时间，通过该最大值可计算出正弦曲线上任何时点的潜在蒸散发，公式如下：

$$ET_0(t) = (ET_0)_{max} \sin\left[\left(\frac{t - (t_{rise} + 1)}{t_{set} - t_{rise} - 2}\right)\pi\right] \qquad (6.16)$$

式中，$(ET_0)_{max}$ 为日最大潜在蒸散发，一般在正午时刻达到；$t$ 为模拟时刻；$t_{set}$、$t_{rise}$ 分别为日落时间和日出时间，对应当地净辐射值变为负和变为正的时间，可以通过纬度和日期计算得到。结合计算出的瞬时潜在蒸散发并利用正弦曲线求得 $(ET_0)_{max}$，公式如下：

$$(ET_0)_{max} = \frac{INET_0}{\sin\dfrac{t_{pase} - (t_{rise} + 1)}{t_{set} - t_{rise} - 2}} \qquad (6.17)$$

式中，$INET_0$ 为卫星过境时刻的瞬时潜在蒸散发，$t_{pase}$ 为卫星过境时刻的当地时间。由此，日潜在蒸散发总量为：

$$ET_0 = \int_{t_{rise}}^{t_{set}} ET_0(t)\,dt = \int_{t_{rise}}^{t_{set}} (ET_0)_{max} \sin\left[\frac{t - (t_{rise} + 1)}{t_{set} - t_{rise} - 2} \times \pi\right]dt$$

$$(6.18)$$

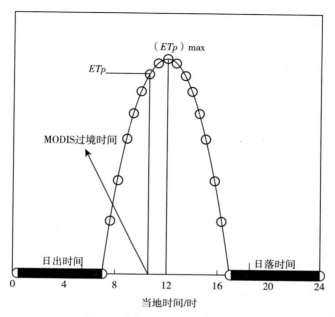

图 6.3　潜在蒸散发日变化曲线

## 6.4.1　产流模型

RS_DTVGM 产流计算模块与原 DTVGM 保持一致，通过时变增益因子优先计算地表径流量，并耦合水量平衡方程，以牛顿迭代法求算土壤湿度，再求算各个水文变量。单元的产流总量为单元地表径流、壤中流、深层壤中流和地下径流之和。

**(1) 地表径流。**降水经林冠留后到达表层土壤，一部分在表面发生地表径流，剩余部分进入表层土壤补充土壤含水量。地表径流采用 TVGM 计算，模型认为地表径流与有效降水呈非线性关系，这种关系通过时变增益因子表示，时变增益因子通过表层土壤水分求算，同时增加下垫面覆被状况对产流状况的影响，通过地表覆被因子 $C$ 来表达，其主要与植被生长状况有关。地表径流模型计算公式如下：

$$R_s = g_1 \times \left( \frac{AW_u}{WM_u \times C} \right)^{g_2} \times P' \qquad (6.19)$$

式中，$R_s$ 为地表产流量，mm；$AW_u$ 为表层土壤湿度，%；$WM_u$ 为表层土壤饱和含水量，%；$P'$ 为有效降水量，mm，为降水量扣除林冠截留后到达地面的净雨量和融雪量之和；$g_1$ 和 $g_2$ 是时变增益因子的有关参数（$0 < g_1 < 1$，$g_2 > 1$），$g_1$ 为土壤饱和后径流系数，$g_2$ 为土壤水影响系数；$C$ 为覆被影响参数。

**（2）表层壤中流。** 扣除地表径流外的降水以一定的速率下渗到土壤，一部分保存在土壤中，使土壤含水量增大，一部分沿着土壤空隙流动，从坡侧土壤的空隙流出，转换为地表径流，注入河槽的部分径流称为表层壤中流，采用自由水蓄水库线性出流计算，公式如下：

$$R_{ss} = AW_u \times K_r \times Thick \qquad (6.20)$$

式中，$R_{ss}$ 为表层壤中流，mm；$AW_u$ 为表层土壤含水量，%；$K_r$ 为土壤水出流系数；$Thick$ 为表层土壤厚度，mm。在实际计算时土壤湿度取时段起止土壤湿度的平均值：

$$AW_u = \frac{AW_{u_i} + AW_{u_{i+1}}}{2} \qquad (6.21)$$

式中，$AW_{u_i}$ 和 $AW_{u_{i+1}}$ 分别为时段开始和结束时的土壤含水量，%。

**（3）深层壤中流与地下径流。** 表层土壤水分在重力和水势作用下向深层下渗，给定表层到深层的下渗率为 $f_c$，即可求算上层土壤渗入下层的水量，地下径流也相同。

深层壤中流和地下径流计算方式同表层壤中流，即

$$R_{ds} = AW_d \times K_d \times (Thick)_s \qquad (6.22)$$
$$R_g = AW_g \times K_g \times (Thick)_g \qquad (6.23)$$

式中，$R_{ds}$ 和 $R_g$ 分别为深层壤中流和地下径流，mm；$AW_d$ 和 $AW_g$ 分别为深层土壤和地下层含水量，%；$K_d$ 和 $K_g$ 分别为深层土壤和地下径流出流系数，地下径流一般出流较为稳定，在冰期，径流的主要供给为地下流，因此可根据冬季径流量确定出流系数。

**（4）单元总产流。** 单元网格上的总产流量为地表径流、壤中流、地下径流之和：

$$R = R_s + R_{ss} + R_{ds} + R_g \qquad (6.24)$$

式中，$R$、$R_s$、$R_{ss}$、$R_{ds}$、$R_g$ 分别表示单元网格上的总产流量、地表径流、表层壤中流、深层壤中流、地下径流，mm。

## 6.4.2 汇流模型

采用运动波方程进行汇流演算。运动波理论最早由 Lighthill 和 Whitham 提出，是一种对一维圣维方程的简化处理，运动波理论提出后出现了很多关于这方面的研究。目前普遍认为山区流域坡面比降大，糙率大，水流流态多为紊流，在圣维南方程组的动力方程中，其他各项与坡面比降和摩阻比降皆可忽略，因此认为坡面水流接近于运动波。同样，对于坡降较大的河道，相比作用于控制体上的摩阻力，水流方向上的分量、水压力和侧壁在水流方向上的总压力皆可忽略。

径流汇集的载体为汇流网络和数字水系，每个栅格单元内的径流（直接降

落在河道上的净降水除外），从产生到汇聚至流域出口一般均需要经历坡面汇流和河道汇流两个阶段，因此，汇流计算的第一步是确定径流的汇集载体（坡面或河道）。河道可基于 DEM 进行提取，在水流方向的基础上获取汇流累积图，再根据汇流面积的大小来判断栅格是坡面还是河道，即给定一个汇流累积的阈值 $N$，大于该阈值认为是河道栅格，小于该阈值则认为是坡面栅格。

**（1）坡面汇流。** 运动波汇流假定水面坡度与河床坡度一致，首先假设动量方程中忽略摩阻项，认为摩阻比降 $S_1$ 等于坡度比降 $S_0$。径流深度 $h$ 采用下式计算：

$$h = \frac{A}{\omega} \tag{6.25}$$

式中，$h$ 为水流断面平均深度，m；$A$ 为水流断面面积，m²；$\omega$ 为水流断面平均宽度，m。单元网格的流速采用曼宁公式进行计算，并且假定每个网格上的水质点相互独立，即每个网格上的水流速度与周边网格上的流速无关，并且不随时间变化而变化，从而建立一个空间上变化而时间上恒定的空间流速场。利用曼宁公式计算流速的公式如下：

$$v = \frac{1}{n} \cdot R^{\frac{2}{3}} S_0^{\frac{1}{2}} \tag{6.26}$$

式中，$v$ 为流速，m/s；$n$ 为地表曼宁糙率系数；$R$ 为水力半径，m，在坡面水流中，可近似以水深 $h$ 代替；$S_0$ 为坡度比降，基于 DEM 提取。

断面流量 $Q$（m³/s）为水流断面面积与流速的乘积，即

$$Q = A \cdot v \tag{6.27}$$

对于坡面汇流，断面平均宽度及网格大小：

$$\omega = \Delta x \tag{6.28}$$

式中，$\omega$ 为断面平均宽度，m；$\Delta x$ 网格宽度，m。

联立上式，可得

$$Q = A \times \frac{1}{n} \left( \frac{A}{\Delta x} \right)^{\frac{2}{3}} S_0^{\frac{1}{2}} = \frac{1}{n} \Delta x^{-\frac{2}{3}} S_0^{\frac{1}{2}} A^{\frac{5}{3}} = \alpha \times A^{\beta} \tag{6.29}$$

$$\alpha = \frac{1}{n} \Delta x^{-\frac{2}{3}} S_0^{\frac{1}{2}}, \quad \beta = \frac{5}{3} \tag{6.30}$$

**（2）河道汇流。** 对于河道汇流，假设断面形状为梯形，则其断面平均宽度随水深发生变化，即随着流量的增大，断面面积增大，水深增大，断面平均宽度增大，假设断面平均宽度与平均水深呈线性关系，即

$$\omega = a \times h \tag{6.31}$$

式中，$h$ 为断面平均深度，m；$a$ 为参数，由河道属性决定；$\omega$ 为断面平均宽度，m。联立上式，可得

$$h = \frac{A}{ah} \tag{6.32}$$

即得

$$h=\left(\frac{A}{a}\right)^{\frac{1}{2}} \tag{6.33}$$

联立上式，可得

$$Q=A\times\frac{1}{n}\left(\frac{A}{a}\right)^{\frac{1}{3}}S_0^{\frac{1}{2}}=\frac{1}{n}a^{-\frac{1}{3}}S_0^{\frac{1}{2}}A^{\frac{4}{3}} \tag{6.34}$$

$$\alpha=\frac{1}{n}a^{-\frac{1}{3}}S_0^{\frac{1}{2}}, \quad \beta=\frac{4}{3} \tag{6.35}$$

河道中的水流属于明槽非恒定渐变流，其连续性方程为：

$$\frac{\partial A}{\partial t}+\frac{\partial Q}{\partial x}=q \tag{6.36}$$

式中，$A$ 为水断流面面积，$\text{m}^2$；$t$ 为时间，s；$Q$ 为流量，$\text{m}^3/\text{s}$；$x$ 为流程，m；$q$ 为侧向入流，$\text{m}^3/\text{s}$。

差分解得

$$\frac{\Delta A}{\Delta t}+\frac{\Delta Q}{\Delta x}=q\rightarrow\Delta A\Delta x+\Delta Q\Delta t=q\Delta x\Delta t \tag{6.37}$$

在一个栅格中，侧向入流主要是净雨，则

$$\Delta A\Delta x+\Delta Q\Delta t=R\times Area \tag{6.38}$$

对于 $t$ 时刻

$$\Delta A=A_t-A_{t-1}, \quad \Delta Q=Q_0-Q_I \tag{6.39}$$

式中，$Area$ 为节点面积，$\text{m}^2$；$A$ 为断面面积，$\text{m}^2$；$t$ 为时间，s；$Q_I$ 为流入栅格的流量，$\text{m}^3/\text{s}$；$Q_0$ 为流出栅格的流量，$\text{m}^3/\text{s}$。

流入栅格的流量 $Q_I$ 等于上游汇入的网格流出流量的和，流出栅格的流量 $Q_0$ 可由下式计算：

$$Q_0=\alpha\times\left(\frac{A_t+A_{t-1}}{2}\right)^{\beta} \tag{6.40}$$

通过迭代即可求出水流断面面积 $A$，计算出栅格的出流量 $Q_0$。对于每一个栅格，均可计算出一个出流量，流域出口处栅格单元的出流量即为该时段流域内的总径流量。

# 6.5 模型能量传输过程

## 6.5.1 净辐射计算模型

净辐射（$R_n$）为地表向下短波、长波辐射与向上短波、长波辐射的差值，计算公式为：

$$R_n=R_s^{\downarrow}-R_s^{\uparrow}+R_1^{\downarrow}-R_1^{\uparrow} \tag{6.41}$$

短波辐射：

$$R_s^\downarrow - R_s^\uparrow = (1-\alpha)R_s^\downarrow \qquad (6.42)$$

式中，$\alpha$ 为地表反照率，$R_s^\downarrow$ 为下行短波辐射，$R_s^\uparrow$ 为上行短波辐射，$R_s$ 为太阳辐射，计算公式为：

$$R_s = \frac{I_0 \tau \cos z}{R^2} \qquad (6.43)$$

式中，$I_0$ 为太阳常数，取值 1 367W/m²；$\tau$ 为短波大气透过率；$z$ 为太阳天顶角，rad；$\frac{1}{R^2}$ 为日地距离订正因子，无量纲。$\tau$ 采取 FAO - 56 推荐的在晴天和相对干燥情况下的公式：

$$\tau = 0.75 + 2 \times 10^{-5} \times h \qquad (6.44)$$

式中，$h$ 为地表海拔高程，m。

日地距离订正因子由下式计算：

$$\frac{1}{R^2} = 1.000\ 109 + 0.033\ 494\ 1 \cos\varphi + 0.001\ 472 \sin\varphi$$
$$+ 0.000\ 768 \cos 2\varphi + 0.000\ 079 \sin 2\varphi \qquad (6.45)$$

式中，$\varphi$ 为太阳日角，rad，可由天数 DOY 确定，DOY 为一年中按时间顺序排列的天数。

$$\varphi = 2\pi(DOY - 1)/365 \qquad (6.46)$$

瞬时太阳高度角计算采用以下公式：

$$\theta = \text{arc sin}(\sin\varphi\sin\theta + \cos\varphi\cos\delta\cos\omega) \qquad (6.47)$$

式中，$\varphi$ 为地理纬度，rad；$\delta$ 为太阳赤纬，rad；$\omega$ 为太阳时角，rad。

某一点的太阳时角为太阳与地心连线和地面相交的点的经度与该点的经度差，正午太阳时角为 0，上午为负值，下午为正值。采用以下算法：

$$\omega = \frac{\pi}{12}\left(t + \frac{L_z - L_m}{15} + S_c - 12\right) \qquad (6.48)$$

式中，$t$ 为卫星获取时的标准当地时间，$L_z$ 为当地时区的中心经度（自 Greenwich 经线以西），$L_m$ 为观测点的经度（自 Greenwich 经线以西），$S_c$ 为太阳时的季节校正，可用下述方程计算得到：

$$S_c = 0.164\ 5\sin\left[\frac{4\pi(DOY - 81)}{364}\right] - 0.125\ 5\cos\left[\frac{2\pi(DOY - 81)}{364}\right]$$
$$- 0.025\sin\left[\frac{2\pi(DOY - 81)}{364}\right] \qquad (6.49)$$

太阳天顶角为太阳高度角的余角：

$$z = \frac{\pi}{2} - \theta \qquad (6.50)$$

太阳方位角：

$$\alpha = \text{arc } \cos[(\sin\theta\sin\varphi - \sin\delta)/(\cos\theta\cos\varphi)] \qquad (6.51)$$

长波辐射采用 Stefan - Boltzmann 方程：

$$R_1^{\downarrow} - R_1^{\uparrow} = \sigma\varepsilon_s\varepsilon_a T_a^4 - \sigma\varepsilon_s T_s^4 \qquad (6.52)$$

式中，$\varepsilon_a$ 为大气发射率；$\varepsilon_s$ 为地表发射率；$T_a$ 为空气温度，K；$T_s$ 为地表温度，K；$\sigma$ 为 Stefan - Boltzman 常数，取值 $5.67 \times 10^{-8}$ W/（m² · K⁴）。

空气比辐射率 $\varepsilon_a$ 计算公式如下：

$$\varepsilon_a = 9.2 \times 10^{-6} \times T_a^2 \qquad (6.53)$$

地表发射率 $\varepsilon_s$ 采用非线性公式计算：

$$\varepsilon_s = 0.273 + 1.778\varepsilon_{31} - 1.807\varepsilon_{31}\varepsilon_{32} - 1.037\varepsilon_{32} + 1.774\varepsilon_{32}^2 \qquad (6.54)$$

式中，$\varepsilon_{31}$ 和 $\varepsilon_{32}$ 分别为波段 31 和波段 32 的发射率。

## 6.5.2  日升/日落时间计算

已知日出日落时太阳的位置 $h = -0.833°$，要计算当地的地理位置，经度 $Long$，纬度 $Lat$，时区 $Zone$，$UT_0$ 为上次计算的日出日落时间，第一次计算时 $UT_0 = 180°$。如先计算出从格林尼治时间公元 2000 年 1 月 1 日到计算日天数 $days$。

计算从格林尼治时间公元 2000 年 1 月 1 日到计算日的世纪数 $t$：

$$t = (days + UT_0/365)/36\ 525 \qquad (6.55)$$

计算太阳的平黄经：

$$L = 280.460 + 36\ 000.770t \qquad (6.56)$$

计算太阳的平近点角：

$$G = 357.528 + 35\ 999.050t \qquad (6.57)$$

计算太阳的黄道经度：

$$\lambda = L + 1.915\sin G + 0.020\sin 2G \qquad (6.58)$$

计算太阳的倾角：

$$\varepsilon = 23.439\ 3 - 0.013\ 0t \qquad (6.59)$$

计算太阳的偏差：

$$\delta = \text{arc } \sin(\sin\varepsilon\sin\lambda) \qquad (6.60)$$

计算格林尼治时间的太阳时间角 $GHA$：

$$GHA = UT_0 - 180 - 1.195\sin G - 0.020\sin 2G + 2.466\sin 2\lambda - 0.053\sin 4\lambda$$
$$(6.61)$$

计算修正值 $e$：

$$e = \text{arc } \cos[(\sin h - \sin LTT\sin\delta)/\cos LTT\cos\delta] \qquad (6.62)$$

计算新的日出日落时间：

$$UT = UT_0 - (GHA + Long \pm e) \qquad (6.63)$$

式中，"＋"表示计算日出时间，"－"表示计算日落时间。

比较 $UT_0$ 和 $UT$ 之间差的绝对值，如果大于 $0.1°$ 即 $0.007h$，把 $UT$ 作为新的日出日落时间值，重新从上式开始进行迭代计算，如果 $UT_0$ 和 $UT$ 之差的绝对值小于 $0.007h$，$UT$ 即为所求的格林尼治日出日落时间。

上面的计算以"°"为单位，即 $180°＝12h$，因此需要转化为以 h 表示的时间，再加上所在的时区数 Zone，即要计算当地的日出日落时间为：

$$T=UT/15+Zone \tag{6.64}$$

上面的计算日出日落时间的方法适用于小于北纬 $60°$ 和南纬 $60°$ 的区域，如果计算位置为西半球时，经度 Long 为负数。

## 6.5.3　日均太阳温度

日均大气温度（Tair）是水循环模拟过程中关键参数之一，控制着区域融雪过程和蒸散发强度。基于卫星过境时刻瞬时信息反演得到的瞬时值进行时间尺度转化，以得到日均气温数据，最终得到模型模拟所需的日均数据。

以 NCEP/NCAR 的 1 日 4 次（UTC00、UTC06、UTC12、UTC18）的表面气温求取的平均数作为日均气温，并与 UTC06 时（当地时间中午 11：20）的气温作拟合，建立每个 NCEP 像元内日均气温与 MODIS 卫星过境时刻的瞬时气温之间的统计关系，然后利用这种关系实现像元内瞬时气温到日均气温的转化。

## 6.5.4　瞬时大气温度

瞬时大气温度（Tair_inst）计算方法：

$$\begin{aligned}T_{2m}=&LST+1.82-10.66\cos z(1-NDVI)+0.566\alpha\\&-3.72(1-AL)(\cos s/\cos z+(\pi-s)/\pi)DSSF-3.41\Delta h\end{aligned} \tag{6.65}$$

式中，$T_{2m}$ 为 2m 高处大气温度；$LST$ 为地表温度；$z$ 为太阳天顶角，rad；$NDVI$ 为归一化植被指数；$\alpha$ 为太阳方位角（正南为 0），rad；$AL$ 为地表反照率；$s$ 为地面坡度，rad；$DSSF$ 为下行短波辐射，$W/m^2$；$\Delta h$ 为观测点高程与 20km 范围内高程平均值的差值，m。

# 6.6　其他循环过程

## 6.6.1　土壤水分参数

土壤水分参数估算模型（SPAW）基于不同土壤类型的机械组成信息，利用经验算法推算出不同土层土体的饱和含水量、凋萎含水量、田间持水量等基础土壤物理特性，得到土壤水分变化模拟、蒸散发和产流估算中重要的输入参数。

采用 SPAW 中土壤水分参数方法进行估算（图 6.4）。SPAW 计算土壤水分参数的原理是对土壤机械组成（砂粒含量 0.005～2.00mm，黏粒含量小于 0.002mm）、有机质含量等土壤理化性质与土壤水分特征曲线进行拟合，得出基于土壤理化性质计算水分参数的经验公式。

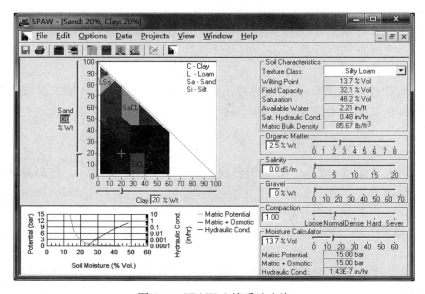

图 6.4　SPAW 土壤质地查询

## 6.6.2　植被覆盖率计算

植被覆盖率利用植被覆盖度反演模型可以得出研究区日尺度植被覆盖度分布情况，为植被截留过程模拟和植被蒸腾耗水量估算提供数据输入。根系深度利用植被根系深度模型可反演得到研究区域尺度植被根系分布情况，主要输入数据为 $LAI$，输入数据用于植被蒸腾耗水量估算。两者的计算原理见第 5 章中 5.3.2 和 5.3.3。

## 6.7　模型的开发

采用 IDL（Interactive Data Language）语言进行遥感驱动的水文模型的开发。该语言具有快速高效、矩阵运算速度快的优点，在 Windows 操作系统下，以 IDL 为平台，采用面向对象的方法，对各个功能模块和过程子模型进行集成。RS_DTVGM 模型的开发采用的是模块化的模型界面开发与集成，栅格数据处理采用分块运算和影像金字塔技术。模型开发过程中，运用面向对象的编程方法，分别将模型中水文过程的各个子模块定义成类，每个类里包含了该水文过程的属性和方法，类的属性包括了输入输出参数，类的划分包括了实现模型多种算法的方法，通过类的创建，实现对任何一个模块的调用和集成，实现对不同生态水分过程进行综合模拟；模型开发具体采用栅格数据分块运算和影像金字塔技术，将所有栅格数据分割为相同的小块，分别把每一个小块作为参数输入参与运算。RS_DTVGM 水文模型采用界面类和多线程类组成模型，共包括 5 个函数过程，见表 6.1。

**表 6.1　分布式时变增益模型函数集**

| 函数名 | 名称 | 功能 | 结果输出 | 结果输出 |
|---|---|---|---|---|
| 1 | Ecan_Procedure | 植被截留蒸发函数 | 计算降水发生后，植被的截留蒸发量 | $E_{can}$ 植被截留蒸发量栅格，mm |
| 2 | EffectivePre _ Procedure | 地表有效降水量函数 | 计算降水发生后，能够到达地表的降水量 | $P_e$ 地面有效降水栅格，mm |
| 3 | ETa_Procedure | 地表实际蒸散发函数 | 计算地表实际发生的蒸散发量 | $ET_a$ 实际蒸散发量栅格，mm |
| 4 | SWC_Procedure | 土壤水模拟函数 | 将土壤分为 3 层，模拟不同层土壤含水量 | ①$x$ 为表层土壤含水量栅格，mm ②$y$ 为下层土壤含水量栅格，mm ③$z$ 为深层土壤含水量栅格，mm |
| 5 | Runoff_Procedure | 产流计算函数 | 模拟计算地表和土壤中的产流 | ①$R_s$ 为地表径流栅格，mm；$R_{ss}$ 为表层壤中流栅格，mm ②$R_{ds}$ |

## 6.7.1　植被截留蒸发函数

植被截留蒸发函数规则如下：

Name：Ecan_Procedure. PRO；

FUNCTION：计算植被截留蒸发；

Method：见本章 6.2.2；

Syntax：Ecan_Procedure，TempCri，LAI，VegCover，ETp，P，Tair，\$；

Result1＝Result1。

输入说明：

输入参数：

TempCri 参数值，浮点型，降水/降雪的临界气温，一般取 0℃；

LAI 二维栅格格式，浮点型，叶面积指数，单位：无；

VegCover 二维栅格格式，浮点型，植被覆盖度指数，单位：无；

ETp 二维栅格格式，浮点型，日潜在蒸散发，单位：mm；

P 二维栅格格式，浮点型，日均降水量，单位：mm，可利用气象站点插值或公共平台数据（TRMM，FY 数据）；

Tair 二维栅格格式，浮点型，日均大气温度，单位：K，可用气象站点插值或遥感反演数据。

输出说明：

输出参数；

Ecan 二维栅格格式，浮点型，植被截留蒸发，单位：mm。

## 6.7.2　地表有效降水量函数

地表有效降水量函数规则如下：

Name：EffectivePre_Procedure. PRO；

FUNCTION：计算地表有效降水量；

Method：见作物水分盈亏有效降水计算方法；

Syntax：EffectivePre_Procedure, TempCri，Ecan, P, MeltWater, Tair，$；

Result1＝Result1。

输入说明：

输入参数；

TempCri 参数值，浮点型，降水/降雪的临界气温，一般取 0℃；

Ecan 二维栅格格式，浮点型，植被截留蒸发，单位：mm；

P 二维栅格格式，浮点型，日均降水量，单位：mm，可利用气象站点插值或公共平台数据（TRMM，FY 数据）；

MeltWater 二维栅格格式，浮点型，日尺度融雪量，单位：mm，利用融雪计算模型估计得到；

Tair 二维栅格格式，浮点型，日均大气温度，单位：K，可用气象站点插值或遥感反演数据。

输出说明：

输出参数；

Pe 二维栅格格式，浮点型，地面有效降水，单位：mm。

## 6.7.3　地表实际蒸散发函数

地表实际蒸散发函数规则如下：

Name：ETa_Procedure. PRO；

FUNCTION：计算实际蒸散发；

Method：见本章 6.2.2；

Syntax：ETa_Procedure, ETpara_txt, Thickness_txt, AWu, AWd, AWg, WCW, WCW_S, $WCF, WCF_S, WCR, LAI, ETp, Ecan,

Snow，RootDepth，$ ；

Result1＝Result1。

输入说明：

输入参数；

AWu 二维栅格格式，浮点型，表层土壤含水量，单位：mm；

AWd 二维栅格格式，浮点型，下层土壤含水量，单位：mm；

AWg 二维栅格格式，浮点型，深层土壤含水量，单位：mm；

WCW 二维栅格格式，浮点型，表层土壤萎蔫含水量，单位：%；

WCW_S 二维栅格格式，浮点型，下层和深层土壤萎蔫含水量，单位：%；

WCF 二维栅格格式，浮点型，表层土壤田间持水量，单位：%；

WCF_S 二维栅格格式，浮点型，下层和深层土壤田间持水量，单位：%；

WCR 二维栅格格式，浮点型，表层土壤最小含水量，单位：%，一般设置为萎蔫含水量的 20%；

LAI 二维栅格格式，浮点型，叶面积指数，单位：无；

ETp 二维栅格格式，浮点型，日潜在蒸散发，单位：mm；

Ecan 二维栅格格式，浮点型，植被截留蒸发，单位：mm；

Snow 二维栅格格式，浮点型，日尺度积雪覆盖度，单位：无，采用 MODIS SnowCover（MOD10A2）数据产品线性插值得到；

RootDepth 二维栅格格式，浮点型，根系深度，单位：m。

输出说明：

输出参数；

ETa 二维栅格格式，浮点型，实际蒸散发量，单位：mm。

## 6.7.4　土壤水模拟函数

土壤水模拟函数规则如下：

Name：SWC_Procedure. PRO；

FUNCTION：计算土壤含水量；

Method：见本章 6.2.2；

Syntax：SWC_Procedure，SoilCoe_txt，ETpara_txt，Thickness_txt，AWui，AWdi，AWgi，WCS，$ WCW，WCW_S，WCF，WCF_S，WCR，Pe，Snow，ETp，Ecan，LAI，RootDepth，$ ；

Result1＝Result1，Result2＝Result2，Result3＝Result3。

输入说明：

输入参数；

AWui 二维栅格格式，浮点型，为日初表层土壤含水量，单位：%；

AWdi 二维栅格格式，浮点型，为日初下层土壤含水量，单位：%；

AWgi 二维栅格格式，浮点型，为日初深层土壤含水量，单位：%；

WCS 二维栅格格式，浮点型，表层土壤饱和含水量，单位：%；

WCW 二维栅格格式，浮点型，表层土壤萎蔫含水量，单位：%；

WCW_S 二维栅格格式，浮点型，下层和深层土壤萎蔫含水量，单位：%；

WCF 二维栅格格式，浮点型，表层土壤田间持水量，单位：%；

WCF_S 二维栅格格式，浮点型，下层和深层土壤田间持水量，单位：%；

WCR 二维栅格格式，浮点型，表层土壤最小含水量，单位：%，一般设置为萎蔫含水量的 20%；

Pe 二维栅格格式，浮点型，地面有效降水，单位：mm；

Snow 二维栅格格式，浮点型，日尺度积雪覆盖度，单位：无，采用 MO-DIS SnowCover（MOD10A2）数据产品线性插值得到；

ETp 二维栅格格式，浮点型，日潜在蒸散发，单位：mm；

Ecan 二维栅格格式，浮点型，植被截留蒸发，单位：mm；

LAI 二维栅格格式，浮点型，叶面积指数，单位：无；

RootDepth 二维栅格格式，浮点型，根系深度，单位：m。

输出说明：

输出参数；

$x$ 二维栅格格式，浮点型，为表层土壤含水量，单位：%；

$y$ 二维栅格格式，浮点型，为下层土壤含水量，单位：%；

$z$ 二维栅格格式，浮点型，为深层土壤含水量，单位：%。

## 6.7.5　产流计算函数

产流计算函数规则如下：

Name：Runoff_Procedure. PRO；

FUNCTION：计算径流；

Method：见本章 6.2.2；

Syntax：Runoff_Procedure，SoilCoe_txt，Thickness_txt，AWui，AW-di，AWgi，AWu，AWd，AWg，$WCS，WCS_S，WCW，WCW_S，WCF，Pe，$；

Result1＝Result1，Result2＝Result2，Result3＝Result3，Result4＝Result4，Result5＝Result5。

输入说明：

输入参数；

AWui 二维栅格格式，浮点型，为日初表层土壤含水量，单位：%；

AWdi 二维栅格格式，浮点型，为日初下层土壤含水量，单位：%；

AWgi 二维栅格格式，浮点型，为日初深层土壤含水量，单位：%；

AWu 二维栅格格式，浮点型，为表层土壤含水量，单位：%；

AWd 二维栅格格式，浮点型，为下层土壤含水量，单位：%；

AWg 二维栅格格式，浮点型，为深层土壤含水量，单位：%；

WCS 二维栅格格式，浮点型，表层土壤饱和含水量，单位：%；

WCS_S 二维栅格格式，浮点型，下层和深层土壤饱和含水量，单位：%；

WCW 二维栅格格式，浮点型，表层土壤萎蔫含水量，单位：%；

WCW_S 二维栅格格式，浮点型，下层和深层土壤萎蔫含水量，单位：%；

WCF 二维栅格格式，浮点型，表层土壤田间持水量，单位：%；

Pe 二维栅格格式，浮点型，地面有效降水，单位：mm 。

输出说明：

输出参数；

Rs 二维栅格格式，浮点型，地表径流，单位：mm；

Rss 二维栅格格式，浮点型，表层壤中流，单位：mm；

Rds 二维栅格格式，浮点型，下层壤中流，单位：mm；

Rg 二维栅格格式，浮点型，深层壤中流，单位：mm；

R 二维栅格格式，浮点型，栅格总产流，单位：mm。

# 6.8 流域水文信息数据库

栅格产流计算模型所需数据主要包括遥感提取的下垫面影像参数，包括土地利用、土壤及土壤水分性质、雪盖面积和下垫面植被参数等；遥感反演得到的气象参数，包括挠力河流域日潜在蒸发量、降水量、气温和融雪量。模型输入数据均为栅格数据，除 DEM、经纬度、流域边界和土地利用类型数据（年尺度）外，其余参数均为逐日数据，模型参数及参数说明详见表 6.2。

表 6.2 产流计算模型输入参数

| 序号 | 参数名称 | 参数单位 | 参数说明 |
|---|---|---|---|
| 1 | 土地利用类型 | | 4 期土地利用现状解译数据栅格化处理，遥感影像 |
| 2 | 潜在蒸散发 | mm | 潜在蒸散反演模型模拟，遥感影像 |
| 3 | 表层土壤田间持水量 | % | 下垫面表层土壤田间持水量影像数据，土壤水分参数模型估算得到，遥感影像 |
| 4 | 深层土壤田间持水量 | % | 下垫面深层土壤田间持水量影像数据，土壤水分参数模型估算得到，遥感影像 |

（续）

| 序号 | 参数名称 | 参数单位 | 参数说明 |
|---|---|---|---|
| 5 | 表层土壤萎蔫含水量 | % | 下垫面表层土壤萎蔫含水量影像数据，土壤水分参数模型估算得到，遥感影像 |
| 6 | 深层土壤萎蔫含水量 | % | 下垫面深层土壤萎蔫含水量影像数据，土壤水分参数模型估算得到，遥感影像 |
| 7 | 表层土壤饱和含水量 | % | 下垫面表层土壤饱和含水量影像数据，土壤水分参数模型估算得到，遥感影像 |
| 8 | 深层土壤饱和含水量 | % | 下垫面深层土壤饱和含水量影像数据，土壤水分参数模型估算得到，遥感影像 |
| 9 | 降水量 | mm | 逐日气象站点插值得到，遥感影像 |
| 10 | 日均气温 | K | 逐日气象站点插值得到，遥感影像 |
| 11 | 雪盖 | | 日尺度雪盖影像数据，MODIS Snowcover（MOD10A2，8d）线性插值得到 |
| 12 | 融雪量 | mm | 日尺度融雪影像数据，融雪计算模型得到 |
| 13 | 叶面积指数 | | 日尺度植被 LAI 影像数据，MODIS LAI 数据产品（MODIS15A2，8d）插值得到 |
| 14 | 植被覆盖度 | | 植被覆盖度反演模型模拟得到 |
| 15 | 根系深度 | m | 根系深度模拟得到 |

基于遥感驱动的 DTVGM 可应用于缺资料地区的生态水文过程分布式模拟，模拟过程中涉及众多生态、水文过程，所需数据和参数种类繁多，为了减少对地面观测点数据的依赖就必然要求在模型运行中引入多源遥感数据来满足研究工作对模型输入的需求。模型主要应用的数据有以下几种：SRTM 高程数据、MODIS 陆地产品、国家基准气象站点数据、Landsat 地球陆地资源观测卫星数据。

（1）SRTM 高程数据。数据源来自美国太空总署（NASA）和国防部国家测绘局（NIMA）联合测量发布，该数据源覆盖全球陆地表面的 80% 以上，中国境内全覆盖。该数据集的空间分布率有 30m 和 90m 两种，研究中采用90m 分辨率的高程数据作为模型输入。

（2）搭载在 Terra 和 Aqua 两颗卫星上的中分辨率成像光谱仪是美国地球观测系统计划中用于观测全球生物和物理过程的重要仪器，能够实现从单系列极轨空间平台上对太阳辐射、大气、海洋和陆地进行综合观测，具有空间分辨率较高（百米级）、时间分辨率特有优势（一天过境4次）和光谱分辨率高（36 个波段）的特点。地表逐日潜在蒸散量的度量主要涉及 MODIS 中的 Albedo 产品、LST 和 Emis 产品。数据获取自 NASA 数据中心，时间点为 2000 年、2005 年、2010 年和 2015 年，其中 2005 年、2010 年和 2015 年为全年 365 个时序的数据，由于 MODIS 数据时限的获取缘故，2000 年的 LST 产品的数据起始于 2000 年第 49 日序（2000 年 2 月 18 日）。对所有的 HDF 格式的 MODIS 数据进行批量的影像拼接、数据格式转换及投影、裁剪等基础性处理，考虑到 MODIS 数据在空间上可能存在缺值情况，IDL 环境下通过编写代码对裁剪后的数据进行空间插值，且考虑到本研究是在逐日的基础上进行气候水分平衡的度量，因此空间插值后进行 MODIS 的时间尺度插值最终统一，得到时间分辨率 1d 和空间分辨率 1km 的遥感反演信息源数据。

（3）国家基准气象站点数据。地面基准气象站点数据为来自中国气象数据中心的"中国地面气象资料日值数据集 V3.0"，该数据集包含了中国 824 个基准、基本气象站 1951 年 1 月以来本站气压、气温、降水量、蒸发量、相对湿度、风向风速、日照时数和 0cm 地温要素的日值数据。该数据集经过质量控制，要素数据的质量及完整性相对于以往发布的地面同类数据产品明显提高，各要素项数据的实有率普遍在 99% 以上，数据的正确率均接近 100%。挠力河流域邻近中俄两国边境处，流域境内气象站点较少（6 个），气象数据资料相对匮乏，因此同时选取包括富锦气象站和虎林气象站在内的 2 个国内的流域周边气象站点数据，然后基于 Python 语言编程批处理实现对降水和温度数据的反距离空间插值（IDW）处理，最终得到挠力河流域 2000 年、2005 年、2010 年和 2015 年逐日降水和逐日温度空间分布数据。

（4）Landsat 地球陆地资源观测卫星数据。该数据的数据源来自美国地质勘探局 USGS（http：//earthexplorer. usgs. gov/），包括 Landsat TM/ETM 和 Landsat OLI 四景影像，该数据主要用于土地利用/覆被信息的提取，需预先进行影像波段的假彩色的合成处理，其中 Landsat TM 数据分辨率为 30m，ETM 和 OLI 影像经过波段合成后分辨率均为 15m。

研究中所用到的所有平台数据均从下列网址获得：SRTM 高程数据——http：//srtm. csi. cgiar. org/SELECTION/inputCoord. asp；MODIS 数据——https：//modis. gsfc. nasa. gov/data/；气象站点数据——http：//data. cma. cn/；Landsat 数据——https：//earthexplorer. usgs. gov/。

# 6.9　模型参数

## 6.9.1　基础数据源项

流域潜在蒸散发计算模型主要包括：遥感提取的下垫面特征参数，包括数字高程、土地利用和植被参数；流域能量与气象数据，包括日均净辐射数据、日均大气温度、每天日升日落时间。

**（1）基础地理信息。**主要包括栅格形式的 DEM 数据、经度数据和纬度数据。

数据源来自美国太空总署和国防部国家测绘局联合测量的 SRTM 数据（http：//srtm.csi.cgiar.org/SELECTION/inputCoord.asp），经过裁剪和栅格重采样得到挠力河流域 DEM 数据（图 6.5），并转成 ENVI 标准格式进行存储；对于栅格形式的经度分布数据和纬度数据，首先根据挠力河流域范围生成对应的 TIN，然后通过栅格的重采样（双线性采样）、裁剪和数据格式转换，最终生成 ENVI 标准格式的经度和纬度空间分布数据（图 6.6）。

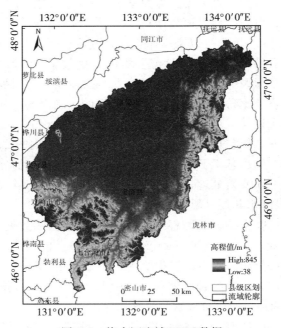

图 6.5　挠力河流域 DEM 数据

**（2）MODIS 数据集。**主要包括 MODIS 的 Albedo 产品（MCD43B3，8d）和 MOD11（MOD11A2，8d）提取的 LST 数据、Emis31 和 Emis32 数据。

原始数据源均为美国航空航天宇航局的戈达德航天中心的地球观测数据与信息系统（EOSDIS）（https：//ladsweb.modaps.eosdis.nasa.gov/）。数据原始格式为 HDF，正弦曲线投影（Sinusoidal）。研究采用 MRT（MODIS Reprojection Tools）软件将下载的数据进行拼接、投影转换和格式转换，形成挠力河流域 8d 合成数据集。考虑到 MODIS 数据存在空间插值的可能，

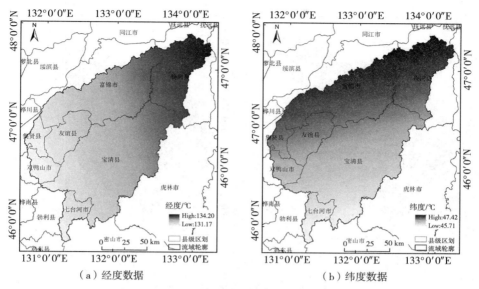

图 6.6　挠力河流域经度和纬度数据

基于 IDL 语言平台开发的空间插值模块进行数据的空间插值处理，且考虑到日尺度数据研究的需要，同时运用开发的时间插值模块进行 8d 数据的时间插补处理，最终得到逐日尺度的 Albedo、LST、Emis31 和 Emis32 遥感影像数据（图 6.7）。

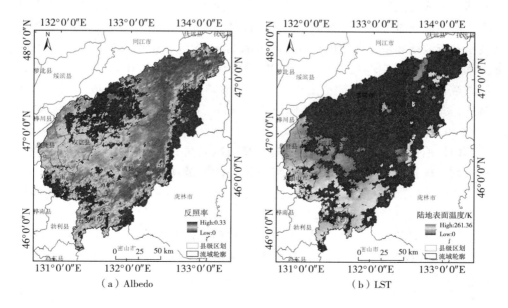

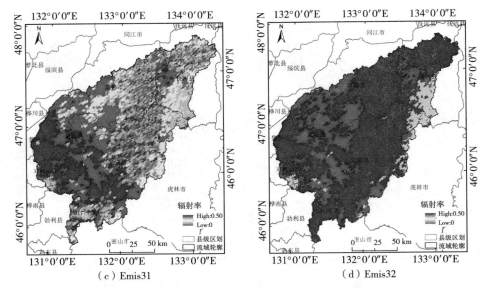

图 6.7　挠力河流域 2005 年第一天 MODIS 影像数据

**（3）日升/日落及每日瞬时气温。**挠力河流域日升/日落数据通过栅格经纬度数据二次反演得到，计算过程见上文。运用 IDL 语言平台实现研究时点的逐日日升/日落的计算，逐日瞬时气温的栅格数据源来自流域周边气象站点逐日温度，将每日平均气温近似地当作卫星传感器过境时的瞬时气温。挠力河流域邻近中俄两国边境处，流域境内气象站点较少（6 个），气象数据资料相对匮乏，因此同时选取包括富锦气象站和虎林气象站在内的 2 个国内的流域周边气象站点数据和俄罗斯境内近挠力河流域的 11 个气象站点数据，然后对各站点逐日数据进行空间化处理，在 IDL 平台环境下运用 Python 语言实现逐日气温数据的反距离空间插值处理，并将插值结果裁剪后统一转成 ENVI 标准格式。最终得到日升/日落（图 6.8）及每日瞬时气温的遥感影像数据（图 6.9）。

**（4）植被覆盖度影像。**如前所述，植被覆盖度一般与叶面积指数、植被聚集指数、植被类型和所处纬度带密切相关，植被覆盖度的遥感反演将涉及 MODIS LAI 数据（MCD15A2）、植被类型数据（土地利用类型）、纬度影像数据及植被聚集指数表。

MCD15A2 数据处理过程与 Albedo 数据处理过程类似，通过对影像的拼接、投影转换、格式转换、裁剪和空间插值及时间插值的过程处理，最终得到挠力河流域 LAI 逐日数据（图 6.10）。在前期人工目视解译的基础上，结合中国科学院资源环境科学数据中心的"2005 年中国土地利用现状

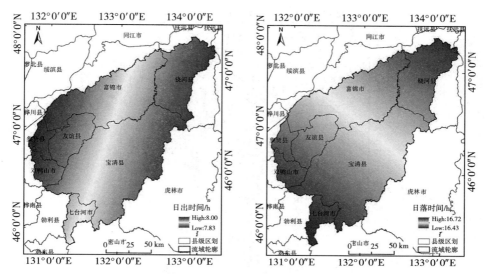

图 6.8　挠力河流域 2005 年第一天日升和日落影像数据

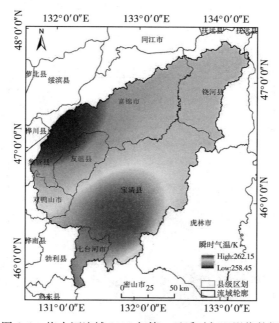

图 6.9　挠力河流域 2005 年第一天瞬时气温影像数据

遥感监测数据"获得植被类型数据（图 6.11），植被聚集指数则来自 IGBP（表 6.3），最终在 IDL 平台环境下实现植被覆盖度的逐日影像数据的反演（图 6.12）。

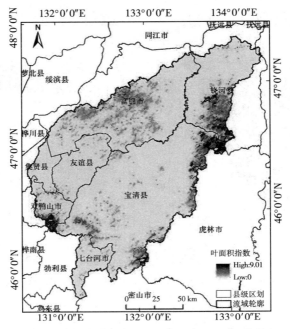

图 6.10　挠力河流域 2005 年第一天 LAI 影像数据

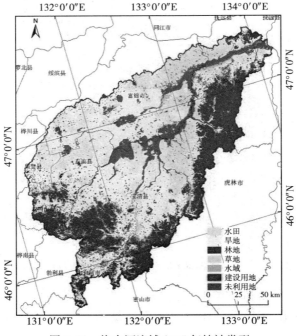

图 6.11　挠力河流域 2005 年植被类型

**表6.3 不同 IGBP 植被类型的典型聚集指数**

| 类型代码 | 类型名 | $\Omega$ | 类型代码 | 类型名 | $\Omega$ |
|---|---|---|---|---|---|
| 1 | 常绿针叶林 | 0.6 | 10 | 草地 | 0.9 |
| 2 | 常绿阔叶林 | 0.8 | 11 | 永久湿地 | 0.9 |
| 3 | 落叶针叶林 | 0.6 | 12 | 农田 | 0.9 |
| 4 | 落叶阔叶林 | 0.8 | 13 | 城市和建设用地 | 0.9 |
| 5 | 混合林 | 0.7 | 14 | 农作物和自然植被交错区 | 0.9 |
| 6 | 郁闭灌丛 | 0.8 | 15 | 雪/冰 | 0.9 |
| 7 | 开放灌丛 | 0.8 | 16 | 裸地或稀疏植被 | 0.9 |
| 8 | 有林草原 | 0.8 | 17 | 水体 | 0.9 |
| 9 | 稀树草原 | 0.8 | | | |

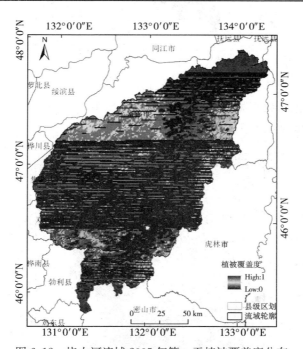

图6.12 挠力河流域2005年第一天植被覆盖度分布

**（5）根系深度。**根系深度估算需要流域日尺度植被参数 LAI、土地利用类型数据，相关分析结果见第 5 章中 5.3.3 根系深度分析结果（图 6.13）。

## 6.9.2 反演过程项

**（1）逐日太阳辐射项目。**基于 SEBS 模型原理，结合流域所在时区的文本

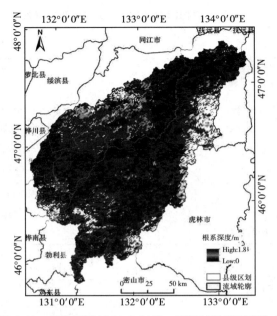

图 6.13　挠力河流域 2005 年第一天瞬时根系深度分布

信息以及栅格化的数字高程和经纬度数据，在 IDL 二次开发平台下实现逐日太阳辐射的反演（图 6.14）。

图 6.14　挠力河流域 2005 年第一天瞬时太阳辐射分布

**（2）地表净辐射。**地表净辐射的反演涉及 ENVI 标准格式的 Albedo 影像、MODIS 第 31 波段辐射率（Emis31）和第 32 波段辐射率（Emis32）影像、MODIS 陆地表面温度（LST）影像、气温、日出日落时间以及反演出的瞬时太阳辐射项（图 6.15）。

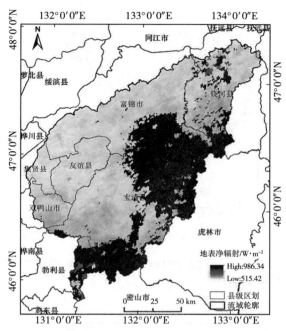

图 6.15　挠力河流域 2005 年第一天瞬时地表净辐射分布

**（3）潜在蒸散发。**流域潜在蒸散发所需的数据包括遥感提取的下垫面特征参数，包括数字高程、土地利用和植被参数；研究区能量与气象参数，包括日均净辐射数据、日均大气温度和每天日升日落时间。在 IDL 环境支持下实现潜在蒸散量的反演（图 6.16）。

# 6.10　参数验证

参数验证方面，主要是通过对挠力河流域境内气象站点的逐日蒸散量的 ROC 检验进行参数验证，即通过比对检验挠力河流域境内 4 个气象站点的逐日蒸散量与模拟结果的站点位置上的逐日蒸散量的一致性。模拟参数检验结果显示，ROC＞0.85。因此可以认为 RS_DTVGM 在挠力河流域具有较好的应用性。同时分析结果显示，对于挠力河流域而言，流域的南部及西南部地区的径流量较少，而位于挠力河干流域及内、外七星河腹地，作物生长季内，其径流

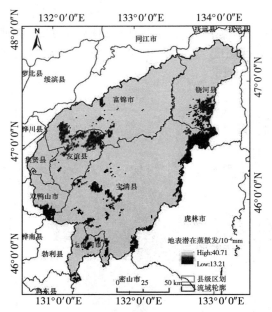

图 6.16　挠力河流域 2005 年第一天瞬时地表蒸散量分布

量显著偏高（图 6.17）。研究构建的遥感驱动式水文模型能够保证一定的水文模拟精度，可用于挠力河流域水文循环模拟研究。

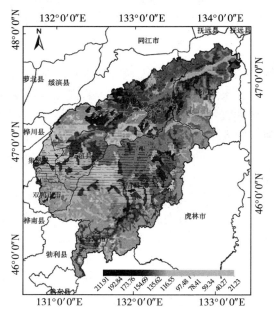

图 6.17　挠力河流域作物及地表径流空间分布

# 6.11　本章小结

流域水循环具有系统复杂性、多学科交叉性、适应性等特点，需要采用多技术多途径的方法进行流域水循环过程的研究。其中，定量观测监测手段是目前的主流研究途径。对于缺资料或者少资料区域而言，气象水文数据的缺乏使得该地区的水文循环研究存在极大的困难，而这些地区往往是水文灾害易发的对象区。本章基于物理机制清晰，数据获取相对简单，应用性较广的 DTVGM 增益时空变量模型，阐述构建基于遥感驱动的分布式水文模型的方法，从而为流域水循环的数值模拟，掌握流域水循环各要素的特点和规律，进一步探索区域水文循环规律提供较好的途径。本章构建的遥感驱动式水文模型，能够对挠力河流域地表径流、壤中流、潜在蒸散量和实际蒸散量进行逐日反演模拟，而这些参数是水土资源平衡中关键性因素。

# 第7章 挠力河流域耕地利用下水土资源平衡效应

流域水分平衡及其变化受诸多要素的影响，一般可归结为自然因素和人为因素。自然因素主要是指气候（降水）、植被、土壤、地形和地貌等因素，其中气候因素直接影响着区域的水分循环过程中的蒸发、水气输送、降水、下渗和径流等环节，这些环节使植被、土壤及地形地貌等因素都可以在一定程度上表现气候变化特征，气候通过对下垫面的间接作用，又影响着区域水分循环过程。因此，作为水分循环的重要环节，区域土壤水分平衡在相当大程度上受所处的气候要素决定。人为因素主要包括人类活动对降水、径流和土壤水影响，以及通过农业生产等土地利用的开发活动改变土地利用分布特征等，进而影响土壤水平衡过程。耕地作为土地利用开发活动的综合作用结果，与作物种植的方式及数量面积有着紧密联系。因此，本章从气候、作物和农田土壤3个层次来揭示挠力河流域的水土资源平衡的利用问题。

## 7.1 耕地利用下气候水分平衡效应

### 7.1.1 研究思路

对于气候水分平衡，其一般反映着区域气候的水分平衡态，其中，干与湿是气候区划的重要依据，气候干湿状况及其变化对粮食生产、耕地结构布局、排灌措施制定、水资源开发利用等方面具有广泛的应用价值和重要意义[184]，而这种干湿状况对我国北方地区的耕地利用影响尤为显著。三江平原由于其特有的粮食生产地位和湿地生态保育功能，一直是全球变化研究的热点区域[185-188]，并强烈影响着地表水循环过程。在耕地利用背景下，研究三江平原地区的水分平衡效应具有重要的现实意义[189]。

目前针对气候干湿的评估研究，国内外学者做了许多的工作，评估指标也很多：一类是反映水分供应状况的降水量指标，如降水距平百分率、Z 指数、标准化降水指数、降水温度均一化指标等[190-192]；一类是反映水分供需变化的指标，如综合气象干旱指数 CI、相对湿润度指数、水分盈亏指数等[193-195]，其中水分盈亏指数综合考虑了降水和蒸发的共同作用，且能够反映水量收支大小，进而了解区域气候水分平衡状况。近年来，学者对我国区域降水、蒸发或者潜在蒸发量有了较多的研究，但关于区域水分平衡的研究仅在部分流域和地区开展。如高歌等对 1961 年以来我国十大主要流域的年及季度的水分平衡特征和变化成因进行了探讨[184]；张淑杰、曾丽红等分别对东北地区过去几十年水分盈亏特征及变化趋势进行了探讨，均得出东北地区水分盈亏量呈逐年下降的趋势[195,196]；张顺谦等利用 53 个农业气象站点数据对四川主要旱作物的生育期水分盈亏量及其与气候变化的关系进行了研究[15]；姚晓军等对西北地区和史建国等对黄河流域的水分盈亏进行了探讨[197,199]。纵观现有研究，由于受气象站点数量及空间分布的影响，针对中等或小尺度的流域或地区，由于其境内气象站点数量十分有限，水分平衡研究存在数据获取上的困难，现有研究对象多为大面积的流域或地区；另一方面，开展缺资料地区的水资源利用问题，进而发展能够满足缺资料地区的水资源利用方法已成为国际上水资源利用研究的难点和热点问题之一。三江平原地处黑龙江省东北部的边境地带，境内气象站点较少，尤其是对于三江平原腹地而言，气象资料更为匮乏。

遥感及 GIS 信息技术在获取偏僻区域的信息以及用常规手段难以测量得到的水分条件数据方面具有独特的优势，能够弥补传统监测资料不足的劣势[201]。潜在蒸散量是水分平衡的关键变量，其可概括为以下 3 类遥感估算方法：经验统计法、能量余项法和传统模型结合法。经验统计法比较简单，适用于大面积均匀下垫面的蒸散量估算，但对非均匀地表计算的效果较差；能量余项法在计算感热通量时，通过空气动力学阻抗，将气象数据、表征温度的遥感数据及能量通量联系起来，然而辐射表面温度并不等于空气动力学温度，尤其在稀疏植被覆盖条件下，两者差别更大；与传统模型相结合的方法具有一定的物理基础，且仅需要传统气象资料便可计算蒸散量，不需要径流、土壤湿度等资料，参数较少且计算简单。

挠力河流域位于三江平原腹地[202]，是三江平原地区最大的流域。自 21 世纪初以来，随着流域境内"两江一湖"和高标准基本农田土地整治工程的实施，水田化改造仍持续推行。本章在耕地信息提取的基础上，遥感反演自 2000 年以来该流域的气候水分平衡特征，并进一步揭示耕地利用下气候水分平衡效应，明确在天然气候状态下的由气候条件所主导的耕地水分平衡规律。

## 7.1.2　研究方法

遥感手段能够获取偏僻区域信息及用常规手段难以测量得到的水分条件数

据，将其与传统模型相结合，仅需较少的气象资料便可反演潜在蒸散量。Priestley - Taylor 公式物理概念明确，算法简单，选用该公式作为瞬时潜在蒸散遥感反演的基础机制，通过 MODIS 数据模拟卫星过境时刻瞬时潜在蒸散量，并进行瞬时至逐日潜在蒸散量的尺度处理，以实现气候水分平衡研究。

### 7.1.2.1 逐日潜在蒸散量遥感估算

**（1）瞬时潜在蒸散量。** 蒸散量是水循环中的重要支出项，准确估算蒸散量是流域水循环与水平衡关系研究的基础。Priestley - Taylor 在蒸发达到平衡（即当下垫面与下垫面上方空气的相对湿度相等时的蒸发）的基础上，引入 $\alpha$ 常数，推导出无平流条件下潜在蒸散量的计算方法，公式如下：

$$ET_0 = \alpha \times \frac{R_n - G}{\lambda} \times \frac{\Delta}{\Delta + \gamma} \tag{7.1}$$

式中，$ET_0$ 为潜在蒸散量，mm；$\alpha$ 为 Priestley - Taylor 系数；$R_n$ 为地表净辐射量，$W/m^2$；$G$ 为土壤热通量，$W/m^2$；$\lambda$ 为汽化潜热，MJ/kg；$\Delta$ 为饱和水汽压—温度曲线斜率，kPa/℃；$\gamma$ 为干湿表常数，kPa/℃。其中饱和水汽压斜率 $\Delta$ 可通过大气温度 $T_a(K)$ 的经验公式计算得到，干湿表常数（$\gamma$）可由空气定压比热、大气压（海拔高度 $H$ 推算）等计算得到；净辐射通量 $R_n$ 同样采用能量平衡法，基于 MODIS 估算卫星过境时刻，进而估算得到，估算过程将涉及大气温度 $T_a$ 和 Emis 地表发射率的遥感信息数据（波段 31 和波段 32 的数据）。

**（2）瞬时潜在蒸散量的逐日尺度转换。** 由 Priestley - Taylor 公式计算得到的卫星过境时刻的瞬时潜在蒸散量，需要通过尺度转换才能得到逐日潜在蒸散量。由于净辐射 $R_n$ 在一天中呈正弦曲线变化特征，决定了潜在蒸散量变化也具有正弦变化特征。因此可以采用正弦曲线拟合的方法来实现瞬时潜在蒸散量向逐日潜在蒸散量的转化。一般而言，日出后 1h 和日出前 1h 左右的蒸发速率可以认定为 0，而在日变化过程中潜在蒸散量将呈现出正弦曲线的变化趋势，最大潜在蒸散量出现在当地的正午时间，通过该最大值可计算出正弦曲线上任何时点的潜在蒸散发（图 7.1），公式如下：

$$ET_0(t) = (ET_0)_{\max} \sin\left[\frac{t - (t_{\text{rise}} + 1)}{t_{\text{set}} - t_{\text{rise}} - 2} \times \pi\right] \tag{7.2}$$

式中，$(ET_0)_{\max}$ 为日最大潜在蒸散量，一般在正午时刻达到；$t$ 为模拟时刻；$t_{\text{set}}$、$t_{\text{rise}}$ 分别为日落时间和日出时间，对应当地净辐射值变为负和变为正的时间，可以通过纬度和日期计算得到。结合计算出的瞬时潜在蒸散量并利用正弦曲线求得 $(ET_0)_{\max}$，公式如下：

$$(ET_0)_{\max} = \frac{INET_0}{\sin \dfrac{t_{\text{pase}} - (t_{\text{rise}} + 1)}{t_{\text{set}} - t_{\text{rise}} - 2}} \tag{7.3}$$

式中，$INET_0$ 为卫星过境时刻的瞬时潜在蒸散量，$t_{\text{pase}}$ 为卫星过境时刻的当地时间。由此，日潜在蒸散量总量

$$ET_0 = \int_{t_{\text{rise}}}^{t_{\text{set}}} ET_0(t)\mathrm{d}t = \int_{t_{\text{rise}}}^{t_{\text{set}}} (ET_0)_{\max} \sin\left[\frac{t - (t_{\text{rise}} + 1)}{t_{\text{set}} - t_{\text{rise}} - 2} \times \pi\right]\mathrm{d}t$$

$$\tag{7.4}$$

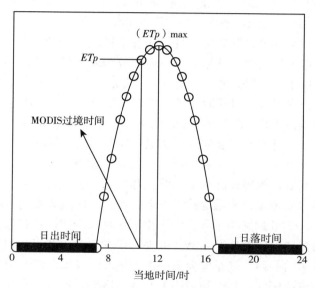

图 7.1　潜在蒸散量日变化曲线

### 7.1.2.2　气候水分平衡

通过气候水分盈亏量，即降水量与潜在蒸散量之间的差值，来表现气候水分平衡的一般状态，其目的在于明确没有人为影响的天然状态下由气候条件所主导的水分盈亏情况，可以从整体上反映区域的干湿状况。当水分盈亏量大于 0 时，水分有盈余，表示气候湿润；当其小于 0 时，水分处于亏缺状态，表示气候干燥；当其等于 0 时，表示水分收支平衡。量值大小反映水分盈亏程度及气候的干湿程度。

## 7.1.3　潜在蒸散量时空格局

### 7.1.3.1　数量分布特征

基于逐日潜在蒸散量遥感估算原理，在 IDL 环境下实现 2000 年、2005 年、2010 年和 2015 年挠力河流域的逐日潜在蒸散分布的遥感反演和统计分

析。需要特别说明的是，由于 Albedo 数据起始于 2000 年的第 49 日序（2 月 18 日），因此 2000 年的模拟时段为第 49 日序至 365 日序。20 世纪初以来，三江平原地区温度和降水呈现出不同速率的上升态势，决定了该地区潜在蒸散量呈现出一定程度的线性变化特征。因此，通过对 2005 年、2010 年和 2015 年第 1 日序至第 48 日序的潜在蒸散量值线性趋势外推，预估 2000 年潜在蒸散量。研究结果表明，气候变化的"暖湿化"特点一定程度上使得挠力河流域潜在蒸散量呈现出逐年上升的态势。逐日潜在蒸散量结果汇总显示，2000 年、2005 年、2010 年和 2015 年潜在蒸散量依次为 910.25mm、936.84mm、937.23mm 和 964.04mm，平均值为 937.09mm。

挠力河流域年际潜在蒸散量呈现出明显的阶段性变化特征。根据 2005 年的逐日潜在蒸散分析为例，其累加值呈现出较为明显的"S"形曲线特征，根据 4 月 9 日（第 100 日序）和 9 月 24 日（第 268 日序）突变节点可以将其划分为 3 个阶段：受温度、日照时数等气候要素影响，1 月 1 日至 4 月 8 日，逐日潜在蒸散量整体上以 0.30mm/10d 的速率逐日波动式增加，该时间段的累加曲线极其平缓；随着流域温度逐渐回暖，地面积雪大量融化，潜在蒸散量增加极为迅速，至 6 月 22 日（第 174 日序）达到全年的峰值，变为 6.65mm，尽管之后潜在蒸散量维持较高水平，但已开始进入衰减期；9 月底以后，挠力河流域呈现降水显著减少和温度持续下降的特点，地表蒸发能力减弱，潜在蒸散量以 0.16mm/10d 的速率下降，并再次形成增长舒缓的逐日累加曲线。

对挠力河流域常年逐日潜在蒸散量进行皮尔逊Ⅲ型检验，其中 P-Ⅲ是皮尔逊家族曲线中的一种，其原理为采用理论频率曲线拟合实测数据，以便推测出大于某临界值的概率，其绘制采用正态概率格纸，纵坐标为均匀分格，根据理论频率曲线与经验频率点据的配合程度，根据残差标准值和绝对残差大小选择合适的参数值，根据频率分布拟合曲线的形状参数 $C_s$ 和 $C_v$（$C_v$ 越大，分布愈离散，曲线愈陡峭，$C_s$ 越大，曲线左部愈陡峭，右部愈平，中间愈下凹）。当数据为正态分布时，$C_s$ 趋近于 0，频率曲线为一条直线（图 7.2）。运用皮尔逊Ⅲ型对常年平均逐日潜在蒸散量进行检验，$C_s$ 达到 1.318 4，其频率曲线显著下凹，正态性分布规律较弱。

对于逐月蒸散量，挠力河流域的高蒸散时段主要集中于 5—8 月，共占全年潜在蒸散量总值的 62.83%（图 7.3）。潜在蒸散量主要由温度、日照时长、降水等气象要素的综合作用影响，6 月温度未达到年峰值，其潜在蒸散量为 12 个月中最大的 174.66mm，温度非该月潜在蒸散量的关键影响因子。尽管 5 月挠力河流域尚未进入雨季，但其空气相对湿度较低，加上显著的地表温度上升的态势，造成了较为强烈的蒸散作用。对于 1 月、2 月和 12 月而言，温度较低，日照时长较短，降水量较少，使得该流域的潜在蒸散量显著偏低。

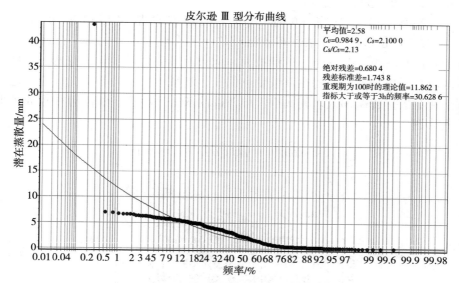

图 7.2　挠力河流域常年平均逐日蒸散量正态性检验

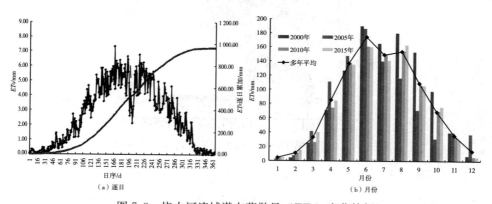

图 7.3　挠力河流域潜在蒸散量（$ET_0$）变化特征

作物生育期生理耗水程度与对应潜在蒸散量呈现不匹配的特点。以 2005 年水稻种植为例，该年份的挠力河流域水稻全生育期为 5 月 26 日至 9 月 22 日，水稻各生育阶段内抽穗期和灌浆期是水稻的需水高峰期。水稻返青期间潜在蒸散量达到 165.19mm，而灌浆期的潜在蒸散量仅为 67.29mm，蒸发潜力不足，表明其间降水、温度等综合生育条件较差，会对水稻产量造成潜在影响。移栽期（5 月 26 日至 6 月 1 日）和成熟期（9 月 15 日至 9 月 22 日）的潜在蒸散量偏低，分别为 34.98mm 和 17.11mm，分蘖期和拔节期依次为 51.95mm 和 87.43mm。

### 7.1.3.2　空间分布特征

2005 年第 180 日序（6 月 28 日）的潜在蒸散量值范围为 5.06～6.89mm，高值区主要零散分布于流域的中部平原地带，尤其是在挠力河上游的宝清县境内，蒸发能力达到最大。挠力河源头附近（流域境内的七台河市区域）低山丘陵区的潜在蒸散量也偏高。流域北部入乌苏里江口的周边地区潜在蒸散量普遍偏低，其次为流域西部的部分平原区，整体潜在蒸散量也偏低（图 7.4）。

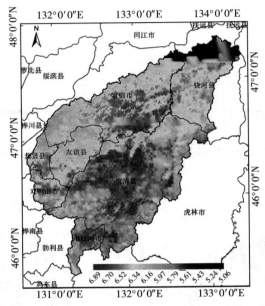

图 7.4　2005 年第 180 日序挠力河流域潜在蒸散量分布

空间分布上（图 7.5），挠力河流域年潜在蒸散量处于 780～1 179mm，均值为 910.25mm，流域东部及南部多山，海拔较高，潜在蒸散量显著偏低，而位于挠力河上游的宝清县，相对湿度较低，加上受纬度的影响，导致潜在蒸散量值偏高；研究分别选取冬季（12 月、1 月和 2 月）和夏季（6 月、7 月和 8 月）进行潜在蒸散量的空间分布差异特征分析，冬季和夏季的潜在蒸散程度在整体水平及空间差异性分布上存在显著的差异。冬季潜在蒸散量均低于 90mm，平均水平不足全年的 1/10，相对高值区零散分布于流域的宝清县内的南部山区、东部饶河县境内山区及北部平原地带。夏季大气湿度大且温度较高，该季节潜在蒸散量处于 401.01～560.36mm，占到全年总值的 1/2 以上，与冬季相比，夏季的潜在蒸散高值区分布更为广泛。

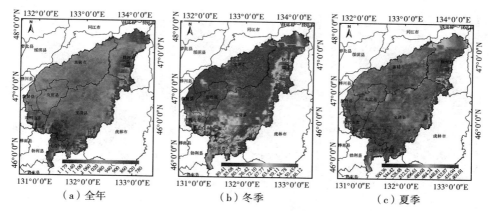

图 7.5　挠力河流域年际参考作物蒸散量空间分布

## 7.1.4　降水量空间分布特征

2000 年、2005 年、2010 年和 2015 年，挠力河流域年降水量依次为 469.24mm、460.05mm、493.15mm 和 517.86mm，整体呈轻度上升的态势。挠力河流域位于北方寒区的半干旱地带，降水分布不均，洪涝灾害易发。以 2005 年逐日降水分析为例，经统计，2005 年挠力河流域降水集中于春初至夏末，全年共 75 天发生了超过 1mm 的降水，最大降水量达到 23.19mm（5 月 31 日），降水时段主要位于第 87 日序（3 月 27 日）至第 273 日序（9 月 29 日），其他日序时段降水较少或未发生降水，如第 201 日序（7 月 19 日）至第 214 日序（8 月 1 日）16 天的总降水量达到 116.18mm，而第 311 日序（11 月 6 日）至第 336 日序（12 月 1 日）近 1 个月时间总降水量仅为 1.00mm。

挠力河流域属大陆性季风气候，全年整体降水呈现西北部低而东南部高的分布特点（图 7.6），年均降水量在 428.59～551.67mm。降水的季节性分布上，冬季与夏季的降水数量及空间分布差异上存在较大差别，冬季主要易受西伯利亚内陆寒流影响，流域北部降水量偏大，降水量在 17.90～24.82mm，夏季东部日本海、渤海等海洋气候影响，导致东南部降水量显著大于西北部，降水量在 211.26～300.72mm，平均水平超过全年总量的 1/2。

## 7.1.5　气候水分盈亏变化格局

### 7.1.5.1　日尺度气候水分平衡

挠力河流域日尺度下气候水分盈亏呈现出大部分日序处于水分亏缺的状态。由于降水的突变性和非连续性特点，导致日尺度下的气候水分平衡的部分日序规律性差的特点，但全年整体仍表现出"V"型的亏缺的量值特征，即高

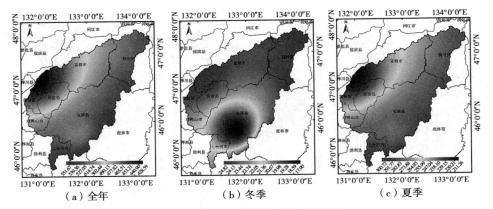

图 7.6　挠力河流域降水分布特征

水分亏缺日序多集中于春末至秋初的时段，极值点出现在 6 月末至 7 月初。以
2005 年为例（图 7.7），全年仅 53 天处于气候水分盈余的状态，最高盈余量出
现在 8 月 1 日（第 214 日序），尽管该日序气温极高，但由于降水量极度偏高，
导致该日序的水分盈余量高达 11.26mm，第 192 日序（7 月 10 日）的水分亏
缺量达到该年的极值（6.53mm），其次为第 167 日序（6 月 15 日），水分亏缺
量值达 6.40mm。

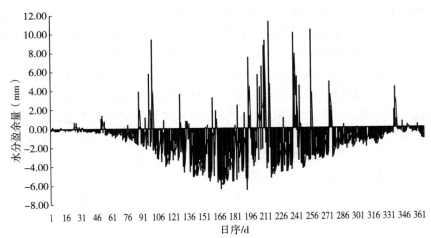

图 7.7　挠力河流域日尺度气候水分平衡特性

### 7.1.5.2　年尺度气候水分平衡

　　挠力河流域常年处于气候水分亏缺的状态，且整体上西部的亏缺程度显著
大于中部和南部地区，气候水分亏缺量呈现由西向南递减的特征（图 7.8）。
由于挠力河流域为中小尺度的流域，境内不同地区年均降水量差别不大，一般在 480mm 以下，多年气候水分平衡的空间分布差异主要由 $ET_0$ 的空间差异所导致。整体而言，富锦市的西南部、集贤县、友谊县的西部、宝清县和七台河市交界处及饶河县部分地区的气候水分盈亏量偏大，一般在−630mm 以上。气候水分盈亏量较小的地区一般分布在挠力河干流右岸和南部山区地带，但基本保持在−600mm 的水平。

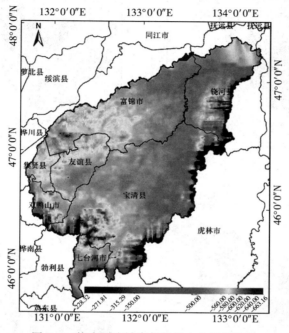

图 7.8　挠力河流域常年气候水分平衡特征

对于年际差异而言（图 7.9），整体上各年份间气候水分盈亏差异较小，空间上表现出显著的相对分布差异性特征：2000 年，挠力河流域气候水分盈亏量的高值区分布更为广泛，流域的西部地区（包括友谊县、富锦市西南部、集贤县东部和双鸭山市辖区）的盈亏量显著高于东南部的宝清县地区。至 2005 年，高值区在 2000 年的空间分布基础上显著收缩，流域中部地区的气候水分盈亏量呈现下降的态势，宝清县境内大部分地区、富锦市东北部和饶河县境内的盈亏量偏低。2010 年，宝清县西南部和饶河县的山地丘陵区为流域气候水分盈亏的高值集中区域，西部地区盈亏量也偏高，流域的中部的内、外七星河腹地和北部的富锦市地区的气候水分盈亏量维持在−580mm 左右。2015 年气候水分盈亏特征与 2010 年基本保持一致，西部地区整体上维持着较高的水平，宝清县的西南部山区也表现出较高的水分盈亏水平。

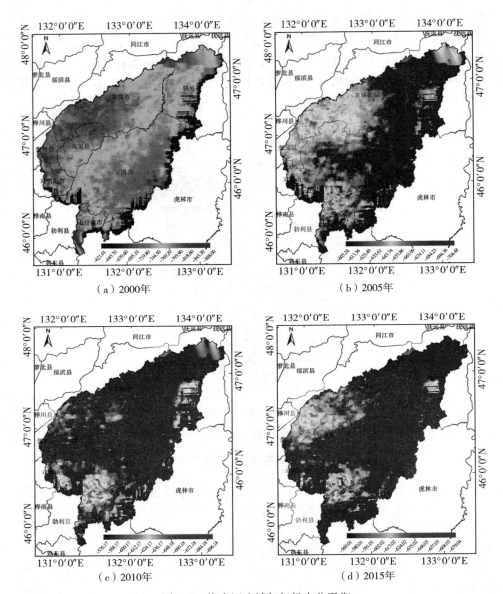

图 7.9　挠力河流域年气候水分平衡

### 7.1.5.3　季节性尺度气候水分平衡

对于季节性气候水分盈亏而言，冬季和夏季的盈亏量不但存在较大的区别，而且其值大小的相对空间分布存在较大的差异，夏季的气候水分盈亏量相对高值区为冬季的低值区（图 7.10），对于冬季而言，尽管流域整体蒸散水平偏低，但季节性降水量极少，使得流域冬季的气候水分盈亏量也偏低，处于−66.26～−23.07mm，约占全年盈亏总量的1/20。降水空间插值结果显示，宝清县的中部和南部地区降水量相对偏低，与之对应的是该地区潜在蒸散量偏高，导致气候水分盈亏量较大，而挠力河干流及内、外七星河沿岸地区的常年气候水分盈亏量平均值仅为−25mm；对于夏季而言，流域气候水分盈亏量呈现出由西向东逐渐递减的特点，高值区多位于富锦、友谊和集贤地区（盈亏量达到−270mm左右），该地区是粮食生产的核心区域。宝清县中部平原及南部山区地带气候水分盈亏水平整体偏低，约为−205mm，流域北部的入乌苏里江口周边地区整体水分盈亏值也较低（约为−200mm）。

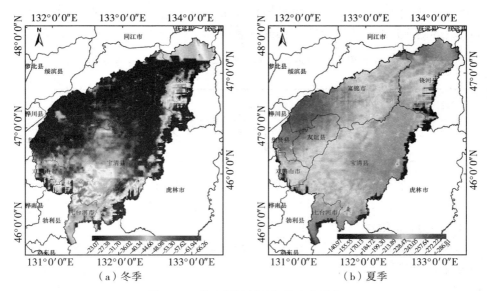

（a）冬季　　　　　　　　　　（b）夏季

图7.10　挠力河流域年气候水分平衡

## 7.1.6　耕地利用下气候水分平衡效应

### 7.1.6.1　数量特征

气候水分平衡受气候变化过程中降水、气温、气压、太阳辐射等气候要素条件的影响，而这些气候要素条件又影响着地表、植被、土壤等陆地系统的形成。耕地是包括气候要素在内的多要素影响综合体，特别是对于挠力河流域而言，其位于中高纬度和欧亚大陆中端，增温幅度高于全球平均水平，降水量的年际变化异质性特征突出[23]，是全球气候变化影响的突出地区，同时受"气候—政策—开垦"的综合驱动作用，挠力河流域耕地格局变化剧烈。因此可认为不同的耕地利用格局与对应年期的气候水分平衡存在较强的耦合关系。将气候水分平衡纳入耕地利用变化条件下,以揭示不同耕地利用格局下气候水分平衡效应。

(1) **年际数量变化特征**。近年来,挠力河流域整体表现出"暖湿化"的气候变化特征,在自然气候要素变化条件下,挠力河流域初始层次的气候水分盈亏态势向良性发展。2000—2015年,挠力河流域旱地和水田的平均气候水分盈亏量均为负值,且其绝对值表现出逐渐下降的特征,在水田急剧扩张、旱地面积持续下降的土地利用变化背景下,挠力河流域的气候水分盈亏态势趋好;2000年,挠力河流域水田的平均气候水分盈亏量达到-649.63mm,至2015年,流域水田的水分盈亏绝对值降低了75.60mm,变为-574.03mm,绝对值下降幅度达到11.64%。旱地的平均气候水分盈亏量的绝对值则由2000年的659.57mm降至2015年的573.71mm(表7.1)。

表7.1 挠力河流域2000年、2005年、2010年和2015年水分盈亏量

单位:mm

| 类型 | 2000年 | 2005年 | 2010年 | 2015年 |
|------|--------|--------|--------|--------|
| 水田 | -649.63 | -612.09 | -577.95 | -574.03 |
| 旱地 | -659.57 | -620.277 | -579.37 | -573.71 |

对挠力河流域的耕地的气候水分盈亏量进行统计(表7.2),结果显示,15a间耕地的水分盈亏绝对值持续下降,2000年为$-94.25 \times 10^8 m^3$,至2005年,盈亏量绝对值下降了$3.84 \times 10^8 m^3$,变为$-90.41 \times 10^8 m^3$,至2010年则变为$-85.40 \times 10^8 m^3$,2010—2015年,耕地的盈亏总量绝对值缓慢下降,5a间下降了$0.31 \times 10^8 m^3$。对于水田而言,15a间流域气候水分盈亏情势愈来愈严重,2000年总盈亏程度达到$-15.74 \times 10^8 m^3$,且增长速度越来越快,2005年气候水分盈亏总值达到$-19.00 \times 10^8 m^3$,其间绝对值共增加了$3.26 \times 10^8 m^3$,至2010年则变为$-22.80 \times 10^8 m^3$。至2015年,由于水田面积扩张极其强烈,其对应的气候水分盈亏态势迅速恶化,2015年流域盈亏量达$-31.77 \times 10^8 m^3$,相对于2010年而言,5a间的绝对值增长幅度达到

表7.2 挠力河流域2000年、2005年、2010年和2015年耕地气候水分盈亏量

单位:$10^8 m^3$

| 类型 | 2000年 | 2005年 | 2010年 | 2015年 |
|------|--------|--------|--------|--------|
| 水田 | -15.74 | -19.00 | -22.80 | -31.77 |
| 旱地 | -78.51 | -71.41 | -62.60 | -53.32 |
| 耕地 | -94.25 | -90.41 | -85.40 | -85.09 |

39.34%。与水田不同的是，15a 间旱地的气候水分盈亏量的绝对值逐年下降，2000 年盈亏量达到最高的－78.51×10⁸m³，随后持续下降，至 2015 年绝对值下降了 25.19×10⁸m³，变为－53.32×10⁸m³，15a 绝对值下降幅度达到 32.09%。

由上文分析可知，2000—2015 年，挠力河流域耕地格局整体表现出耕地面积缓慢增长而水田面积急剧扩张的特点，与之对应的是旱地面积的缓慢减少。在气候水分平衡上，耕地格局的变化使得水田的气候水分盈亏量占耕地总盈亏量的比例持续增加，2000 年水田的气候水分盈亏量仅占耕地总盈亏量的 16.70%，随着水田化比例的持续提升，2005 年水田的气候水分盈亏量相对比例增至 21.02%，2010 年则变为 26.70%，2010—2015 年，挠力河流域水田扩张尤其剧烈，使得该时间段内水田的气候水分盈亏量占耕地气候水分盈亏量的比例上升极其剧烈，增长了 10.64 个百分点，变为 37.34%。水田的扩张对挠力河流域的气候水分平衡影响强烈。

**(2) 季节性变化特征。**季节性耕地气候水平分析上，由于夏季是全年中水分亏缺现象发展的集中区域，由于其水热条件的重要性，夏季也是影响区域耕地产量高低的最为关键的季节。亏缺量统计结果显示，尽管夏季的水田和旱地的水分亏缺量均处于较高的水平，但对于挠力河流域而言，不同年份间夏季水分亏缺量相差较大（表 7.3）：夏季是全年关键的物候期，2000 年，挠力河流域夏季的水田的水分亏缺量达到 325.72mm，占到该年份水田的全年水分亏缺量的 50.14%，旱地的水分亏缺量也达到该年份的 50.46%，亏缺值为 332.82mm，气候水分失衡较为严重；2005 年，相对而言，夏季的耕地水分亏缺量在 4 个时间点内处于最低值，因此可以认为 2005 年的夏季气候水分条件较好，其水田亏缺量值仅占全年亏缺量值的 31.76%，耕地的亏缺占比也仅为 32.08%，可以认为在该年份春季和秋季（9—11 月）的潜在气候水分亏缺态势较为严重；2010 年和 2015 年夏季的水田水分亏缺量值分别为 212.22mm 和 246.17mm，依次占到该年份对应全年亏缺值的 36.72% 和 42.89%，旱地的亏缺量占比也分别达到 36.87% 和 43.87%（亏缺值分别为 213.63mm 和 251.68mm）。挠力河流域不同年份间季节性气候水分亏缺态势差距较大。

表 7.3　挠力河流域 2000 年、2005 年、2010 年和 2015 年夏季耕地水分盈亏量

单位：mm

| 类型 | 2000 年 | 2005 年 | 2010 年 | 2015 年 |
| --- | --- | --- | --- | --- |
| 水田 | －325.72 | －194.42 | －212.22 | －246.17 |
| 旱地 | －332.82 | －199.03 | －213.63 | －251.68 |

#### 7.1.6.2 空间特征

**（1）年际空间变化特征。**采用标准差椭圆分析方法，对挠力河流域耕地水分亏缺程度的空间分布特征进行描述（图 7.11）。4 个研究时点上，挠力河流域水田的水分亏缺值的标准差椭圆主轴基本沿东北—西南的方向进行分布，且辅轴一致为西北—东南的走向，反映了 2000 年、2005 年、2010 年和 2015a 挠力河流域水田整体在东北—西南方向上的水分亏缺程度较西北—东南更为严峻。研究期内，水田的水分亏缺程度椭圆转角 $\theta$ 由 2000 年的 43.91°顺时针转至 2015 年的 50.91°，表明了 15a 以来挠力河流域高水分亏缺对象区呈现出向东—西方向移动的趋势，研究期内挠力河流域水田水分亏缺量在逐渐降低的同时，其亏缺的重心逐渐往内、外七星河地区移动。尽管 15a 以来挠力河流域水田持续扩张，但其气候水分亏缺程度值逐渐收缩，而这种变化特征体现在椭圆的面积上，由 2000 年的 8 893.61km² 降至 2015 年的 8 410.07km²。

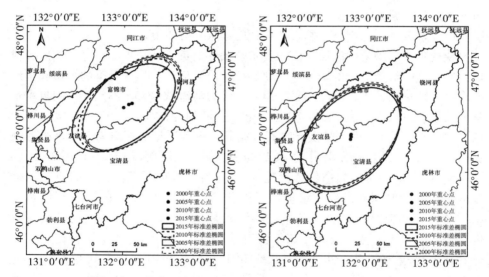

图 7.11　挠力河流域 2000 年、2005 年、2010 年和 2015 年
气候水分亏缺程度空间分布特征

研究期内，挠力河流域水田的水分亏缺值的标准差椭圆的主轴波动变化，2000 年为 70.95km，2005 年则降至 69.26km，2010 年则又上升至 70.45km，之后又下降至 69.37km，反映了在东北—西南方向上亏缺态势变化频繁，沿辅轴的标准差缓慢下降，2000 年为 39.90km，2015 年变为 38.60km。

对于旱地而言，4 个研究时点的气候水分亏缺值的标准差椭圆参数的变化幅度显著小于水田气候水分亏缺值椭圆参数的变化幅度，且呈现出较为明显的波动性变化特征。2000 年，椭圆转角 $\theta$ 为 39.47°，2005 年变为 39.77°，2010 年则逆时针旋转至 39.45°，之后继续逆时针旋转至 38.88°，这种椭圆的波动变化特征也体现在椭圆覆盖面积上，2000 年为 10 186.42km²，2005 年则迅速降至 10 089.63km²，2010 年又扩大至 10 107.31km²，之后再次下降为 10 098.77km²。旱地的覆盖面积大，在其面积持续收缩的同时，其气候水分亏缺态势表现出往复变化的特征。但其重心的移动距离明显小于水田的移动距离。2000 年水田的水分亏缺重心为东经 132.77°，北纬 46.97°，之后重心持续向西南方向移动，2015 年变为东经 132.63°，北纬 46.95°，而旱地的水分亏缺重心移动范围较小（表 7.4）。

表 7.4　挠力河流域 4 期耕地水分亏缺量标准差椭圆统计

| 年份 | 类型 | 空间重心 | 转角 $\theta/°$ | 沿主轴标准差/km | 沿辅轴标准差/km | 形状指数 | 椭圆面积/km² |
|------|------|----------|------|------|------|------|------|
| 2000 | 旱地 | 东经 132.29，北纬 46.72 | 39.47 | 71.56 | 45.32 | 0.63 | 10 186.42 |
|      | 水田 | 东经 132.77，北纬 46.97 | 43.91 | 70.95 | 39.90 | 0.56 | 8 893.61 |
| 2005 | 旱地 | 东经 132.28，北纬 46.71 | 39.77 | 70.79 | 45.37 | 0.64 | 10 089.63 |
|      | 水田 | 东经 132.77，北纬 46.97 | 44.71 | 69.26 | 39.49 | 0.57 | 8 591.19 |
| 2010 | 旱地 | 东经 132.28，北纬 46.70 | 39.45 | 70.66 | 45.54 | 0.64 | 10 107.31 |
|      | 水田 | 东经 132.72，北纬 46.96 | 47.17 | 70.45 | 38.02 | 0.54 | 8 415.61 |
| 2015 | 旱地 | 东经 132.26，北纬 46.67 | 38.88 | 70.95 | 45.31 | 0.64 | 10 098.77 |
|      | 水田 | 东经 132.63，北纬 46.95 | 50.91 | 69.37 | 38.60 | 0.56 | 8 410.07 |

**（2）季节性变化特征。**对于夏季而言，尽管从亏缺值的量上来说各年份之间差距较大，但从空间的相对分布形态来说变化差别较小。2000—2015 年，水田的亏缺值的标准差椭圆的转角 $\theta$ 从 43.77° 逐渐增至 51.02°，4 期形状指数变化不大，依次为 0.57、0.58、0.54 和 0.56，但对于椭圆的面积而言，2000—2015 年，其面积持续较少，由 2000 年的 8 927.67km² 降低至 2015 年的 8 410.07km²，反映了水田亏缺程度在逐渐收缩，即局部地区的气候水分亏缺态势越来越严重；旱地各年份间的标准差椭圆指数的差别更小，对于转角 $\theta$ 而言，2000 年、2005 年、2010 年和 2015 年的值依次为 39.44°、41.24°、40.15° 和 38.92°，形状指数更是差距较小，4 个时间点的值依次为 0.64、0.66、0.66 和 0.64，椭圆面积基本也保持着类似的特征，面积依次为 10 082.51km²、9 701.00km²、10 029.68km² 和 10 098.77km²（图 7.12、表 7.5）。

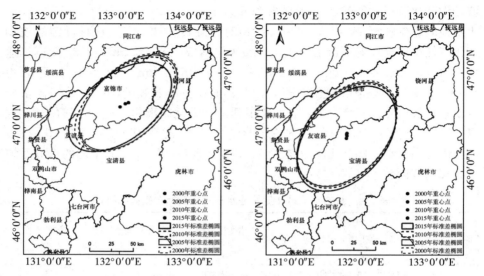

图 7.12　挠力河流域 4 期耕地水分亏缺量标准差椭圆

表 7.5　挠力河流域 4 期耕地水分亏缺量标准差椭圆统计

| 年份 | 类型 | 空间重心 | 转角 $\theta$/° | 沿主轴标准差/ km | 沿辅轴标准差/ km | 形状指数 | 椭圆面积/ km² |
|---|---|---|---|---|---|---|---|
| 2000 | 旱地 | 东经 132.29，北纬 46.72 | 39.44 | 70.65 | 45.43 | 0.64 | 10 082.51 |
| | 水田 | 东经 132.76，北纬 46.96 | 43.77 | 70.71 | 40.19 | 0.57 | 8 927.67 |
| 2005 | 旱地 | 东经 132.27，北纬 46.73 | 41.24 | 68.34 | 45.19 | 0.66 | 9 701.00 |
| | 水田 | 东经 132.73，北纬 46.97 | 47.42 | 69.16 | 39.77 | 0.58 | 8 639.95 |
| 2010 | 旱地 | 东经 132.27，北纬 46.71 | 40.15 | 69.79 | 45.75 | 0.66 | 10 029.68 |
| | 水田 | 东经 132.69，北纬 46.97 | 48.83 | 70.94 | 38.19 | 0.54 | 8 510.82 |
| 2015 | 旱地 | 东经 132.26，北纬 46.67 | 38.92 | 70.95 | 45.31 | 0.64 | 10 098.77 |
| | 水田 | 东经 132.63，北纬 46.95 | 51.02 | 69.37 | 38.60 | 0.56 | 8 410.07 |

# 7.2　耕地利用下作物水分平衡效应

## 7.2.1　研究思路

　　区域水土资源平衡状况的评价，既要考虑降水量及其季节分配情况，更要考虑不同作物的需水特性及同一作物不同生育期对水分的需求。中稻、春小麦和春玉米是三江平原最重要的农作物类型。在全球气候变暖背景下，气温、降水、光照等气候要素的变化，对作物的生长发育和产量形成已造成显著影响，而这种影响在很大程度上取决于作物的水分胁迫作用。通过研究挠力河流域三大主要作物在生长发育过程中对水分需求量的高低情况以及不同生育期内有效降水量的多少，揭示不同作物不同生育期内水分盈亏量的高低以及其水分亏缺系数差异情况。

作物水分平衡研究是区域天然状态下水土资源平衡研究的中间层次，可以分析作物生长发育进度与气候湿润状况相互匹配的程度。其中不同类型作物需水量和有效降水量的计算是区域作物水分盈亏评价计算的重要组成部分。

## 7.2.2 研究方法

### 7.2.2.1 作物需水量

作物需水量指作物在土壤水分和养分适宜、管理良好、生长正常、大面积高产条件下的棵间土面（或水面）蒸发量与植株蒸腾量之和。它是确定作物灌溉需水量的基础。作物需水量受土壤、作物、气候等多种因素影响。确定作物需水量的方法主要通过田间测定，也可采用理论计算的方法。本研究中采用作物系数法计算作物需水量，计算公式如下：

$$ET_c = K_c \times ET_0 \tag{7.5}$$

式中，$ET_c$ 为作物需水量，mm；$ET_0$ 为潜在蒸散量，mm，采用 7.1.2.1 中的逐日潜在蒸散量计算结果；$K_c$ 为作物系数，反映了作物在标准状态下的蒸散特性，该系数受土壤、气候、作物生长状况和管理方式等多种因素综合影响，对于 $K_c$ 的确定，可采用 FAO 推荐的标准作物系数与修正公式进行作物系数修正。

作物系数包括基础作物系数（$K_{c0}$）和实际作物系数，其中基础作物系数是指土壤表层干燥，但根层水分含量仍能完全维持作物蒸腾时的作物需水量（$ET_c$）与 $ET_0$ 的比值。它代表在没有因灌溉或降水对土壤蒸发产生额外影响情况下的作物系数，反映作物在标准状态下的蒸散特性。作物系数受土壤、气候、作物生长状况和管理方式等多种因素影响，因此，不同作物的作物系数应根据当地的灌溉试验成果确定，需要逐时段的变化过程。对没有试验资料或试验资料不足的作物和地区，可以利用 FAO 推荐的 84 种作物的一般气候条件下（亚湿润型气候、白天最小相对湿度 $RH_{min}$ 约 45%、平均风速约 2m/s）的标准作物系数和修正公式，根据当地气候、土壤、作物和灌溉条件进行修正。根据作物生长特点，把全生育期作物系数变化过程概化为在 4 个生长阶段（生育早期 $L_{ini}$、发育期 $L_{dev}$、生育中期 $L_{mid}$、生育后期 $L_{end}$）的 3 个值（$K_{cini}$、$K_{cmid}$、$K_{cend}$）。对有越冬期的作物，由于冬季表土冻结和作物休眠的缘故，其间作物系数很小，因此，需增加越冬期的作物系数 $K_{cfro}$。

由于挠力河流域的气候特征，作物种类以非越冬作物为主，因此仅对无越冬期作物的时段作物系数进行确定。无越冬期作物的时段平均作物系数的变化过程如图 7.13 所示。其中：初始生长期，从播种到地表作物覆盖率接近 10%，相应的作物系数为 $K_{cini}$；快速发育期，从地表作物覆盖率 10% 到 70%～80%，相应的作物系数从 $K_{cini}$ 线性上升至 $K_{cmid}$；生育中期，从充分覆盖到成熟期开始，叶片开始变黄，相应的作物系数为 $K_{cmid}$；成熟期，从叶片变黄到生理成熟或收获，相应的作物系数从 $K_{cmid}$ 线性下降至 $K_{cend}$。

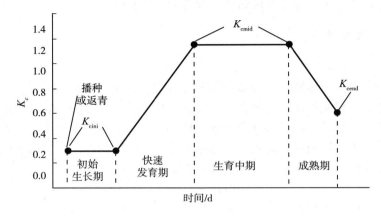

图 7.13　时段平均作物系数变化过程

从 FAO-56 推荐的 84 种作物的标准作物系数查出挠力河流域主要作物的不同生长周期的标准作物系数（表 7.6），然后采用下式进行作物系数修正：

$$K_c = K_{ctab} + \left[ 0.04(U_2 - 2) - 0.04(RH_{min} - 45) \right] \left( \frac{h}{3} \right)^{0.3} \quad (7.6)$$

式中，$K_{ctab}$ 为不同生育阶段标准条件下的作物系数（FAO-56 查表得到）；$RH_{min}$ 为生育阶段内日最低相对湿度平均值，%；$h$ 为生育阶段内作物平均高度，m；其余符号含义同前。

表 7.6　挠力河流域生育时段划分及其作物系数

| 作物种类 | 指标 | 初期 | 发育期 | 中期 | 成熟期 |
|---|---|---|---|---|---|
| 中稻 | 日期 | 5月20日至6月14日 | 6月14日至7月14日 | 7月15日至9月9日 | 9月10日至9月29日 |
| | 历时 | 25d | 30d | 55d | 20d |
| | $K_c$ | 1.05 | 1.125 | 1.2 | 0.975 |
| 春玉米 | 日期 | 4月26日至5月21日 | 5月22日至6月26日 | 6月27日至8月22日 | 8月23日至9月12日 |
| | 历时 | 25d | 35d | 55d | 20d |
| | $K_c$ | 0.45 | 0.865 | 1.28 | 0.5 |

（续）

| 作物种类 | 指标 | 初期 | 发育期 | 中期 | 成熟期 |
|---|---|---|---|---|---|
| 春小麦 | 日期 | 5月8日至5月23日 | 5月24日至6月14日 | 6月15日至8月10 | 8月11日至9月5日 |
| | 历时 | 15d | 20d | 55d | 25d |
| | $K_c$ | 0.3 | 0.725 | 1.15 | 0.25 |

### 7.2.2.2　有效降水量

作物生长期的有效降水量指能够提供给作物蒸发蒸腾，从而减少作物对灌溉水需求的雨量。对于旱作物，有效降水量指总降水量中能够保存在作物根系层中用于满足作物蒸发蒸腾需要的雨量，不包括地表径流和渗漏至作物根系吸水层以下的部分。对于水田作物，由于在各生育阶段均有其最大的适宜水层深度，有效降水指总降水量中把田面水深补充到最大适宜深度的部分，以及供作物蒸发蒸腾利用的部分和改善土壤环境的深层渗漏部分之和，不包括形成地表径流和无效深层渗漏部分。影响有效降水的主要因子有降水强度、土壤质地及结构、地形及平整度、降水前的土壤含水率、作物种类及生育阶段、作物需水量、耕作措施和灌溉管理措施等。作物有效降水量需逐时段（日、旬或月）计算，由于不同作物需水量不同，生长期内的降水量和降水分布也有很大差别，因此，降水的有效利用比例也因作物不同而异。

$$P_e = \begin{cases} P(4.17-0.2P)/4.17, & P < 8.3\text{mm/d} \\ 4.17+0.1P, & P \geqslant 8.3\text{mm/d} \end{cases} \quad (7.7)$$

式中，$P_e$ 为逐日有效降水量，mm/d；$P$ 为逐日总降水量，mm/d。

### 7.2.2.3　作物水分盈亏程度

以全生育期的潜在蒸散量 $ET_c$ 为需水指标，以有效降水量为供水指标，基于水分盈亏量构建作物全生育期的 CWSDI（Crop water surplus/deficit index）指数，以反映作物生育期的水分盈亏程度：

$$CWSDI = \frac{\Delta}{ET_c} = \frac{P_e - ET_c}{ET_c} \quad (7.8)$$

式中，$ET_c$ 为该生育阶段的需水量，mm；$P_e$ 为该生育阶段有效降水量，mm。$\Delta = P_e - ET_c$ 表示作物具体的水分亏缺量的大小，mm，$\Delta$ 为水分平衡量，$\Delta$ 为正则水分亏缺。作物不同生育阶段对应不同的需水量，构建作物具体的水分盈亏量与实际蒸散量的比值系数，以反映不同生育阶段作物的具体水分亏缺的程度。$CWSDI > 0$，表示该生育阶段水分盈余，$CWSDI = 0$，表示水分收支平衡，$CWSDI < 0$，表示该生育阶段水分亏缺。水分盈亏指数考虑到降水和作物需水量两项因子，反映实际供水量与作物最大水分需求量的平衡关系，可以较好地表现农田湿润程度和作物旱涝状况。

### 7.2.3 作物需水量分析

#### 7.2.3.1 中稻需水量

2000 年以来，挠力河水田面积比例由 2000 年的 10.23％变为 2015 年的 23.39％，其水田化系数则增至 37.28％。该时间段内，水田急速扩张，与之对应的中稻需水量也发生了较为强烈的变化。2000 年，除流域北端的富锦市与饶河县交界周边地区需水量值偏低外，其他区域的水稻需水量均处于较高的水平，生育期内需水值均高于 820mm，与其他年份相比，2000 年的水稻需水量值也处于较高的水平，主要原因在于该时间段内挠力河流域境内潜在蒸散量普遍偏高。2005 年，水稻生育期内的需水量值高低的相对分布情况与 2000 年类似，即相对低值区（581mm）大部分位于流域的北端富锦市与饶河县的交界处，流域的集贤县境内中稻需水量值也相对偏低，但水田面积相对较小。挠力河富锦地区和宝清地区的干流沿岸是该时间点中稻需水量高值的集中区域，平均水平达到 621mm 以上。2005 年以后，挠力河流域的水稻需水量值的相对高低情况发生了较大变化。2010 年中稻需水值空间上呈现出由西向东递增的趋势，相对高值区（675mm 以上）多位于宝清县境内，极低值区位于北端的富锦地区，面积非常小。对于 2015 年，水稻需水值的相对空间分布发生了极大的变化，境内高值分布区域相对较为分散（图 7.14），流域北端富锦地区、流域中部宝清地区以及友谊地区均有一定面积的相对高值区（690mm），值得注意的是，宝清县境内的水田的相对程度明显降低，2010 年该区域为整个流域水稻的高值集中区，而至 2015 年相对高值情况普遍降低。

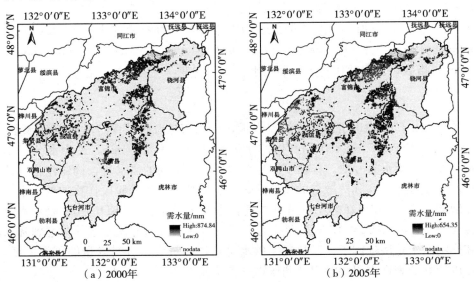

（a）2000年　（b）2005年

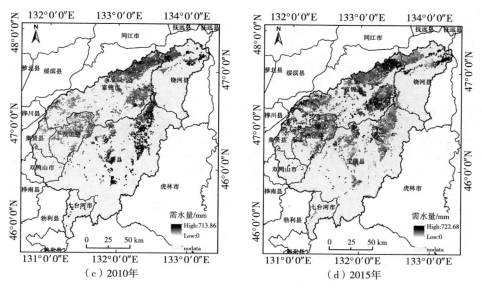

（c）2010年　　　　　　　　（d）2015年

图 7.14　中稻需水量年际空间变化①

　　不同生育期内，作物的作物需水系数、生育期间隔及年际蒸散量的空间分布差异情形，综合导致水稻不同生育期的需水量存在较大的数量差别和空间分布差异。以 2010 年不同生育期为例（图 7.15），挠力河流域水稻生育初期

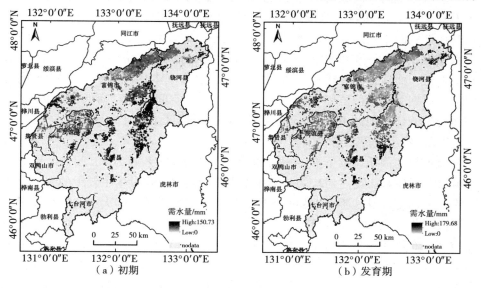

（a）初期　　　　　　　　　（b）发育期

①　采用 MODIS 源数据模拟挠力河流域的作物水分平衡时，由于 MODIS 数据出现部分 0 异常值，在进行指数运算的时候也拥有对应的 0 异常值，且异常值多位于边境山区地带。

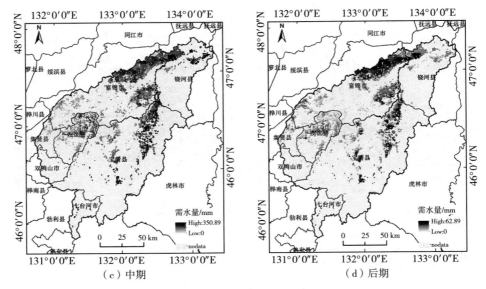

图 7.15　2010 年中稻需水量

的需水值范围为 126～150.73mm，相对高值区多位于宝清县境内，是该时间段内耗水的焦点地区，位于流域西部的富锦地区水稻生育初期需水量同样偏高，友谊县境内、流域北部的饶河大部分地区的生育初期需水量普遍偏低；对于发育期而言，其需水范围为 151～179.68mm，相对高值区分布范围较小，而其他地区的中稻发育期需水量差别也较小；2010 年的挠力河流域水稻中期需水量为 310.54～350.89mm，内、外七星河的腹地地区的水稻中期需水量值相对偏低，而这种相对趋势与水稻的后期需水量基本保持一致，2010 年挠力河流域后期需水量值范围为 47.84～62.89mm，空间的相对高低分布状况上，流域北端的部分地区由 2010 年的高值区变为低值区。

### 7.2.3.2　春小麦需水量

流域旱地面积持续下降，相对面积比例由 50.34％减为 39.28％，旱地缩减幅度非常明显。与之对应的是春小麦生育期需水量也发生了较大的变化。对于春小麦而言，其他生育期的时间段长短以及作物系数值的大小与春小麦对应时间段和作物系数的差别较大。与水田由西向东不断递增趋势不同的是，春小麦空间分布规律迥异于水田。2000 年挠力河流域春小麦的全生育期需水量平均值为 532.03mm，其值范围达到 473.15～606.68mm，2000 年春小麦的全生育期需水量高值区多位于内、外七星河腹地地区，需水量值普遍高于 543mm，流域北端的饶河县境内的春小麦需水量值显著偏低，需水量值普遍处于 510mm 的水平，宝清县境内的挠力河干流沿岸的旱地的春小麦需水量值也较低，流域南段的部分区域的春小麦需水量值也偏低。2005 年，春小麦的需水量空间分布相对特征与 2000 年较为类似，即内、外七星河地区需水量显著偏高，北部的饶河县和富锦市交界处的需水量值处于较低的水平，整个流域的春小麦的平均需水量值约为 464.22mm；2010 年，整体上挠力河流域西部的春小麦需水量值低于东部地区，呈现出明显的由西向东不断递减的趋势，在该时间段内春小麦需水量处于 468.17mm 水平；对于 2015 年，其春小麦的需水量在 4 个时间点中为最低值，为 461.34mm，除了双鸭山、集贤部分地区需水量值偏低外（390.15mm），整体上挠力河流域南部的春小麦需水量高于东部地区，北部的富锦市与友谊县的交界地区的需水量值也处于较低的水平（图 7.16）。

同样以 2010 年为例，对春小麦不同生育阶段的需水量进行分析，由于不同生育阶段间隔时长及反映作物实际蒸散能力的作物系数存在较大的差别，导致 4 个研究时点的春小麦生育阶段的需水量在空间分布和数值上存在较大的差别（图 7.17）。2010 年春小麦的生长初期，需水量范围 14.73～25.50mm，平均值为 21.66mm，空间分布上可以明显看出，宝清县的西部地区、富锦市西南部和宝清县东北部地区的春小麦初期阶段的需水量值偏高，最高值达到 25.50mm，相对低值区域多环绕流域中部核心地带，但分布的规律性特征较差。对于发育期而言，叶片分蘖耗水较大，2010 年挠力河流域发育期的平均需水量达到 75.07mm，范围为 63.78～87.85mm，其中宝清县的大部分地区春小麦发育阶段需水量明显偏高，是该流域作物耗水的核心地区，富锦市的南部和七台河市地区，也存在需水量较高的地区，但面积较小。友谊县、集贤县和富锦市的西南角大片区域春小麦的需水量处于较低的水平。春小麦发育中期

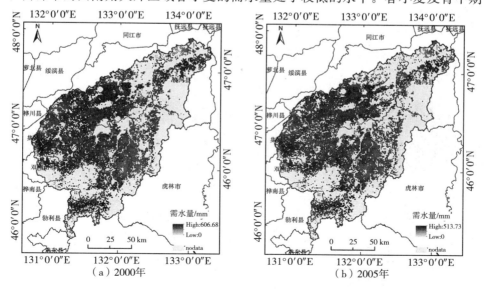

（a）2000年　　　　　　　　　（b）2005年

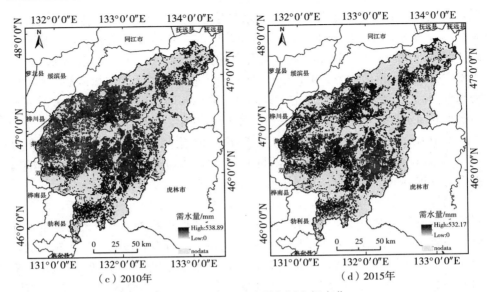

图 7.16　春小麦需水量年际空间变化

为挠力河流域温度最高、降水最为集中、生育时段最长的阶段，该时段内春小麦的需水量达到 342.54mm，富锦市大部分地区的需水量仍然处于较高的水平，东南部的旱地春小麦需水量偏低，整个生育阶段需水范围 116.02～398.69mm，波动范围较大。生育后期阶段，作物生育需水较低，2010 年挠力河流域春小麦需水范围 24.87～34.99mm，七台河市和宝清县的南部地区需水量偏高，富锦市、友谊县和集贤县需水量处于较低的水平（低于 27.50mm）。

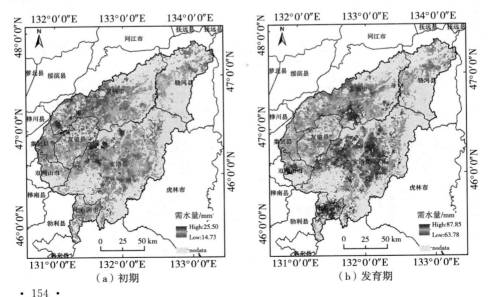

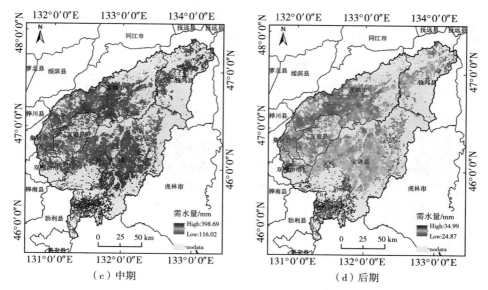

图 7.17 春小麦各生育阶段需水量空间变化

### 7.2.3.3 春玉米需水量

春玉米全生育期较长，其生育期内需水量总体偏高。2000 年，挠力河流域春玉米全生育期的需水平均值高到 691.63mm，需水值范围 613.25～774.82mm，在空间分布上，高值区多位于挠力河流域的中部大部分地区，低值区一般位于流域的友谊县、集贤县等地区，宝清县的东部春玉米的需水量也偏低（680mm 左右），整体而言，整个流域的春玉米的高值区和低值区混合分布；至 2005 年，尽管春玉米需水量下降至 602.24mm，但其在空间上仍维持着混合分布特征，整个流域的需水量处于 540.03～668.52mm，流域的西南部和南部的部分山区周边地区由于风速、日照条件的影响，其需水量处于极低的状态；2010 年，春玉米的西部地区的需水量显著低于东部地区的需水量，需水量平均值 622.73mm，空间波动范围 560.78～717.60mm；至2015 年，平均需水量降低至 618.68mm，整体分布特征与 2010 年类似（图 7.18）。

同样以 2010 年为例对春玉米的不同生育阶段的需水量进行分析。4 个春玉米生育段的需水量在空间分布和数值上存在较大的差别。对于春玉米的初期而言，需水量处于 44.02～57.76mm，平均值为 50.12mm。春玉米的初期需水量的高值区位于挠力河流域的中部地带（富锦市南部、宝清县西北部），而至发育期，挠力河流域宝清县境内的需水量是该时间段的核心区，整个流域的需水量 136.34～182.78mm，平均值 159.25mm。至生长的中期阶段，需水的

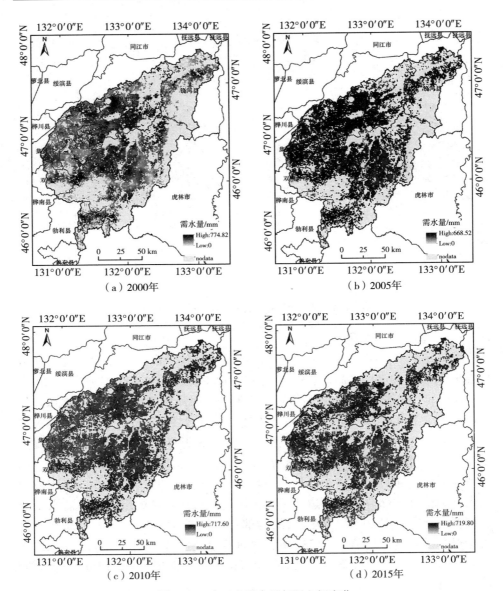

图 7.18　春玉米需水量年际空间变化

高值区移至宝清县的南部地区，该时间段内平均值 374.55mm，需水值变动范围 341.05～436.85mm。春玉米的生育后期阶段，需水量较低，平均值为 40.37mm，需水量处于 32.79～47.72mm，宝清县地区仍然是该时间段内的需水量高值集中区域，而挠力河友谊县、集贤县、富锦市等地区的需水量处于较低的水平（图 7.19）。

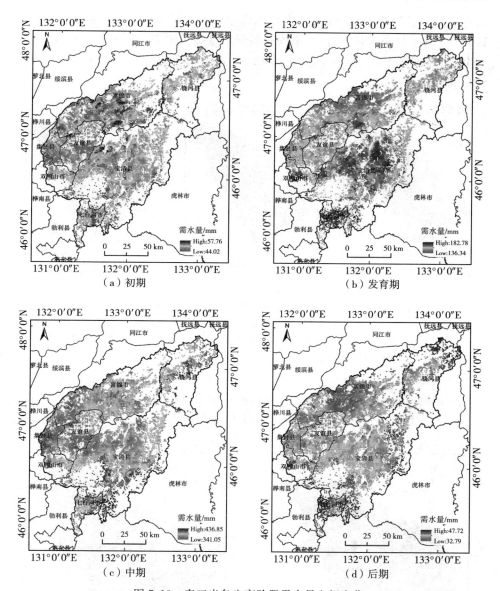

图 7.19 春玉米各生育阶段需水量空间变化

## 7.2.4 有效降水量

挠力河流域农田耕作期较短且集中,中稻、春小麦和春玉米处于相似的种植时段。4 个研究时点的平均中稻全生育期有效降水量略低于春小麦和春玉米的有效降水量。中稻生长期约为 130d(5 月 20 日至 9 月 29 日),生育期内平均有效降水量为291.81mm，占全年总降水量的60.16%。春小麦生长期约为115d（5月8日至9月5日），平均有效降水量高于中稻，为303.31mm。春玉米生长期共135d（4月26日至9月12日），平均有效降水量达到324.77mm（图7.20）。

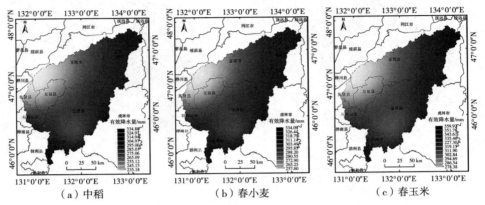

图7.20　挠力河流域作物全生育期平均有效降水量空间分布特征

以中稻为例，分析全生育阶段内的不同生长期有效降水量及分布特征（图7.21）。挠力河流域中稻生长初期共25d（5月20日至6月14日），其间有效降水量为58.65mm，空间分布上表现出东南部有效降水量显著偏低而北部和西北部的降水量偏高，恰与全生育期的有效降水量空间分布特点相反。挠力河流域中稻发育期自5月22日开始，结束于6月26日，在该时间段内有效降水

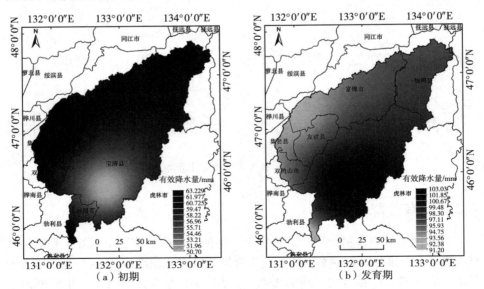

（a）初期　　　　　　　　　　（b）发育期

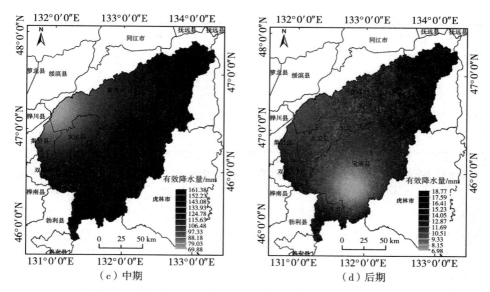

图 7.21　挠力河流域中稻生育期各阶段有效降水量空间分布

量达到 97.76mm，空间上表现出东南部偏高而西北部低的特点。中稻的生长中期时间较长（55d），其有效降水量占了中稻全生育期的 42.45%（123.88mm），有效降水的空间分布特点与全生育期基本一致，即西北向东南方向不断递增的趋势。对于中稻的生长后期（9 月 10 日至 9 月 29 日，20d），有效降水量仅为 11.51mm，整体呈现出东北部偏高而南部和西南部偏低的空间分布特点。

## 7.2.5　作物水分盈亏评价

### 7.2.5.1　作物水分盈亏系数特征

依据构建的作物生育期内水分盈亏程度系数模型，对挠力河流域 2000 年、2005 年、2010 年和 2015 年三大作物（中稻、春小麦和春玉米）的水分盈亏程度进行评估。$CWSDI>0$，表示该生育阶段水分盈余，$CWSDI=0$，表示水分收支平衡，$CWSDI<0$，表示该生育阶段水分亏缺，绝对值越大，则其对应的盈余或亏缺程度越突出。在《中国农业干旱监测指标方法与等级划分》中，根据我国半干旱、半湿润地区的实际作物水分需求特点，对相对湿润度的等级标准进行了划分，该湿润度的原理及计算方法与 $CWSDI$ 基本一致，本研究采取该等级划分标准，研究挠力河流域作物干旱状态（表 7.7）。

**（1）中稻盈亏系数特征。**各研究时点的中稻水分盈亏指数均小于 0，反映了中稻全生育期以水分亏缺状态为主，天然降水难以满足该地区的灌溉需求。

**表 7.7　干旱等级评价标准**

| 等级 | 类型 | 相对湿润度指数 $M_i$ |
|------|------|----------------------|
| 1 | 无旱 | $-0.50 < M_i$ |
| 2 | 轻旱 | $-0.70 < M_i \leqslant -0.50$ |
| 3 | 中旱 | $-0.85 < M_i \leqslant -0.70$ |
| 4 | 重旱 | $-0.95 < M_i \leqslant -0.85$ |
| 5 | 特旱 | $M_i \leqslant -0.95$ |

不同时间点的水分盈亏指数存在差别，对应着中稻不同的灌溉需求度。2000年，中稻水分盈亏指数处于$-0.72 \sim -0.50$，平均值为$-0.523$，整体处于轻度干旱状态，水田的人工灌溉需求量由东北向西南递增；相对于2000年，2005年的水分亏缺态势加剧，盈亏指数均值变为$-0.532$，对应的指数范围为$-0.62 \sim -0.32$；2010年水分盈亏指数处于$-0.65 \sim -0.30$，平均值为$-0.57$，盈亏指数下降幅度较大，流域水分亏缺态势趋于恶化；而至2015年，水分盈亏指数的平均值变为$-0.58$。同时在空间分布上，水分盈亏指数绝对值均由东北向西南递增，友谊、集贤地区以及富锦市西南端的中稻潜在灌溉压力较大。

**(2) 春小麦盈亏系数特征。** 对于春小麦而言，各研究时点的水分盈亏指数均值小于0，且灌溉需求量小于中稻。2000年，春小麦的水分盈亏指数处于$-0.53 \sim -0.38$，平均值为$-0.44$，依据干旱等级划分标准，流域大部分地区的春小麦处于无旱状态，即不需额外的人工灌溉措施来满足春小麦的水分灌溉需求，可利用天然降水、土壤水分条件进行正常生长发育；2005年，春小麦的水分盈亏指数范围变为$-0.45 \sim -0.29$，对应的均值为$-0.359$，水分亏缺量下降；2010年和2015年的水分盈亏指数均值分别为$-0.362$和$-0.365$，水分需求量增加，且在空间上表现出需水差异较小的特点。

**(3) 春玉米盈亏系数特征。** 各研究时点的春玉米均处于轻度缺水状态，且缺水程度处于相似水平，西北部的友谊和集贤地区以及富锦市西南端的春玉米水分亏缺量显著高于东南部的宝清县地区。2000年，春玉米的水分盈亏指数范围为$-0.61 \sim -0.40$，均值达到$-0.537$，处于轻度干旱状态，天然降水难以满足其灌溉需求；相对于2000年，2005年的春玉米盈亏指数均值为$-0.47$，水分亏缺量下降，对应的指数范围为$-0.54 \sim -0.42$；2010年和2015年，水分盈亏指数均值分别为$-0.489$和$-0.484$，水分灌溉需求度有所增加。

### 7.2.5.2　作物水分盈亏等级评价

依据水分盈亏指数和干旱等级划分标准，对挠力河流域主要作物的干旱程度进行评价（图7.22）。结果显示，挠力河流域中稻种植区多处于轻度干旱状态，需通过抽取地下水、渠道引水等措施，保障该地区水稻的正常生长发育。

2000 年，约有 6.72% 面积的中稻处于中度干旱状态，且多位于富锦市东南部；2005 年、2010 年和 2015 年，春小麦水分盈亏态势良好，尽管水分盈亏量均为负值（无旱），但可通过土壤储水及适当的农田灌溉措施，保证春小麦的正常生长发育；春玉米和春小麦同为旱作物，且春玉米生长期的需水量显著高于春小麦，2000—2015 年，该流域春玉米表现出不同程度的轻度干旱特点，2000 年的轻旱区相对面积比例达到 94.43%，其余年份的面积占比依次为 17.65%、31.24% 和 24.08%（表 7.8）。

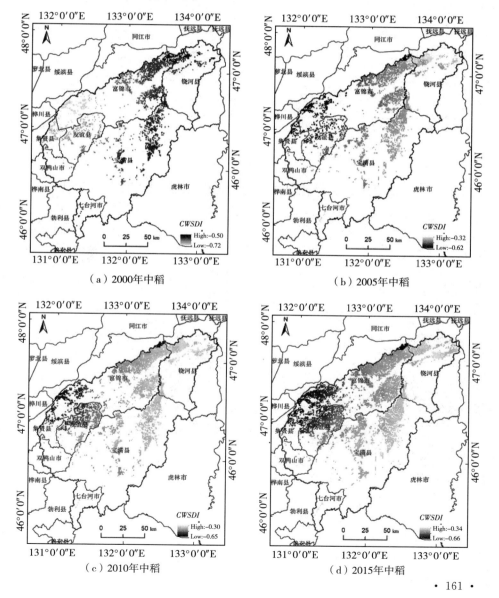

（a）2000年中稻　　　　　　　　　　（b）2005年中稻

（c）2010年中稻　　　　　　　　　　（d）2015年中稻

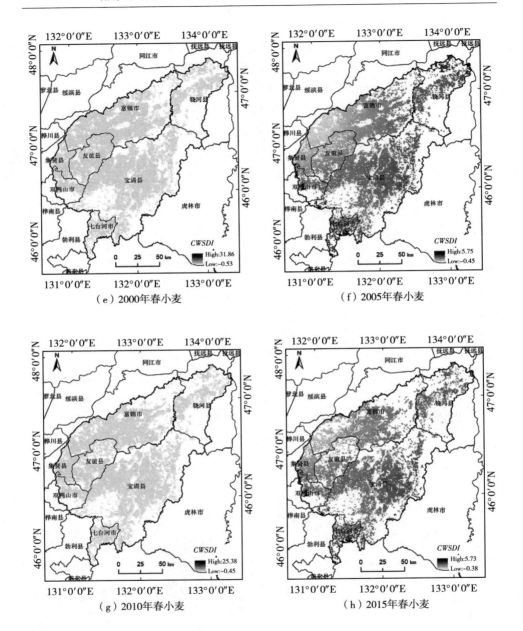

（e）2000年春小麦 　　　（f）2005年春小麦

（g）2010年春小麦 　　　（h）2015年春小麦

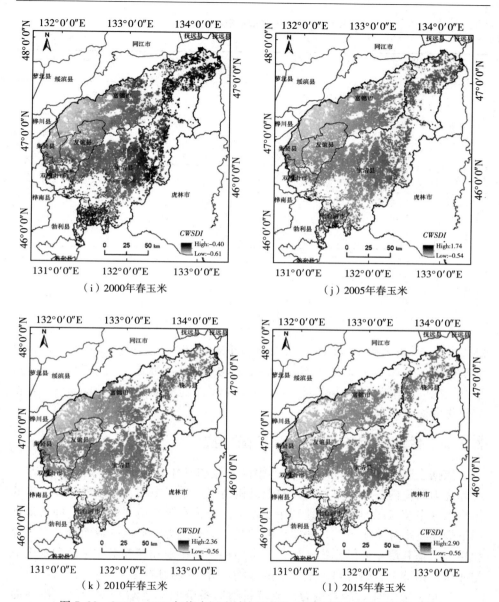

（i）2000年春玉米

（j）2005年春玉米

（k）2010年春玉米

（l）2015年春玉米

图 7.22　2000—2015 年挠力河流域主要作物全生育期水分盈亏程度系数

自 20 世纪初以来，挠力河流域中稻种植区迅速扩张，加剧了该流域农田的水分亏缺态势，而春小麦和春玉米种植结构的变化，未对该流域的水分盈亏态势造成显著的负面影响。具体表现为：轻旱是挠力河流域中稻的主要干旱类型，2000 年以来，在中稻种植面积迅速增加的背景下，轻旱区面积约增加了3 225.00km²，15a 间扩张幅度达到 143.46%，每 5a 相邻时点的扩张幅度分别为

表7.8　挠力河流域干旱等级评价结果

单位：%

| 品种 | 年份 | 无旱 | 轻旱 | 中旱 | 重旱 | 特旱 | 合计 |
|---|---|---|---|---|---|---|---|
| 中稻 | 2000 | 0 | 93.28 | 6.72 | 0 | 0 | 100 |
| | 2005 | 7.22 | 92.78 | 0 | 0 | 0 | 100 |
| | 2010 | 0.05 | 99.95 | 0 | 0 | 0 | 100 |
| | 2015 | 0.05 | 99.95 | 0 | 0 | 0 | 100 |
| 春小麦 | 2000 | 93.26 | 6.74 | 0 | 0 | 0 | 100 |
| | 2005 | 100 | 0 | 0 | 0 | 0 | 100 |
| | 2010 | 100 | 0 | 0 | 0 | 0 | 100 |
| | 2015 | 100 | 0 | 0 | 0 | 0 | 100 |
| 春玉米 | 2000 | 5.57 | 94.43 | 0 | 0 | 0 | 100 |
| | 2005 | 82.35 | 17.65 | 0 | 0 | 0 | 100 |
| | 2010 | 68.76 | 31.24 | 0 | 0 | 0 | 100 |
| | 2015 | 75.92 | 24.08 | 0 | 0 | 0 | 100 |

25.71%、39.21%和39.12%；2000年，春小麦的轻旱区面积为803.00km²，相对面积比例达到6.74%，其余年份的春小麦均处于无旱状态；对于春玉米而言，研究期内的轻旱区面积共减少了8 931.00km²，变化幅度达到74.50%，且相邻年份的面积往复变化。

## 7.2.6　耕地利用下作物水分平衡效应

依据全国分县农业统计资料、《中国农业统计年鉴》和《中国统计年鉴》，统计挠力河境内各县（市、区）农业结构情况，基于中稻、春小麦和春玉米的作物水分平衡状况，研究耕地利用变化下的作物水分平衡评价结果，即耕地利用下的作物水分平衡效应，需要说明的是，对于挠力河流域旱地而言，春小麦和春玉米是其最重要的作物类型，依据中稻、春小麦和春玉米在旱地和水田上的面积比例情况，研究耕地变化下的作物水分平衡效应。

2000—2015年，随着挠力河流域耕地后备资源的逐渐开发殆尽，耕地面积增长非常缓慢，整体上土地利用结构趋于稳定。2000年，挠力河流域耕地总面积14 338.61km²，占流域面积的60.57%，2015年缓慢升至62.70%，15a增加2.13个百分点。对于耕地子类型（旱地和水田），其间挠力河流域旱地面积持续下降，由2000年的11 916.13km²降至2015年的9 311.47km²，相对面积比例由50.34%减为39.28%，旱地缩减幅度非常明显。与之对应的是水田面积的快速增加，2000年，挠力河流域水田仅占流域面积的10.23%，

2015 年面积比例则上升至 23.39%，变为 5 534.35km²。研究期内，挠力河流域水田化进程越来越快，流域对水资源的需求压力势必会越来越大。

由于挠力河流域水田以水稻种植为主，中稻的水分盈亏评价结果对应着水田水分盈亏状态，水田的急速扩张，使得其对应的水分盈亏评价结果发生改变，2000 年轻度干旱的水田面积为 2 248km²，中度干旱水田面积为 162km²，随着水田的急剧扩张，轻度干旱区面积急剧增加，其面积由 2005 年的 2 826km² 增至 2015 年的 5 473km²，2000 年无旱区面积为 0km²，2005 年迅速升至 220km²，2015 年水田中的无旱区面积则变为 3km²。

随着水田的持续性扩张和旱地的收缩作用，挠力河流域无旱区面积波动较大，2005 年达到最大的 9 359.77km²，2015 年降低至 6 985.21km²。轻度干旱面积持续下降，由 2000 年的 11 271.29km² 降低至 2015 年的 7 720.96km²。对于旱地而言，2000 年，挠力河流域旱地中的春小麦和春玉米的相对面积比例依次为 20.77% 和 79.23%，其对应着约有 2 746.69km² 的旱地处于无旱的状态，9 023.19km² 处于轻度干旱。2005 年，春小麦面积仅占旱地面积的 8.90%，无旱的旱地面积达到 9 359.77km²，轻度干旱的旱地面积则变为 1 791.93km²。2010 年，春小麦播种面积进一步下降，相对面积比例仅为 4.62%，无旱的旱地面积变为 6 129.55km²，轻度干旱的旱地面积为 2 560.00km²。2015 年旱地的无旱区面积达到 6 985.21km²，轻度干旱区面积为 2 247.96km²。

## 7.3  农田土壤水分平衡效应

在自然条件下，作物的耗水来源除了生育期（生长季）的降水之外，还有播种前的土壤储水和地下水，并且土壤具有一定的调蓄作用。农田土壤水分平衡是指一定时间内，植物根系层范围一定深度内水分的收支关系。只有从 SPAC 系统的观点出发，将土壤、植物、大气降水等要素全部纳入土壤水量平衡的计算模式中来，才能真正揭示植物生长发育的水分条件，全面分析不同土地利用类型的水分平衡特征。

### 7.3.1  研究方法

#### 7.3.1.1  农田土壤水分胁迫蒸散方程

水量平衡原理是指某一区域（或水体）在某一时段内，其流入的水量与流出的水量的差额等于该时段内区域（或水体）内蓄水的变化量，即水在循环和转化过程中，从总体上保持收支平衡，其理论基础为物质守恒定律。以此为基础的水量平衡法是研究农田水分平衡的基本方法。水量平衡方程是将研究的空间视作一个系统，系统中输入水量 $WI(t)$ 与系统中输出的水量 $WQ(t)$ 的差等于系统蓄水变化量 $\dfrac{\mathrm{d}S}{\mathrm{d}t}$，公式如下：

$$WI(t)-WQ(t)=\frac{\mathrm{d}S}{\mathrm{d}t} \tag{7.9}$$

式 7.9 为一般形式的水量平衡方程式，其差分形式为：

$$\overline{WI}\Delta t-\overline{WQ}\Delta t=\Delta\overline{S} \tag{7.10}$$

式中，$WI$ 是水量收入项；$WQ$ 是水量支出项；$S$ 为研究时段内系统内蓄水变化量；$\overline{WI}\Delta t$、$\overline{WQ}\Delta t$ 和 $\Delta\overline{S}$ 分别为计算时段 $t$ 内的水量收入、支出和蓄水变化量，其中的水量收入项和水量支出项可视具体情况进行细分。一般通用的水量平衡方程式可以细化表述为：

$$(P+R_{\text{surface}}+R_{\text{underground}})-(E+R'_{\text{surface}}+R'_{\text{underground}}+q)=\Delta S \tag{7.11}$$

式中，$P$ 为时段内降水量，$R_{\text{surface}}$ 和 $R'_{\text{surface}}$ 分别为时段内地表流入和流出的水量，$E$ 为时段内的蒸发量，$R_{\text{underground}}$ 和 $R'_{\text{underground}}$ 分别为时段内从地下流入和流出的水量，$q$ 为时段内工农业及生活净用水量，$\Delta S$ 为时段内蓄水变量。研究区域可以认为是任何给定的空间，像河流、湖泊等水体，平原、山区、盆地、农田、森林、草地等各种自然状态下的土地和人类活动影响的土地利用类型，区域边界可以闭合，也可以为非闭合。

具体到本章所讨论的农田土壤水分平衡，可将其视为天然状态下的包括土壤、植物、大气降水等要素在内的土壤系统。参考以上 3 个方程，其土壤水量平衡方程可以表述为：

$$P_t-E_{TS}-R_t-S_{dt}+S_{ut}=S_t-S_{t-1}+\Delta \tag{7.12}$$

式中，$P_t$ 为平衡时段 $t$ 的降水量，mm；$E_{TS}$ 为土壤水分胁迫条件下的蒸散量，mm；$R_t$ 为平衡时段 $t$ 的径流量，mm，主要由地表水资源（分为地表径流、地下水出流和壤中径流）和不重复的地下水资源（分为潜水蒸发量、地下径流量及开发净消耗量）构成；$S_{dt}$ 为 $t$ 时段内的降水入渗量，mm，$S_{ut}$ 为 $t$ 时段内的毛管上升水量，mm，两者数值较小，且相互抵消，均计入误差项 $\Delta$；$S_t$ 为 $t$ 时段内的土壤水含量，mm；$S_{t-1}$ 为 $t-1$ 时段内的土壤含水量，mm；$\Delta$ 为 $t$ 时段内的误差项，mm。

其中 $R_t$ 的计算可采用下式计算：

$$R_t=R_s+R_g \tag{7.13}$$

式中，$R_s$ 为地表水资源量，即可以由计算单元的地表径流、地下水出流及壤中径流相加得出；$R_g$ 为不重复的地下水资源量，可以由潜水蒸发量、地下径流量及开发净消耗量相加得到。本研究采用前文构建的 RS_DTVGM 模拟得到。$S_{dt}$ 和 $S_{ut}$ 本身数值较小，且两者相互抵消，所以将其计入误差项 $\Delta$，计算中忽略不计；土壤含水量 $S$ 通过 RS_DTVGM 模拟得到。最终，计算得到农田土壤水分胁迫条件下的 $E_{TS}$。

#### 7.3.1.2　农田土壤水分平衡方程

采用作物需水量与农田土壤水分胁迫条件下的蒸散量来计算挠力河流域农田土壤水分平衡量：

$$W_{B,t} = ET_t - E_{TS,t} \qquad (7.14)$$

式中，$W_B$ 表示水分亏缺量，$ET$ 表示农田作物需水量，$E_{TS}$ 表示实际蒸散量，$t$ 表示农田作物生长期。

研究采用水分平衡量与需水量的比值构建了水分亏缺指数，通过不同水分亏缺指数评价等级的变化进一步探讨挠力河流域农田土壤水分平衡效应，水分亏缺指数模型如下：

$$MPLD = \frac{W_B}{ET} = \frac{ET - E_{TS}}{ET} \qquad (7.15)$$

式中，$MPLD$ 为水分亏缺指数，在计算得到的 $MPLD$ 基础上，参照相关文献等级划分标准将流域耕地水分满足程度划分为正常缺水（$MPLD \leqslant 0.15$）、轻度缺水（$0.15 < MPLD \leqslant 0.30$）、中度缺水（$0.30 < MPLD \leqslant 0.45$）、重度缺水（$0.45 < MPLD \leqslant 0.60$）和严重缺水（$MPLD > 0.60$）5 种等级，并以此为基础评价挠力河流域耕地单元水分盈亏态势。

### 7.3.2　农田土壤水分胁迫蒸散量

农田土壤水分胁迫蒸散量模拟结果显示，相对于参考作物蒸散量（$ET_0$）的逐日变化结果，土壤水分胁迫下的蒸散量同样表现出"S"形曲线变化特征，即明显的阶段性变化特征。挠力河流域逐日土壤水分胁迫蒸散量呈"S"形曲线变化特征，分别以第 76 日序（3 月 16 日）和第 251 日序（9 月 7 日）为突变点划分为 3 个阶段：①受流域气温缓慢回升影响，1 月 1 日至 3 月 16 日，土壤水分胁迫蒸散量以 0.17mm/10d 的速率波动上升。②随着气温的持续上升，地表积雪开始融化，土壤含水量增加，土壤水分胁迫蒸散量表现出稳步增长的特点。至 201 日序（7 月 19 日）蒸散量达到全年峰值（4.58mm），并开始进入衰减期，第 252 日序（9 月 8 日）降至 1.36mm。③随后，蒸散量继续以 0.10mm/10d 的速率波动式下降。

而对于汇总得到的逐月农田土壤水分胁迫蒸散量，从图 7.23 可以看出土壤高蒸散时段主要集中于 5—9 月，以上 5 个月共占全年土壤蒸散水平的 66%。农田土壤潜在蒸散主要受温度、降水、土壤性状等综合要素的影响，尽管 6 月温度未达到年峰值，但其农田土壤水分胁迫蒸散量达到 70.93mm，仅次于 8 月的 72.67mm。主要原因在于 6—8 月是挠力河流域的雨季时段，农田土壤水分条件较好，同时地表气温明显偏高，综合导致该时间段内农田土壤水分胁迫量较高。对于1月、2月和12月的冬季而言，温度较低，日照时长较短且降水量较少，使得该流域的农田土壤水分胁迫蒸散量显著偏低。

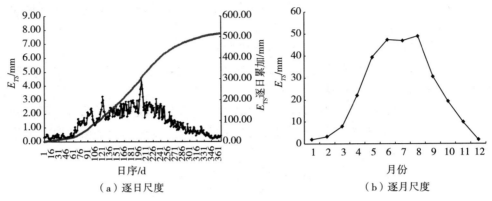

（a）逐日尺度　　　　　　　　　（b）逐月尺度

图7.23　挠力河流域逐日参考作物蒸散量变化及逐月特征

空间分布上挠力河流域年土壤水分胁迫蒸散量处于768.05～1 062.96mm，对于耕地主要分布区域而言，其农田土壤水分胁迫蒸散量处于900mm左右的水平。宝清县的南部地区，地形以山地丘陵为主，土壤类型以山地暗棕壤为主，为挠力河发源地，该地区的农田土壤水分胁迫蒸散量明显偏高。流域北端为挠力河的入乌苏里江口地区，该地区地势条件较为复杂，同时周边地区旱地与水田并存，其农田土壤水分胁迫蒸散量明显偏高。研究分别选取冬季（12月、1月和2月）和夏季（6月、7月和8月）进行农田土壤水分胁迫蒸散量的空间分布差异特征分析，可以发现冬季和夏季的农田土壤水分胁迫蒸散量在空间差异性分布上存在较强的一致性，即宝清县的南部山地丘陵区以及挠力河干流北端沿岸地区的农田土壤水分胁迫蒸散量显著偏高，其中冬季的蒸散量位于33.20～69.16mm，平均水平不足全年的1/10，对于夏季而言，其农田土壤水分胁迫蒸散量范围为442.21～529.28mm，表现出农田土壤水分胁迫蒸散量高值区更为集中的特点（图7.24）。

## 7.3.3　农田土壤水分平衡

### 7.3.3.1　典型作物土壤水分平衡

结合前文流域主要作物（中稻、春玉米和春小麦）的逐日需水量数据和农田土壤水分胁迫蒸散量数据，研究挠力河流域的农田土壤水分平衡状态。

**（1）中稻。** 2000年，挠力河流域农田土壤水分平衡值为－728.19～277.44mm（图7.25），平均平衡量为－566.35mm。对于该时间点而言，水分

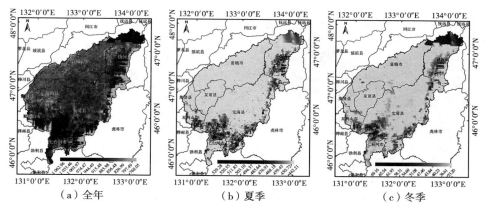

图 7.24　挠力河流域农田土壤水分胁迫蒸散量年际变化特征

亏缺是挠力河流域农田土壤水分平衡的主要特征，仅部分区域的农田土壤水分平衡值为正。富锦市的北部地区和东部地区以及宝清县的东北部地区的中稻土壤水分亏缺态势极其严峻，缺水程度达到－580mm。对于 2000 年而言，挠力河流域尽管水田面积较少，但整体上均表现出较强的灌溉需求，天然的供水状态不能满足该时间点的农田灌溉需求。

相对于 2000 年，挠力河流域 2005 年的农田土壤水分平衡态势明显趋好，但大部分地区仍处于水分亏缺的状态。该时间点的农田土壤水分平衡值范围为－317.90～378.58mm，平均水平为－247.70mm，与 2000 年相比，农田土壤水分平衡值绝对值的高值区明显缩小，同时流域的北端的友谊县境内为缺水低值的集中区域，部分地区甚至表现出水分盈余的特点。

2010 年和 2015 年的农田土壤水分平衡态势与 2005 年类似。2010 年，流域的水分平衡值范围为－324.25～437.99mm，平均水平为－264.83mm，同时受水田扩张的影响，相对高值区的分布范围表现出扩大的特点。流域的北端饶河县境内仍然为挠力河流域的农田土壤水分盈余的主要集中区域。随着水田化进程的推进和水田的急剧扩张，2015 年挠力河流域的农田土壤水分平衡高值区仍持续扩张，全流域的农田土壤水分平衡值为－323.22～433.15mm，平均值也变为－260.67mm。

2000 年为挠力河流域气候的突变年，全年气温较 2005 年、2010 年和 2015 年的气温偏高，降水量也偏高，造成了较为强烈的地表潜在蒸散作用，进而影响到作物的实际需水量的大小。在该时间点流域中稻的农田灌溉需求较大。同时尽管 2005 年、2010 年和 2015 年的水分亏缺态势明显优于 2000 年，但仍表现出较为严峻的水分亏缺特征，随着水田的持续扩张，农田对水分的灌溉需求仍持续扩大，特别是位于流域腹地的部分地区，其水分亏缺态势愈来愈严峻。

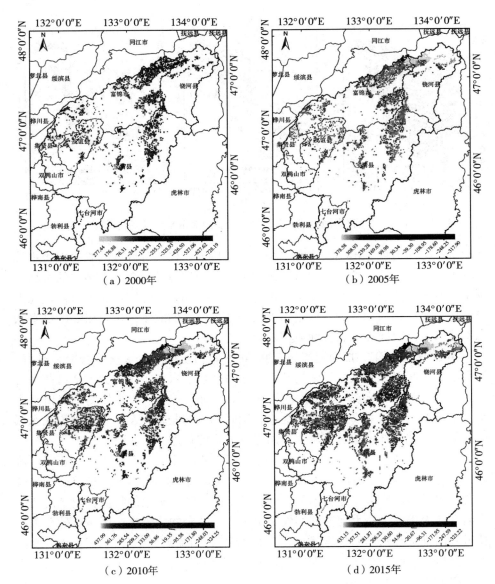

图 7.25 挠力河流域中稻土壤水分平衡状态空间分布

　　中稻缺水是该流域农田土壤水分平衡的最主要特征。各年份间表现出较为明显的差异性特征。2000 年，挠力河流域的中稻以严重缺水为主，共占到 98.09％，缺水态势极其严峻，至 2005 年，整体上流域的中稻缺水态势趋于缓和，但整体上仍表现出中度缺水的特征，相对比例为 97.90％，其余基本为重度缺水区，相对比例为 2.10％。2010 年和 2015 年的盈亏评价等级与 2005 年类似，均表现出中度缺水的特征，但由于水田的持续性扩张，中度缺水的中稻趋于同步表现出面积增长的特点。综上，对于挠力河流域而言，尽管近年来未表现出极其严峻的缺水特征，但整体仍表现出中度缺水的特点，具有较高的农业用水灌溉需求（图 7.26）。

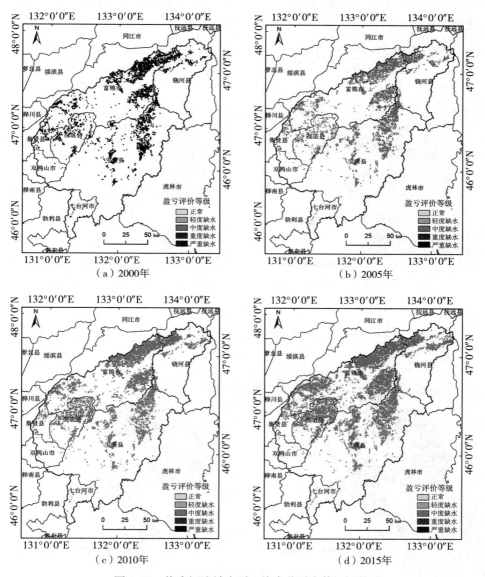

图 7.26 挠力河流域中稻土壤水分平衡等级评价

**(2) 春玉米。**2000 年，挠力河流域的春玉米水分盈亏范围为 −647.16～

222.63mm（图 7.27），盈亏平均值为－415.20mm，大部分的春玉米处于水分亏缺的状态，其中流域的宝清县南部山地丘陵区和饶河县北部地区的水分亏缺态势尤其严峻，水分亏缺量约达到－600mm，对于中部的富锦市、友谊县和宝清县境内大部分地区，春玉米的农田土壤水分盈亏水平处于－300mm 左右，同时对农田土壤水分平衡的面积统计可知，仅约有 0.85％的春玉米处于水分盈余的状态。

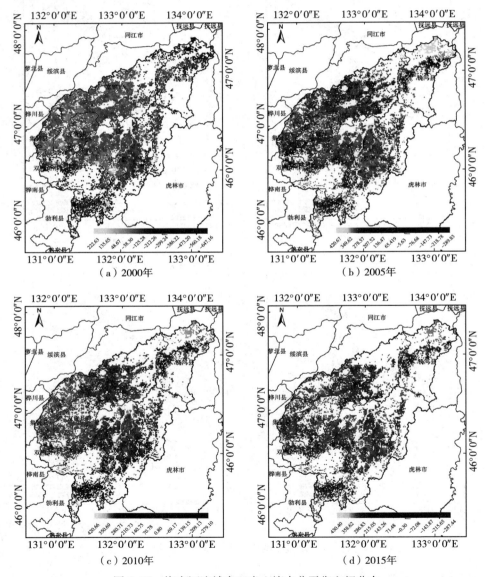

图 7.27　挠力河流域春玉米土壤水分平衡空间分布

2005年，挠力河流域农田土壤水分盈余区域表现出增加的特点，该时间点的春玉米的水分平衡范围在－289.83～420.67mm，平均水分水平为－182.49mm，表明整体上农田土壤水分处于亏缺的状态，但整体亏缺程度较2000年趋好。2005年的农田土壤高水分亏缺区域分布于流域的富锦市中部地区、友谊县的中部和南部地区、宝清县的中部、饶河县中部地带，总体而言农田土壤高水分亏缺区域空间分布的规律性较差，与之对应的是水分盈余地区，流域的北端为春玉米水分盈余的重点区域，大部分区域处于较高的水分盈余状态，主要原因在于该地区的农田潜在蒸散水平偏低，导致春玉米的作物需水水平也较低。其他盈余区域也多零星分布于流域的中部的友谊县、宝清县和富锦市的核心地带，空间分布的规律性较差。

2010年和2015年农田土壤水分平衡特征与2005年类似，其中2010年的农田土壤水分平衡范围为－279.10～420.66mm，平均水平为－186.75mm，2015年的农田土壤水分平衡范围－287.44～430.40mm，平均水平为－182.45mm，同样表现出流域北端的农田土壤水分盈余的特点，以及高水分亏缺区域分布于流域的富锦市中部地区、友谊县的中部和南部地区、宝清县的中部、饶河县中部地带的特点。

综上，水分亏缺也是挠力河流域春玉米的多年期农田土壤水分平衡的主要特征，但部分地区的春玉米处于水分盈余的状态，且不同地区的水分亏缺态势存在较大的差别。

缺水是挠力河流域春玉米的最主要的水分平衡特征，但不同年份间存在差异较为明显的缺水特征（图7.28）。2000年与2005年、2010年、2015年相比，中度和重度缺水是该时间点的春玉米水分平衡最主要的特征，其中严重缺水区占到44.03%，同时重度缺水区面积占到54.07%，其余为轻度缺水区和中度缺水区，主要零星分布于流域的南部平原地带，两者共占到1.89%。对于2005年，轻度缺水和中度缺水是该时间点的农田土壤水分平衡的最主要的水分亏缺特征，其中轻度缺水区的相对面积比例为42.41%，中度缺水区面积占到54.57%。2010年和2015年的缺水评价等级数量特征与2005年类似，均以轻度缺水和中度缺水为主，2010年的中度缺水区面积为48.67%，至2015年，该类型春玉米的面积变为40.70%，表现出面积收缩的特点，轻度缺水区面积则由51.26%变为2015年的59.21%，轻度缺水区面积显著上升而中度缺水区面积下降。整体上流域的春玉米表现出明显的水分亏缺的农田土壤水分平衡特点。

**（3）春小麦。** 水分亏缺同样是挠力河流域春小麦的农田土壤水分平衡最主要的特点（图7.29）。2000年，挠力河流域的春小麦水分平衡范围为－665.96～186.83mm，平均值为－459.11mm，呈现严峻的农田土壤缺水

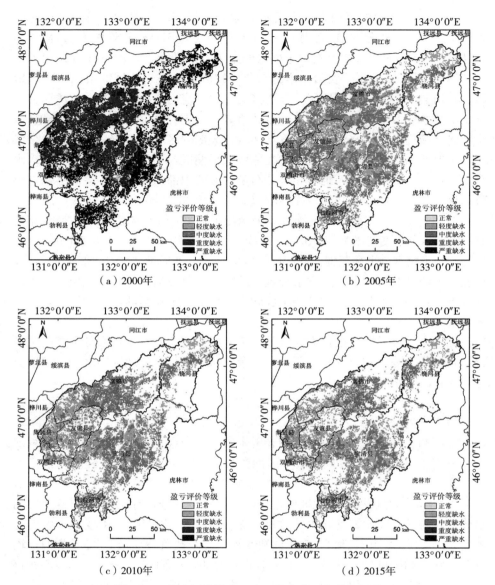

图 7.28　挠力河流域春玉米土壤水分平衡等级评价

态势，2000 年的缺水相对高值区主要位于流域的南部山地丘陵区、宝清县东北部平原区和饶河县的北端，部分地区的农田土壤水分平衡值达到−550mm。而至 2005 年，其水分平衡范围为 −195.30 ～ 373.11mm，平均值约为 −97.65mm，对比于 2000 年，该时间点的春小麦农田土壤水分平衡态势趋好，但整体上仍以水分亏缺为主，值得注意的是，流域北端地区的春

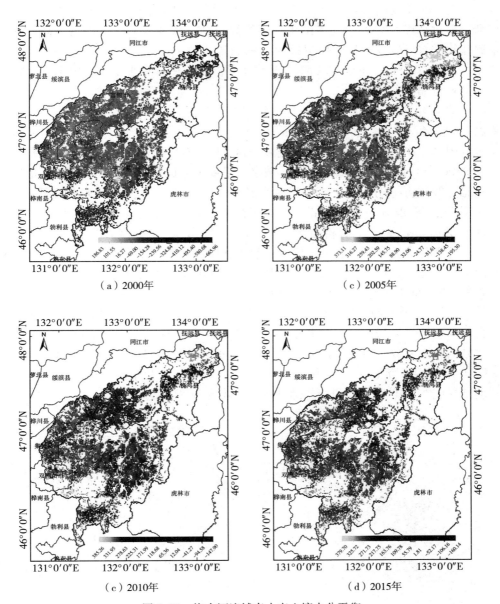

图 7.29　挠力河流域春小麦土壤水分平衡

小麦土壤水分处于盈余的状态,该时间点的相对高值区主要位于富锦市境内。
2000 年和 2015 年的春小麦农田土壤水分平衡态势与 2005 年类似,2010 年的
农田土壤水分平衡范围为 -147.90~385.26mm,平均值为 -82.47mm,2015
年的水分平衡范围为 -160.14~379.70mm,平均值为 -80.44mm。

对于春小麦而言，水分亏缺是挠力河流域农田土壤水分平衡最主要的特征，相对来说，2000 年同样由于当年气温较高导致地表潜在蒸散量偏高，农田作物需水量较高，从而使得该年份的农田土壤处于水分亏缺的状态。2005 年、2010 年和 2015 年，农田地表蒸散水平降低，使得春小麦的农田土壤实际蒸散量也偏低。

2000 年，挠力河流域春小麦以严重缺水为主，其占到整个流域相对面积的 89.25%，重度缺水区的相对面积为 9.74%，多零散分布于流域的东南部地区（图 7.30）。2005 年，挠力河流域的春小麦以轻度缺水为主，其相对面积占到 95.69%，同时约有 4.00% 的区域水分平衡态势良好，水分平衡处于正常的状态。2010 年水分平衡正常区域的面积增加至 13.74%，而轻度缺水区面积对应下降至 86.26%，2015 年正常区域面积继续增加，变为 16.63%，轻度缺水区面积变为 83.35%。分析结果显示，2005—2015 年，挠力河流域的春小麦土壤水分平衡态势趋好，农田土壤水分亏缺量持续下降，部分春小麦正常缺水区面积持续增加，表现了挠力河流域春小麦的农田灌溉水需求持续下降的特点。

### 7.3.3.2 耕地利用下土壤水分平衡效应

由于挠力河流域境内农田均种植单季作物，一般而言，耕地仅种一茬作物。为估算耕地利用下土壤水分平衡效应，本研究依据挠力河流域各年期的作物结构比例系数，通过不同作物的土壤水分平衡的加权空间栅格处理，得到 2000 年、2005 年、2010 年和 2015 年挠力河流域耕地利用下土壤水分平衡测度结果（图 7.31），进而研究耕地利用下土壤水分平衡效应。

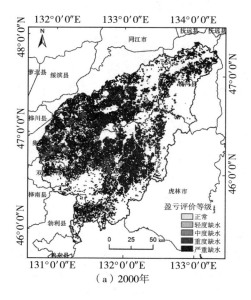
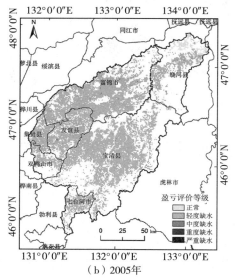

（a）2000 年　　　　　　　　（b）2005 年

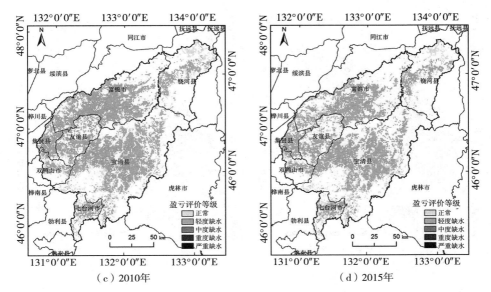

图 7.30　挠力河流域春小麦土壤水分评价

　　2000 年以来，随着挠力河流域水田化进程的快速推进，挠力河流域农田土壤水分平衡表现出对应的格局分异特征。2000 年，挠力河流域农田土壤水分平衡范围为 −1 194.63～277.44mm，其中缺水的高值区多位于挠力河干流沿岸地区和内、外七星河腹地，该地区为挠力河流域水田化扩张的核心区域，土地利用类型以水田为主，作物需水度较高，为挠力河流域农田灌溉重点区

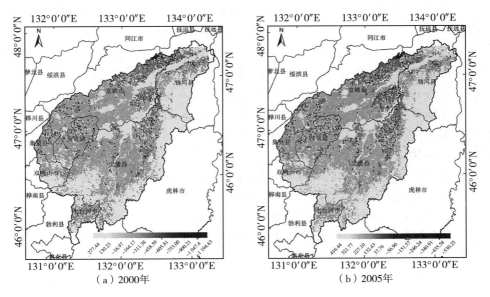

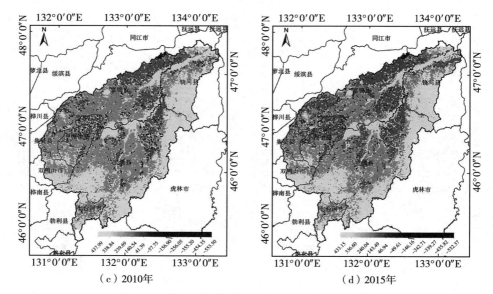

（c）2010年　　　　　　　　（d）2015年

图 7.31　挠力河流域耕地的土壤水分平衡空间分布

域；2005 年，耕地的土壤水分平衡范围在－530.25～416.44mm，整体而言耕地的水分盈亏态势趋好，同时，对于该时间点，耕地的土壤水分平衡的相对值高低分布状况基本与 2000 年保持一致，即高值区多位于挠力河干流沿岸和内、外七星河腹地，并在 2000 年空间分布的基础上向周边地区辐射状扩张；对于 2010 年，挠力河流域耕地的土壤水分平衡范围为－553.50～437.99mm，变化幅度与 2005 年相比偏大，水分亏缺的高值区也多集中于挠力河干流沿岸和内、外七星河腹地，同时流域的北端（富锦市境内）集中有大量的高水分亏缺耕地，该地区土地利用类型以水田为主，相对而言，流域的宝清县南部平原地区和富锦市的中部偏西地区的耕地水分亏缺态势良好；2015 年，挠力河流域的水田扩张，与之对应的是耕地高水分亏缺地区的面积也迅速增加，高水分亏缺地区更为集中，且分布范围更广。除 2000 年外，水田化的进程使得挠力河流域耕地的土壤水分亏缺态势趋于恶化。

依据挠力河流域的作物结构比例系数，对对应年份的中稻、春玉米和春小麦的需水量进行空间叠加处理，得到该流域 2000 年、2005 年、2010 年和 2015 年耕地的主要作物生长期需水状况，结合上文得到的耕地土壤水分平衡空间分布数据，计算得到挠力河流域不同年份的耕地水分盈亏等级评价结果（图 7.32）。

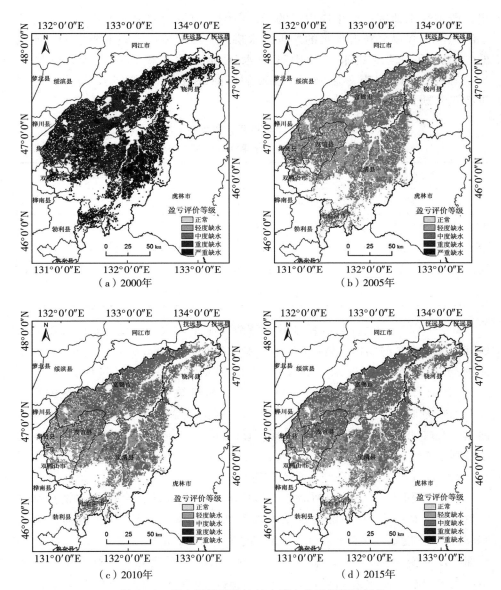

图 7.32 挠力河流域耕地的土壤水分平衡等级评价

挠力河流域年份间耕地的土壤水分平衡存在较大的差别。2000 年，挠力河流域耕地的土壤水分平衡态势极其严峻，统计结果显示（表 7.9），重度缺水和严重缺水是最主要的耕地水分评价类型，其中重度缺水区面积达到 5 786.62km², 其占到流域耕地面积的 40.36%，严重缺水区面积达到 8 377.68km², 其所占的面积比例达到最高的 58.43%。从图 7.32 可以看出，严重缺水地区多位于挠力河的干流右侧、流域的北端地区，内七星河的上游地区也零星分布有少量的严重缺水耕地。重度缺水区则主要集中于流域的中心腹地。轻度缺水区和中度缺水区所占的面积比例较少，分别为0.47%和0.74%，其零星分布于流域的西南部地区。2000年，挠力河流域没有正常缺水的耕地。

表7.9 挠力河流域2000年、2005年、2010年和
2015年耕地的土壤水分平衡态势评价结果

| 年份 | 正常 | | 轻度 | | 中度 | | 重度 | | 严重 | |
|------|------|------|------|------|------|------|------|------|------|------|
| | 比例/% | 面积/km² | 比例/% | 面积/km² | 比例/% | 面积/km² | 比例/% | 面积/km² | 比例/% | 面积/km² |
| 2000 | 0.00 | 0.00 | 0.47 | 67.99 | 0.74 | 106.31 | 40.36 | 5 786.62 | 58.43 | 8 377.68 |
| 2005 | 0.01 | 1.19 | 40.81 | 5 964.82 | 58.81 | 8 595.97 | 0.38 | 54.87 | 0.00 | 0.00 |
| 2010 | 0.01 | 1.22 | 39.38 | 5 808.08 | 60.60 | 8 937.39 | 0.02 | 2.45 | 0.00 | 0.00 |
| 2015 | 0.03 | 4.73 | 36.87 | 5 467.17 | 63.06 | 9 350.84 | 0.04 | 5.91 | 0.00 | 0.00 |

2005年，挠力河流域的耕地缺水情势发生了较大的改变，其中轻度缺水区和中度缺水区的面积大量扩张，轻度缺水区面积5 964.82km²，其相对面积比例为40.81%，中度缺水区面积比例则变为58.81%，对应的面积为8 595.97km²，同时从空间分布上可以看出，轻度缺水区和中度缺水区的耕地分布均较为零散，中度缺水区多分布于挠力河的干流沿岸和北端地区，而挠力河的中心腹地则以轻度缺水为主。对于该时间点，重度和正常缺水区的面积较小，其中重度缺水区面积54.87km²，正常缺水区的面积仅为1.19km²，对于2005年而言，基本不存在严重缺水的耕地。

2010年和2015年挠力河流域的耕地缺水情势与2005年的缺水情势基本保持一致，其中2010年的轻度缺水面积为5 808.08km²，其所占的比例为39.38%，中度缺水区面积则由2005年的8 595.97km²升至8 937.39km²，相对面积比例变为60.60%，呈现轻微上升的态势，重度和正常缺水区面积较小，重度缺水区面积为2.45km²，占到流域耕地总面积的0.02%，正常缺水区面积也仅占到0.01%，对于2010年而言，同样不存在处于严重缺水状态的。2015年中度缺水的耕地面积呈现轻微增加的态势，变为9 350.84km²，其面积比例仍然保持上升的态势，变为63.06%，轻度缺水区的面积缓慢下降，面积比例变为36.87%，对应的面积为5 467.17km²，正常缺水和重度缺水仍然保持着较小的耕地面积占比，2015年不存在评价等级为严重缺水的耕地。

# 7.4　本章小结

　　流域水分平衡及其变化受诸多要素的影响，一般可归结为自然因素和人为因素。自然因素主要是指气候（降水）、植被、土壤、地形、地貌等因素，其中气候因素直接影响着区域的水分循环过程当中的蒸发、水气输送、降水、下渗和径流等环节，并且水分循环的这些环节使植被、土壤及地形地貌等因素都可以在一定程度上表现气候变化特征，气候通过对下垫面的间接作用，又影响着区域水分循环过程。因此，作为水分循环的重要环节，区域农田土壤水分平衡在相当大程度上受所处地区的气候要素决定。人为因素主要包括人类活动对降水、径流和土壤水的影响，以及通过农业生产等土地利用的开发活动改变土地利用/覆被的特征等而影响土壤水平衡过程。耕地作为土地利用开发活动的综合作用结果，与作物种植的方式及面积有着紧密的联系。以下分别从气候水分平衡、作物水分平衡和农田土壤水分平衡进行总结。

　　**（1）气候水分平衡表现气候条件的湿润程度，是区域水土资源平衡研究的初始层次。** 通过对挠力河流域耕地利用下气候水分平衡效应研究，揭示该流域耕地利用过程中的初始水分条件状况，为认识挠力河流域的水土资源状况提供基础性认识。尽管该流域耕地主要采取地下水灌溉模式，但天然降水仍然是半封闭式流域唯一的供水"本源"，从长期来看，基于有效降水与蒸散量来分析水分平衡特征，仍具有较强的实践指导价值和理论意义。挠力河常年处于气候水分亏缺的状态，单纯地利用自然降雨将难以保证该流域的粮食正常生产。从水分盈亏的平均水平上看，初始层次的水分亏缺态势向良性发展，整体盈亏结论与张淑杰和曾丽红等针对东北地区的研究结论[195-196]基本一致。然而随着该流域水田的持续增加，挠力河流域的气候缺水量会同步增加，水田的用水灌溉管理将是未来挠力河流域乃至三江平原地区农业资源综合利用的核心问题。

　　**（2）以水稻为主要种植类型的水田是挠力河流域重要的粮食生产载体，灌溉需水量偏大。** 在水田面积持续扩张下，水田的水分亏缺态势愈加突出，应将水田或水稻视作水分条件管理的重点对象。相关学者也对挠力河流域的水土资源综合利用问题开展了系统性研究，并认为水稻种植对区域干旱特征影响非常显著，研究结论与本章基本一致。然而由于作物尤其是水稻不同生长阶段的需水量不同，使得对应的水分盈亏量也存在差别，后续研究应细化作物生长阶段，揭示不同生长阶段的水分盈亏特点，并针对性地指导该流域农业灌溉管理。

　　作物系数反映了作物在标准状态下的蒸散特性，是作物蒸散能力的重要表征。发育期和中期的作物系数偏高（分别为 1.125 和 1.2），对应着较强的生理耗水能力，且由于两者时段较长，使得该阶段的水稻需水量处于较高水平。另一方面，水稻需水量与区域潜在蒸散量密切相关，潜在蒸散量越高，则水稻需水量也越高，而潜在蒸散量为区域地理位置、温度、气压、湿度等自然条件下蒸散能力的综合表征。因此，对于水稻的同一生育期而言，实际需水量主要受自然条件差异的影响。挠力河流域地处中高纬度和欧亚大陆东端，南北热量条件差异大，地势较为复杂，是全球气候变化较明显的地区之一。该流域曾是我国重要的沼泽湿地分布区，经过多年发展，水田、旱地、水域用地、未利用地等交错分布，下垫面条件复杂，不同生育期和同一生育期内的自然要素条件存在较大差异，导致水稻需水量在生育期间及空间分布上存在明显的差异。

潜在蒸散量是水稻需水量测算的前提，对其准确估算需要大量的气候要素数据及其他参数资料。本章基于遥感（MODIS）和常规气象数据，来反演缺资料流域的逐日潜在蒸散量，进而依据各生育期的作物系数，计算水稻的实际需水量。研究显示，在水稻种植条件下，挠力河流域水稻需水量达到673.88mm。倘若综合考虑该流域的实际水稻种植信息（对应为2018年水田的空间分布信息），经过空间叠加统计，水稻的实际需水量在539.98～722.68mm，均值为661.70mm（图7.33）。而对比于王俊华等[228]关于三江平原农业综合实验站的实测结果以及周浩等[189]关于挠力河流域水田需水量的推

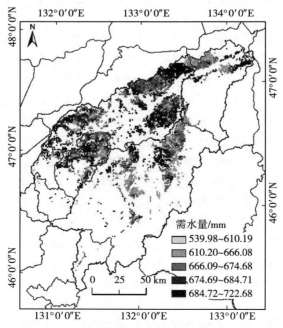

图7.33 挠力河流域水稻全生育期实际需水量空间分布

算结果（657.70mm），该研究测算出的水稻需水量具有较高的可信度。同时，由于 MODIS 系列数据起始于 1999 年 12 月，难以实现更长时间序列的潜在蒸散量遥感估算，后续需综合其他遥感信息源数据（如 Landsat 数据）来反演挠力河流域历史时点的水稻潜在蒸散量。

　　本章主要得出以下结论：

　　对于气候水分平衡，2000—2015 年，旱地和水田的平均水分亏缺量均表现出逐渐下降的情形，在水田急剧扩张、旱地面积持续下降的区域土地利用变化背景下，挠力河流域的气候水分盈亏条件表现趋好特点：2000 年，挠力河流域水田的气候水分亏缺量达到 649.63mm，至 2015 年，流域水田的平均水分亏缺量降低了 75.60mm，变为 574.03mm，下降幅度达到 11.64%。旱地的气候水分亏缺量则由 2000 年的 659.57mm 降至 2015 年的 573.71mm。近年来，挠力河流域整体表现出"暖湿化"的气候变化特征，在自然气候要素变化条件下，挠力河流域初始层次的水分亏缺态势向良性发展。作物水分平衡上中稻、春小麦和春玉米水分盈亏特征差异较大，其中中稻大部分处于轻度水分亏缺的状态，春小麦的盈亏状态最好，2000—2015 年大部分面积处于正常水分盈亏状态。对于春玉米而言，由于其对水分需求量非常大，同时旱作物中春玉米是最主要的作物类型，2000 年其轻度缺水区占到总面积的 94.43%，其余年份的轻度干旱面积占比依次为 17.65%、31.24% 和 24.08%。农田水分盈亏评价结果显示，水分亏缺也是挠力河流域 2015 年农田土壤水分平衡最主要的特征，其中尤以 2000 年土壤水分亏缺最为严重，对于其他年份，基本上处于轻度缺水和中度缺水状态。

第三篇：

# 水土资源平衡综合应对

# 第 8 章　耕地利用下挠力河流域水土资源平衡综合应对

前文从流域的气候、作物和土壤 3 个层次来研究耕地利用下水土资源平衡效应问题，可以理解为通过逐级增加水土资源平衡的限制性要素来研究水土资源平衡问题，其中气候和作物层次相当于考虑水资源的初始层次的限制性作用，而农田土壤水土资源平衡考虑农田土壤实际蒸发及作物的实际需水状况，是农田天然状态下的水土资源平衡。农业灌溉是人为活动作用于天然状态农业的农田管理活动，通过引入人为活动的影响，研究在人工状态下农业生产的灌溉需水量与农作物生长发育的需水量之间的平衡关系，为区域水土资源的合理配置及其可持续发展提供科学依据与决策支持。同时依据农田水资源利用与土地资源开发的耦合特性，开展农田精准灌溉管理分区研究，划定需重点灌溉管控的农田利用对象区，并提出针对挠力河流域水土资源利用的适应对策。

## 8.1　明确耕地合理利用规模

耕地可持续利用是关乎国计民生的首要任务，而有限的水资源是限制耕地持续开发的核心要素。位于我国东北端的三江平原，由于其特有的国家商品粮生产地位和湿地生态保育功能，一直是全球变化研究的热点地区。自 20 世纪 80 年代以来，三江平原的耕地持续"北移东扩"，水田急剧扩张，并逐渐暴露出土壤板结盐渍化、地面沉降和水资源供应不足等问题，影响着耕地的可持续利用。因此，定量评估该地区水土资源平衡关系，以确定耕地合理利用规模，对于耕地合理开发与利用乃至国家粮食安全均具有重要的现实意义。

水土资源平衡影响着农业发展的深度与广度，并长期受到学术界的高度关注。相关研究涉及降水、气温、蒸发等过程分析，并侧重于植被水分需求量与自然供水量之间的差额问题。水土资源平衡可分别从气候、作物与农田土壤水分平衡3个层次进行研究，被认为是在水土资源平衡过程中逐层增加限制性因素。气候水分平衡与作物水分平衡是天然状态下水土资源平衡研究的初始层次，更具理论意义。农田土壤水分平衡则将水土置于农田生态系统中，从"土—水—气—生"连续体出发，遵循农田土壤水循环原理，来揭示水资源与土地资源的平衡态。如林耀明等利用水土资源平衡模型，并辅以田间观测资料，对华北平原农业水土资源平衡问题进行研究，认为应提高渠系利用系数和优化水资源灌溉制度以实现水土资源平衡。农田土壤水分平衡是天然状态下水土资源平衡研究的实际层次，更具实践价值。从农田土壤水分平衡出发来开展耕地的水土资源平衡研究，明晰耕地的合理利用规模，将具有更强的实际指导意义。

挠力河流域是三江平原最大的流域，自新中国成立以来该流域经历了多次大规模农业开发活动，尤其是我国进入经济迅速发展时期后，当地政府大力推行"以稻治涝"的农业结构调整政策，大量低洼旱地转变为水田，水田面积及结构比例快速增加，造成当地农业需水量急剧增加，水资源与土地资源利用出现错位问题。基于此，本章在多源水土信息数据支持下，揭示挠力河流域的水土资源平衡特点，以确定耕地合理利用规模，为该流域乃至三江平原的耕地合理开发与利用提供决策支持。

## 8.1.1 水土资源平衡计算模型

水资源和土地资源是农业生产所依赖的两种自然资源，对其进行科学合理的配置，可以使人们在相对一定的条件下，取得更高的粮食产量。研究人工状态下的水土资源平衡时，主要考虑两个条件，一个是流域内耕地上生长的作物在其整个生育期内的灌溉需水量，理论上可以将其视为是天然状态下的耕地土壤水分亏缺量，另一个是区域内各种水利设施可以提供的用于农业灌溉的灌溉供水量。通过分析二者之间的关系，可以明确农田用水的供需平衡态势，结合区域农业灌溉定额即可确定区域内的水土资源平衡状态。区域水土资源平衡计算模型如下：

$$W = G \times S \tag{8.1}$$

$$W = W_s - W_D \tag{8.2}$$

式中，$W$ 为该区域的水量平衡项，$S$ 为相应的耕地平衡项，$G$ 为区域灌溉定额，$W_s$ 为区域灌溉供水量，$W_D$ 为区域实际灌溉需水量，对于上式有以下3种可能：

（1）$W > 0$（即 $W_s > W_D$），表明流域内的灌溉水资源量大于灌溉需水量，水资源尚有开发潜力，可以适当扩大该流域的耕地灌溉面积。

（2）$W=0$（即 $W_s=W_D$），表明流域内水土资源处于平衡状态，在现有灌溉供水量的前提下，可以通过改善灌溉条件，提高灌溉系数来扩大灌溉面积。

（3）$W<0$（即 $W_s<W_D$），表明流域内的灌溉供水量小于灌溉需水量，水土资源配置不合理，处于水土资源超负荷利用的状态。

其中关于实际灌溉需水量 $W_D$，可通过以下公式计算得到：

$$W'_D = \sum_{i=1}^{n}(S_i \times W_i) \tag{8.3}$$

$$W_D = \frac{W'_D}{I} \tag{8.4}$$

式中，$W'_D$ 为理论灌溉需水量，$S_i$ 为作物播种面积，$W_i$ 为单位作物水分亏缺量，$W_D$ 为实际灌溉需水量。$I$ 为灌溉水利用系数，是指在一次灌水期间被农作物利用的净水量与水源渠首处总引进水量的比值。它主要由渠系水利用系数和田间水利用系数两部分组成，其中渠系水利用系数是衡量渠系输水利用程度的指标，田间水利用系数是衡量田间灌溉水利用程度的指标。灌溉水利用系数来源于《黑龙江省用水定额标准》（DB23/T 7262016）。定额标准显示，对三江平原灌区而言，其灌溉水利用系数在 0.85～0.95，挠力河流域位于三江平原腹地，取其平均值（0.9）作为挠力河流域的灌溉水利用系数。

## 8.1.2　确定耕地合理开发阈值

将天然状态下的耕地土壤水分亏缺量视为理论上的耕地灌溉需水量，将研究范围缩小为研究区内的有效灌溉面积，以 2015 年为代表年份，利用构建的水土资源平衡模型方程，计算挠力河流域县域水量平衡与耕地平衡量，定量揭示挠力河流域县域单元上的水土资源平衡状态，并在此基础上，集成流域水土资源平衡模型，计算挠力河流域所属的二级流域的水土资源平衡结果（图 8.1）。

狭义上的供水量包括地表水资源量（地表径流、地下水出流和壤中径流）和不重复的地下水资源项（潜水蒸发量和地下径流量），本研究基于 RS_DTVGM 模拟得到的 2015 年挠力河流域逐日水资源分项数据，基于作物的全生育期汇总得到作物全生育期内狭义供水量，将其视作流域的实际可供水量，然后结合典型作物的土壤水分平衡量，最终得到挠力河流域县域尺度下的水量平衡空间分布图（图 8.2）。

流域耕作期的农田灌溉供水量在 21.23～211.91mm，高值区多分布于流域内、外七星河腹地和挠力河干流的周边地带，该地区毗邻主要河流，水资源丰富，为流域重要的农作区。流域西部和西南部水田分布较广，但灌溉供水量普遍偏低，影响着当地的水田开发与利用。

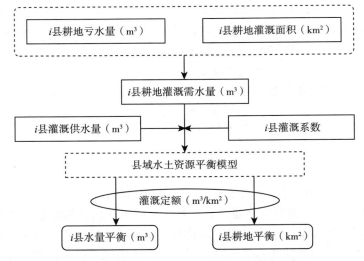

图 8.1　挠力河流域水土资源平衡研究思路

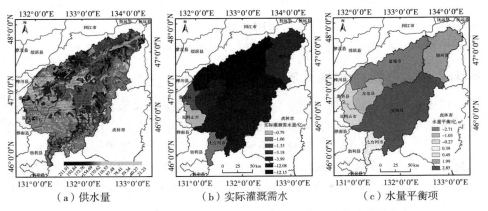

（a）供水量　　　　　　（b）实际灌溉需水　　　　　（c）水量平衡项

图 8.2　2015 年挠力河流域水量平衡及实际灌溉需水量县域分布

　　将天然状态的土壤水分亏缺量视为理论上的农田灌溉用水基准定额，结合灌溉水利用系数来计算流域灌溉需水量，进而统计流域境内各县域的灌溉需水量。结果显示，挠力河流域灌溉需水量的相对高低分布状况与旱地和水田的空间分布特点基本一致，水田的灌溉需水量显著高于旱地。各县域均表现出"负"的灌溉需水量特点，天然降水难以满足耕地的用水需求，需通过抽取地下水或渠道引水以保证农作物的正常生长发育。流域境内的富锦市和宝清县耕地面积较大，两者灌溉需水量分别为 $1.22 \times 10^9 \mathrm{m}^3$ 和 $1.21 \times 10^9 \mathrm{m}^3$，双鸭山市辖区耕地面积极小，灌溉需水量仅为 $7.90 \times 10^7 \mathrm{m}^3$。

　　结合流域各县域的灌溉供需特征，计算对应的水量平衡项（图 8.2）。流域境内的富锦市、友谊县和集贤县均处于水资源超载状态，水分供应不足，现有水资源条件难以满足其作物用水需求，其中富锦市水量缺口达到 $2.71 \times 10^8 \mathrm{m}^3$，倘若不采取境外引水或抽取深层地下水等措施，当地农作物的生长及发育将会受到影响。友谊县和集贤县的水量缺口也分别达到 $1.03 \times 10^8 \mathrm{m}^3$ 和 $2.71 \times 10^7 \mathrm{m}^3$，且两者面积偏小，促使当地耕地缺水情势较为严峻。宝清县和饶河县的水资源供应条件良好，其水资源盈余量分别达 $2.85 \times 10^8 \mathrm{m}^3$ 和 $1.99 \times 10^8 \mathrm{m}^3$，可适度增加耕地面积以提高粮食产出。

　　流域境内水田作物类型以水稻为主，且主要采取井灌的灌溉措施。《黑龙江省用水定额标准》资料显示，三江平原地区井灌定额量为 $450\,000 \sim 533\,000 \mathrm{m}^3/\mathrm{km}^2$，考虑到流域实际农业灌溉设施水平，取其范围平均值作为水稻的灌溉定额，并结合水量平衡测算结果，计算各县域的水田平衡量。2018 年挠力河流域的春小麦相对面积比例仅为 $3.56\%$，旱地以春玉米种植为主，因此可将春玉米的灌溉定额量视作旱地平均灌溉定额量，且考虑到旱地需水量显著小于水田需水量的特点，本研究分别测算了一般降水年（$P=50\%$）和干旱年（$P=75\%$）的旱地水量平衡项，以研究不同干旱程度的旱地平衡量（图 8.3）。

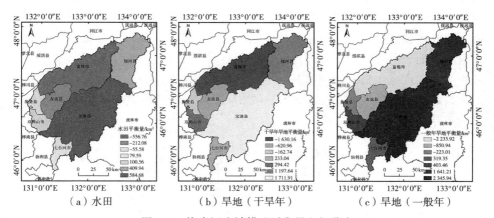

（a）水田　　　　　　（b）旱地（干旱年）　　　　　（c）旱地（一般年）

图 8.3　挠力河流域耕地平衡量空间分布

　　一般降水年条件下，富锦市、友谊县和集贤县均处于"负"的水田平衡状态，水资源处于超载状态，现有灌溉供水条件难以满足当前水田灌溉需求，其中富锦市达到 $-556.76 \mathrm{km}^2$，集贤县和友谊县分别为 $-212.08 \mathrm{km}^2$ 和 $-55.58 \mathrm{km}^2$，均处于"土多水少"状态。宝清县、饶河县、七台河市和双鸭山市则"土少水多"，水田平衡量依次为 $584.68 \mathrm{km}^2$、$409.94 \mathrm{km}^2$、$100.56 \mathrm{km}^2$ 和 $79.59 \mathrm{km}^2$，现有灌溉供水条件可满足额外水田的灌溉需求。宝清县位于挠力河上游干流区，境内水资源丰富，但水田面积比例偏低，可适当扩大其水田面积以增加农业经济效益。饶河县位于挠力河下游，水田主要分布于其北端，境内水资源丰富，尽管水田平衡量仅为 409.94km²，但由于县域面积偏小，使得水田扩张潜力较大。

干旱年条件下，富锦市和友谊县应大量缩减旱地面积，以减小农业灌溉需水压力，对应的旱地平衡量分别为 -1 630.16km² 和 -620.96km²。宝清县境内的旱地平衡量达到了 1 711.91km²，可在原有作物种植结构基础上，增加旱作物面积。对于一般年而言，耕地灌溉供水保障度更高，旱地平衡量更大，其中富锦市为 -2 233.92km²，宝清县为 2 345.94km²。但由于水田和旱地存在经济效益"剪刀差"，倘若具备较好的灌溉供水条件，农户将更倾向于将旱地开发为水田以增加经济收入。

在耕地总面积不变情景下，挠力河流域的水田合理利用规模应控制在 6 636.15km² 以下，面积最多可增加 1 101.80km²，对应的水田化系数由 37.33% 增加至 44.76%。富锦市的耕地合理利用规模所对应的水田化系数仅为 15.41%，远小于当前的 51.26%，友谊县最大水田化系数也仅为 9.42%，远低于当前的 50.22%，而依据灌溉供水条件，集贤县甚至不适宜进行水田利用开发。但以上 3 个县均为挠力河流域主要的水田分布区，倘若不采取科学的域内水分调配措施，水田利用开发将会对其深层地下水造成强烈的胁迫作用，继而造成地表沉降、干旱等生态环境问题，而富锦市、友谊县和集贤县恰为挠力河流域地表沉降最为严重的地区。宝清县水资源丰富，能够承载其水田的开发利用，在现有水田利用规模基础上，可增加 1 836.34km² 的水田，对应的水田化系数达到 61.55%，远高于当前的 27.63%，该县应成为挠力河流域旱改水的重点备选区（图 8.4）。

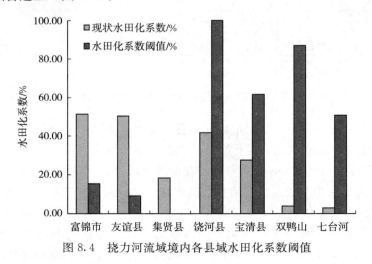

图 8.4　挠力河流域境内各县域水田化系数阈值

## 8.2　实现农田精准灌溉管理

### 8.2.1　需求分析与思路

科学合理进行农田灌溉是保证粮食生产的先决条件。依据水资源利用与土地资源开发的耦合特性，将同一地块分成不同的均质性区域（管理分区）进行管理正成为精准农业的一个研究热点[220-201]。虽然目前有多种方法进行管理分区定义，但最常用的方法还是聚类算法，如人工神经网络聚类算法[202]、模糊 c-均值聚类法（FCM）[203]、模糊 k-均值聚类法[204] 等，对空间位置信息考虑不足。

差别化和统一化管理是分区的关键目的，分区需避免凌乱和破碎状态，区片性是衡量分区结果好坏的重要指标之一。基于用地单元的农田灌溉管理分区属于土地资源利用配置管理的问题，即如何依据用地单元的水分盈亏特性将不同灌溉活动分配到合适的用地单元。这类问题往往因涉及农田水分盈亏本底状态和形态特征（如田块的紧凑性和连通性等）而变得十分复杂。在处理这些问题时，通常会在进行农田水分盈亏程度测度的基础上，得到栅格格式的农田水分盈亏程度图。但当灌溉目标为"确定一片连续的、合适的区域"进行重点灌溉管理时，仅凭水分盈亏程度图层往往形成破碎、凌乱的空间格局，难以满足实际应用的要求。特别是对于挠力河流域地区，农业现代化程度高，灌区规模大而水资源供给保障程度十分有限[225]，在进行该地区农田精准灌溉管理分区时，需测度农田潜在水土资源耦合状态，然后采用科学的分区算法保证避免分区目标的空间格局过于凌乱和破碎。传统土地利用配置模型（如系统动力学模型、CA 模型）对土地利用过程中支配用地类型转变的主体行为未予以考虑，而这种决策通常对土地利用类型转变具有决定性作用。随着人工智能科学和复杂理论的发展，智能体（Agent）模型在土地利用领域引起广泛重视和研究[226]。它克服了传统模型的局限性，在为不同类型决策者设定相异行为模式的基础上，通过观察大量微观主体之间的相互作用来研究宏观土地利用变化过程，能够充分表达土地利用类型的自组织性和不同利益主体的决策过程。

依据 Agent 模型原理构建的空间优化配置模型（AgentLA）[227]，基于前文评价得到的 2015 年挠力河流域土壤水分盈亏研究结果，首先对土壤水分盈亏程度值进行初步的标准化预处理，然后利用多智能体的空间优化配置模型自动实现农田重点灌溉管理区提取的目的。

### 8.2.2　利用 AgentLA 辅助进行农田灌溉管理分区

AgentLA 将每个智能体视作一个独立的决策个体，它负责确定对应用地单元的空间位置，并通过循环迭代最终在空间上产生聚集而形成对应的空间配置方案。定义智能体在空间上的聚集斑块为聚类，处于聚类边界上的智能体为边界智能体，处于聚类内部的智能体为非边界智能体[227]。Agent-LA 运行开始时，会根据数据的分辨率和预设的空间配置面积产生对应数目的智能体，智能体的空间位置随机给出。迭代过程中，智能体会根据自己的搜索位置搜集多个空间位置的信息，然后利用个体的适应度函数 $f$ 评价该位置并找出最佳的位置，进而与当前的位置比较来确定是否移动。在所有智能体完成决策之后所形成的格局将通过另外一个函数 $F$ 进行评价，当其数据波动小于预设的阈值时，将停止迭代并输出结果，最终确定最优的配置方案（图 8.5）。

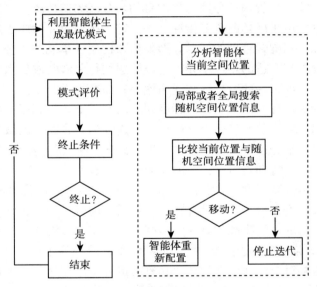

图 8.5　AgentLA 模型运行原理

　　本研究为兼顾最终农田灌溉管理分区用地单元的土壤水分盈亏状态及其空间形态，将最终的优化目标确定为田块的水分盈亏状态和田块空间形态两部分，因此智能体的适应度函数 $f$ 由上文得到的农田水分盈亏程度值和空间形态效益 $c$ 构成（式 8.5）。

$$f = w_{MPLD}CWSDI + w_c c \qquad (8.5)$$

　　式中，$w_{CWSDI}$ 和 $w_c$ 分别代表 $CWSDI$ 和 $c$ 的权重指数，$w_{CWSDI} + w_c = 1$。$CWSDI$ 可通过农田土壤水分盈亏程度图层获得，对该指数值进行百分数的标准化处理，得到研究区的农田土壤水分平衡程度评价图，$c$ 则由式 8.6 确定，它促使智能体空间聚集。

$$c = \frac{\sum\limits_{i\in\Omega} x_i \exp(-d_i/\gamma)}{\sum\limits_{i\in\Omega} \exp(-d_i/\gamma)} \tag{8.6}$$

式中，$x_i$ 为二分变量，当聚类中某一位置被智能体占据时取值为 1，反之为 0；$\Omega$ 表示智能体的摩尔邻域（Moore Neighborhood）；$d_i$ 是邻域内的智能体 $i$ 到中心智能体的欧氏距离；$\gamma$ 是补偿系数，取值范围为 [1，10]。

智能体通过收集局部信息和全局信息移动到适应度值高的位置。局部信息指以当前位置为中心的领域位置信息，在该领域范围内找出适应度值最高的位置，用 PosL 表示。但仅仅依靠局部信息会使结果陷入局部最优，尤其是当输入的水分盈亏数据存在多个数值高峰区情形时，因此还需要全局信息来辅助智能体的决策。通常情况下，农田水分亏缺程度值较高的地区，其邻近的单元程度值也比较高。因此在为智能体提供全局信息时，随机选择一个边界智能体并找出该边界智能体的邻域中适应度最高且当前保持空闲位置，用 PosG 表示，比较 PosL 和 PosG 的适应度值的高低，较高者作为最终的目标位置 PosT。最后，若 PosT 的适应度高于当前位置，通过式 8.7 比较 PosT 和当前位置的适应度差值与原地适应度值的情况，确定最终移动到目标位置的概率。

$$P = \exp(\Delta)/\exp(1) \tag{8.7}$$

式中，$\Delta$ 表示 PosT 与当前位置的适应度差值。利用一个取值范围为 [0，1] 的随机数 $r$ 作为指针，若 $r$ 大于 $P$，则智能体移动到目标位置，反之则驻留在原地。

每次迭代结束后由智能体聚集而成的格局，使用综合考虑农田水分盈亏状态和形态的函数 $F$（式 8.8）评价分区的可行性，并认为二者具有同样的重要性。$F$ 值越高（取值范围 [0，1]），则该分区效果越好。

$$F = SV - SL \tag{8.8}$$

$$SV = \sum_{i=1}^{n} v_i / V_{\text{MaxSum}} \tag{8.9}$$

$$SL = (L_{\text{Sum}} - L_{\text{MinSum}})/(L_{\text{MaxSum}} - L_{\text{MinSum}}) \tag{8.10}$$

式中，$n$ 为智能体个数；$V_{\text{MaxSum}}$ 是高水分亏缺用地单元的指数总和；$\sum\limits_{i=1}^{n} v_i$ 是模拟结果的盈亏程度指数总和；$SV$ 可用来衡量分区下农田水分盈亏状态指标的实现程度；$SL$ 反映分区结果的周长特征，以此来评价其破碎程度。在分区面积给定的情况下，圆形是最紧凑、周长最短的形态。因此，根据灌溉管理分区的面积，可计算出当整体格局最紧凑时的周长 $L_{\text{MinSum}}$。相反，当每个智能体都作为孤立智能体存在，整体格局的周长最长，用 $L_{\text{MaxSum}}$ 来表示。$L_{\text{Sum}}$ 表示实际模拟结果的周长。简而言之，$SV$ 的增加或者 $SL$ 的减小可以提高格局的优化程度。

### 8.2.3 灌溉管理分区结果

农田灌溉管理分区需预设目标区的面积，本研究以实验区农田数量的 20% 为例，运用 AgentLA 对不同盈亏程度的农田进行迭代配置。考虑到权重 $w_{MPLD}$ 的取值对 $F$ 函数值有较大影响，即影响到最终分区结果，因此需预先进行 $w_{MPLD}$ 检验以得到最佳配置结果。通过多次试验发现（表 8.1），$w_{MPLD}$ 在 0.7~0.8 时 $F$ 函数值达到最大，表明 $w_{MPLD}$ 在此区间时优化结果最佳，因此确定 $w_{MPLD}$ 为 0.75，最终生成挠力河流域农田重点灌溉分区图（图 8.6）。

表 8.1　运用 AgentLA 模型划分挠力河流域农田重点灌溉区的关键试验参数

| $w_{MPLD}$ | 0.1 | 0.2 | 0.3 | 0.4 | 0.5 | 0.6 | 0.7 | 0.8 | 0.9 |
|---|---|---|---|---|---|---|---|---|---|
| 迭代次数 | 184 | 130 | 118 | 148 | 92 | 177 | 139 | 178 | 106 |
| $F$ 值 | 0.937 3 | 0.807 2 | 0.846 7 | 0.933 3 | 0.911 7 | 0.930 1 | 0.954 7 | 0.943 1 | 0.927 5 |

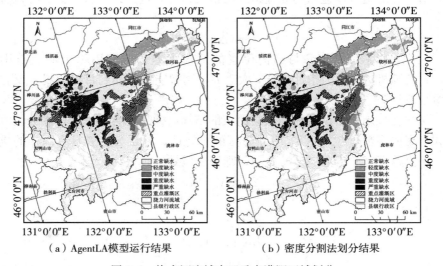

（a）AgentLA模型运行结果　　　　（b）密度分割法划分结果

图 8.6　挠力河流域农田重点灌溉区域划分

图 8.6（b）为采用常规密度分割法获取的农田重点灌溉区（数量比例为 20%），该分区方法依据农田水分盈亏程度高低排序进行区域划分，但分区结果仅考虑了农田水分盈亏程度。进一步统计了两种方法的结果差异后可见（表 8.2），尽管依据盈亏程度高低划定的重点灌溉区的范围覆盖了具有最高水分亏缺特性用地单元的位置，但斑块数目过多（169 个），平均斑块面积

和紧凑度低（分别为 17.47km² 和 0.22），空间格局破碎。相反，利用 Agent-LA 得到的农田重点灌溉区斑块较少，平均斑块面积和紧凑度较高，与密度分割法得到的结果相比，更加有利于农田的日常灌溉管理。

表 8.2　AgentLA 方法与依据密度分割法的结果对比

| | MPLD 指数平均值 | 斑块个数/个 | 平均斑块面积/km² | 紧凑度 |
|---|---|---|---|---|
| AgentLA 结果 | 0.43 | 86 | 34.37 | 0.26 |
| 密度分割法 | 0.45 | 169 | 17.47 | 0.22 |

确保粮食安全是关乎国计民生的首要任务，而农田是粮食生产的基本载体。位于黑龙江省东北部的三江平原在保障我国粮食安全上起着巨大的作用。近 30a 来，"气候—政策—开垦"的有机链促使该地区垦殖由南向北、由西向东不断推进，造成耕地大量扩张，水田化现象剧烈，导致当地农田需水量急剧增加，水分亏缺出现不同程度加剧情形，如何差别化地制定农田灌溉策略并实现农田灌溉管理分区具有重要的现实意义。本研究提出农田灌溉分区的新思路，以三江平原腹地的挠力河流域为试验区，利用 GIS 模拟等手段，最终实现农田精准灌溉管理分区的目的。

总而言之，本研究首先利用多源数据，基于农田作物实际和理想状态下的水分机理构建水分盈亏程度评价模型进行流域农田水分盈亏程度评价，划分出正常、轻度、中度、重度和严重 5 种水分盈亏程度类型区，然后基于多智能体的空间优化配置模型自动生成农田灌溉管理区。与常规的密度分割法相比，该模型不仅考虑农田水分盈亏程度状况，也兼顾空间形态属性，使得所产生的灌溉管理区既覆盖优质的农田，也具备较高的紧凑性，避免保护区空间格局过于凌乱和破碎而难以进行日常管理和维护。挠力河流域农田灌溉管理分区结果显示，在灌溉 20％的农田数量前提下，中度缺水区和重度缺水区是主要的农田灌溉管理对象区，两者分别占总灌溉面积的 44.26％和 53.48％。

# 8.3　确定未来水土资源平衡状态

气候变化通过气候成分、气候要素变化等多种途径影响农业种植区域、种植制度和生产状况等。气候变化一方面促进寒区耕地整体空间扩张，另一方面使得旱改水内部结构调整的发生成为可能，导致农业用水压力越来越大。在气候变化背景下，如何耦合水土资源是当前土地资源利用亟待解决的关键问题之一。近年来，在全国耕地面积减少的背景下，三江平原耕地面积显著增加，以变暖为主要特征的气候变化对该地区耕地面积增加起到了促进作用，随着积温带的北移东扩，耕地垦殖由南向北、由西向东不断推进，该地区已成为我国最重要的粳稻生产区和商品粮基地。挠力河流域是三江平原境内最大的流域，自 1980 年我国进入经济迅速发展时期后，大量易涝旱地转变为水田，水田扩张剧烈[5]，旱地和水田的时空变化促使水土资源平衡关系发生改变，对该流域耕地变化下的水土资源平衡关系研究具有重要的现实意义。

水土资源平衡指在揭示区域水分数量与时空收支基础上，通过水资源区域的再分配和土地利用方式调整，重新协调水土资源二者适应比例关系，使其在水分需求利用率达到最大的同时土地资源处于最佳的利用状态。效应为某种动力或原因所产生的科学现象，耕地水土资源平衡效应可认为是在耕地利用下水资源与土地资源的平衡协调状态，可利用区域水分平衡指数进行表征。一般而言，水分平衡包括气候、农田和作物的水分平衡。其中，气象水分平衡考虑降水和气温，而忽略下垫面对水分需求的影响，其研究过程为大气水循环，常采用如 $Z$ 指数、气象干旱指数等进行反映；农田水分平衡将耕地置于农田生态系统中，研究过程为土壤水循环，从土壤—植物—大气连续体出发，基于农田系统水循环揭示水量平衡和耕地平衡量；作物水分平衡则体现作物本身生理生态消耗及其他水分耗失。三者本质上是水分需求量与降水量之间的差额问题，侧重于从外部水资源多寡程度来衡量农田缺水状况。值得一提的是，包括田间地表径流、休耕期用水等需水杂项在内的农田耗水对农田生态系统起着不可忽视的作用，现有研究对该方面的考虑不足，已有的通用水分盈亏评价模型较少考虑作物的潜在缺水性，同时常以地区或整个流域为基本评价单元，栅格化研究匮乏，不利于耕地具体灌溉管理与布局调整。

适应全球气候变化是现代农业发展的必然选择，进行未来的耕地水土资源平衡模拟对于农业决策具有重要意义。情景设计是定量分析土地利用/覆被变化对水分平衡影响的有效途径之一，IPCC 第 5 次评估报告（IPCC AR5）开发了一套不用辐射强度强迫而强调以浓度为目标的代表性浓度路径（RCPs）新情景，该系列情景将气候、大气、碳循环预估和碳排放与社会经济情景有机结合起来[12]，并对应发布了不同情景下土地利用需求数据，比过去评估报告中设定的相同温室源排放速率的气候模式更为合理和科学。近年来，Liu等提出的未来土地利用模拟（FLUS）模型能够较好地解决传统 LUCC 模拟中转换规则及参数确定复杂等问题，很好地实现了人类活动与自然条件影响下土地利用变化及未来土地利用情景模拟的目的。因此，本研究依据 RCPs 气候情景，运用 FLUS 模型模拟不同气候模式下挠力河流域耕地空间格局，在与国际相关研究链接的基础上，定量研究该地区耕地水土资源平衡效应，为该流域乃至三江平原的农田灌溉策略制定及农田布局调整提供决策支持。

## 8.3.1　RCPs 及 FLUS 模型介绍

耕地是粮食生产的基本物质条件，其格局反映生产要素的空间配置条件、粮食生产能力状况及利用可持续性，被认为是多要素的综合驱动结果。从世界范围来看，城市化、人口增长和经济发展是影响耕地总量、人均耕地变化的重要因素。在我国，政策、经济发展及气候变暖主导着 21 世纪耕地的动态变化，在东部发达地区经济和政策环境为主要驱动因素，中西部则以自然条件因素为主，而在东北部地区，极端气候灾害加深了土地与人口之间的矛盾，导致耕地大规模开垦，形成气候—政策—开垦的有机链。气候变化通过气候成分、气候要素变化等多种途径影响农业的作物种植区域、种植制度和生产状况等，尤其对中高纬度地区的耕地时空演变有着巨大的推动作用。

IPCC 第 5 次评估报告开发了一套不用辐射强度强迫而强调以浓度为目标的代表性浓度路径新情景，该系列情景将气候、大气、碳循环预估与碳排放和社会经济情景有机结合起来，较过去评估报告中设定的相同温室源排放速率的气候模式更为合理和科学。依据 IPCC 第 5 次评估报告中所发布的典型浓度路径下不同气候模式，运用 FLUS 模型模拟不同气候模式下耕地空间格局，在与国际相关研究链接的基础上，预估未来该地区耕地动态变化特征。

### 8.3.1.1　RCPs

IPCC 在第 5 次评估报告提出了新的气候情景——RCPs。尽管在第 5 次评估报告之前，IPCC 排放情景特别报告中已经给出了 6 种常用排放情景，并通过全球的海气耦合模式为 IPCC 提供了有意义的成果，但每种情景只是重点考虑局部区域的排放情况，有非常大的局限性，并不能够完全反应气候公约中全球范围内稳定大气层所含温室气体浓度。而新排放情景 RCPs 是根据已存在的科学文献设立的一套稳定、缓和的基准排放情景，使用单位面积辐射强迫表示温室气体的稳定浓度。目前共设立四组 RCPs 情景，分别为 RCP 2.6、RCP 4.5、RCP 6 和 RCP 8.5，该情景名称对应数字表示至 2100 年，辐射强迫达到的数值，单位为 $W/m^2$，时间长度为 2006—2100 年。其中 RCP 2.6 为低强度强迫辐射情景，RCP 4.5 为中强度强迫辐射情景，RCP 8.5 为高强度强迫辐射情景（图 8.7）。使用新排放情景 RCPs 不仅能够提供更加真实且可操作性强的排放路径，更为各类气候变化影响评估提供方便直观的数据支持。为研究更长时间尺度的气候变化，IPCC 又对应设立 4 组延伸浓度路径（ECPs），时间长度为 2101—2300 年，是 RCPs 情景的延伸部分，另外，以历史辐射强迫数据资料为背景可以通过数值模式反演出 1850—2005 年的海洋大气数据资料，这段时间的辐射强迫背景称为历史辐射强迫情景。IPCC AR5 预估了不同典型浓度路径下未来气候的可能变化，为政策制定及多学科领域的研究提供支持。在本数值研究中，采用了 IPCC 排放情景特别报告中设计的辐射强迫浓度变化情景 RCP 6（又可称 AIM 评估模式，以下均称为 AIM）和 RCP 8.5（又可称 MESSAGE 评估模式，以下均称为 MESSAGE）。

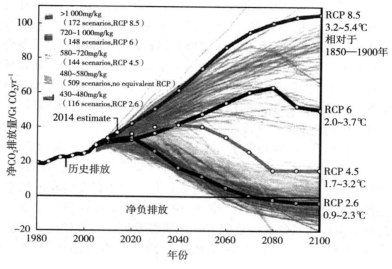

图 8.7　RCPs 气候情景模式

### 8.3.1.2　FLUS 模型

通过分解、剖析复杂的社会经济和自然生态因素与不同用地类型之间的相互作用，可以预测土地利用空间格局，进而分析其变化可能带来的影响与效应。目前，国内外已有大量针对土地利用格局模拟的方法，如 CLUE - S 模型、元胞自动机（CA）模型、Agent 模型、DLS 模型和 InVEST 模型等，其中尤以元胞自动机模型应用成熟和广泛，并逐渐演化得到如 CA -Markov、LSSVM - CA、GPU - CA 等模型。然而在土地格局模拟过程中，多种用地类型之间的变化牵涉到复杂的转换关系，单一模拟技术难以系统描述不同时空尺度下土地利用格局，综合高性能计算技术、地理信息技术及非线性复杂模拟技术是目前土地利用格局模拟的大趋势。值得强调的是，运用自下而上的策略来模拟复杂的非线性动态地理模拟系统的理论框架，弥补了常规 GIS 过程分析能力不足的问题，并将元胞自动机、多智能体系统（MAS）及生物智能（SI）集成为地理模拟与空间优化系统（GeoSOS），由其演化与改进而来的未来土地利用模拟模型解决了传统元胞自动机中转换规则及参数确定复杂等问题，很好地实现人类活动与自然条件影响下土地利用格局情景模拟的目的。

　　FLUS 软件能较好地应用于土地利用变化模拟与未来土地利用情景的预测

和分析中,是进行地理空间模拟、参与空间优化、辅助决策制定的有效工具。FLUS模型可直接用于:①城市发展模拟及城市增长边界划定;②城市内部高分辨率土地利用变化模拟;③环境管理与城市规划;④大尺度土地利用变化模拟及其效应分析;⑤区域土地利用类型适宜性分析;⑥农田或自然用地类型损失预警;⑦土地利用分布格局变化及热点分析等。其还可以进一步推广使用到气候变化及其效应、碳循环、水文分析,生态变化与生物栖息地变化等各方面的研究当中。

## 8.3.2 耕地格局模拟过程

### 8.3.2.1 模拟过程原理

土地利用变化模拟过程中,不但涉及多种土地利用类型间复杂的转换关系,而且需要人为确定模型的结构、转换规则及参数。神经网络(ANN)在模拟复杂的变化曲面、保证较高的模拟精度和模拟数据要求上具有明显的优势,ANN能有效处理带有噪声、冗余或不完整的数据,适用于处理非线性或无法用数学来描述的复杂系统。

首先,FLUS模型利用神经网络来代替转换规则,从一期土地利用数据与包含人为活动与自然效应的多种驱动力因子获取各用地类型在研究范围内的变化发生概率。其次,FLUS模型采用从一期土地利用数据中采样的方式,能较好地避免误差传递的发生。另外,在土地利用模拟过程中,FLUS模型提出一种基于轮盘赌选择的自适应惯性竞争机制,该机制能有效处理多种土地利用类型在自然作用与人类活动共同影响下发生相互转换时的不确定性与复杂性,使得FLUS模型具有较高的模拟精度并且能获得与现实土地利用分布相似的结果。

FLUS模型由2个主要模块构成,分别为基于神经网络的适宜性概率计算模块和基于自适应惯性机制的元胞自动机模块。基于神经网络的适宜性概率计算模块需输入土地利用变化驱动因子,允许驱动因子之间存在相关性,设置神经网络训练采样比例(本研究设置为2%),并选用随机采样模式进行各类用地的训练样本采样(本研究训练隐藏层数量设置为12),实现神经网络训练。结合标准化处理后各驱动因子分布状况,最终计算得到土地利用类型在各像元上的适宜性概率。基于自适应惯性机制的元胞自动机模块以多类别或双类别空间土地利用数据为初始输入数据,需预设各土地利用类型变化数量的目标(本研究采用RCPs情景数据中土地利用需求数据),然后根据经验确定不同土地类型间的相互转换难易度(0~1,0表示不允许转换,1表示可自由转换),最后设置土地利用类型相互转换的限制发生区域(本研究将七星河国家级自然保护区,2013年建立的三环泡国家级自然保护区等区域设为挠力河流域土地利用变化限制发生区）。模型参数设定上，将模拟迭代目标次数设置为 300，即模型到达迭代目标会提前停止，领域大小设置为 5×5，最终实现挠力河流域土地利用变化模拟（图 8.8）。

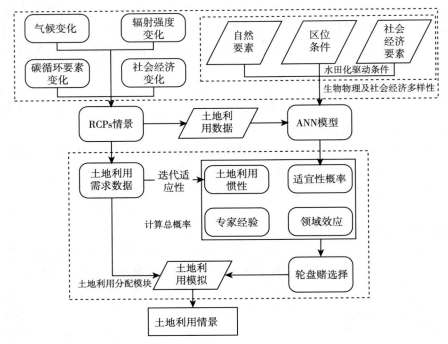

图 8.8  RCPs 情景下运用 FLUS 模型模拟土地利用现状的技术框架

### 8.3.2.2  情景设定

IPCC 第 1 次至第 4 次评估报告（AR1～AR4）对未来环境的情景设定都是以排放的温室气体和空气悬浮微粒等造成温度改变为准则，所有气候模式均采用相同的排放速率，但目前各国的减排策略多元化，传统气候模式具有一定的局限性。IPCC 第 5 次评估报告中依据大气辐射强度来设定的代表性浓度路径情景系列涵盖了广泛的人为气候强迫，着眼于较为科学的适应策略，能够部分预估解耦气候科学与社会经济。大气中不同的 $CO_2$ 浓度对应着不同的 RCPs 情景，一方面 $CO_2$ 浓度的改变将会导致积温条件、降水条件随之改变，进而影响农作物的种植条件，促使耕地格局变化，另一方面 $CO_2$ 浓度直接影响着农作物的光合作用强度，而对于中高纬度地区这种影响机理更为复杂，正向作用与负向作用并存，运用 RCPs 情景进行耕地格局模拟将具有独特的优势。本研究在预案设定时，分别采用 IPCC AR5 中 RCPs 气候模式情景系列下的最符合中国发展国情的 MESSAGE（RCP 8.5）和 AIM（RCP 6）气候模式。

MESSAGE 气候模式为 $CO_2$ 排放参考范围 90 百分位数的高端路径，又称能源供应战略可替代方案及其一般环境影响模式，该模式下世界各国不采取任何碳减排措施，主要温室气体的排放量、浓度和辐射强度持续递增，大气中辐射强度增加到大于 $8.5W/m^2$，相当于大气中 $CO_2$ 浓度会大于 $1.37 \times 10^3 mg/kg$。

AIM 气候模式为中间稳定型路径，又称亚太综合模式，该模式考虑了人口、未来预期的国内生产总值（GDP）、效率改善和能源消耗（包括煤、石油、天然气和生物能源等），情景设计中大气辐射强度为 $6W/m^2$，可认为大气中 $CO_2$ 浓度将会大于 $8.50 \times 10^2 mg/kg$，代表世界各国未尽全力实现温室气体减量的目标，发达国家和发展中国家温室气体排放不同程度地上升。

本研究分别采用不同气候模式下对应的 $0.5° \times 0.5°$ 土地利用需求数据，将其叠加裁剪并统计挠力河流域各土地利用类型面积，以此作为气候模式情景下的 FLUS 模型中土地需求参数。通过修改输入图层和调整模型参数实现不同情景下的土地利用变化模拟（图 8.9）。

**（1）空间驱动力。** 直接或间接驱动因子都有可能成为土地利用变化不稳定的根源，挠力河流域产业以农业种植和加工为主，土地利用变化驱动因子的选择应更多围绕耕地变化机制。本研究根据挠力河流域实际状况、FLUS 模型的因子需求和研究目的，分别从影响耕地变化的自然要素、区位条件和社会经济要素 3 个方面选取驱动因子，即地貌、高程、坡度、降水量、积温条件、水田化程度（水田比例系数）、距河流距离、距城镇中心距离、距居民点距离、距主要公路距离、距铁路距离、灌溉投资额度、基本建设投资额度、农业人口比例、沟渠密度和地下水可开采模数 16 个驱动因子。其中距离因子均为欧式距离，利用 ArcGIS 的 Euclidian Distance 工具实现。所有驱动因子均经 min - max 离差标准化的线性变换处理，使结果落在 [0，1]。需要说明的是，作为三江平原地区核心的粮食产区之一，以农业种植及粗加工为主的第一产业是挠力河流域的支柱性产业，仅西部 3 个区（宝山区、尖山区和四方台区）存在少量的工矿开采以及加工业等第二产业，由于农业本身的特殊性以及该流域在国家商品粮政策供应中的地位，GDP、产业发展程度等经济指标对该流域耕地利用变化的差异性驱动作用较小，因此未选取该类型驱动因子。

**（2）模拟精度验证。** 模型的验证可以用来检验模拟的情况和调整模拟参数。$Kappa$ 系数常用来评价遥感的分类精度、图件间相似程度，能够定量反映土地利用变化模拟过程中丢失的信息量。以基期年为初期，模拟目标年土地利用情况，进行 $Kappa$ 系数的检验，其中 $Kappa$ 系数公式为：

$$Kappa = (P_o - P_c)/(P_p - P_c) \tag{8.11}$$

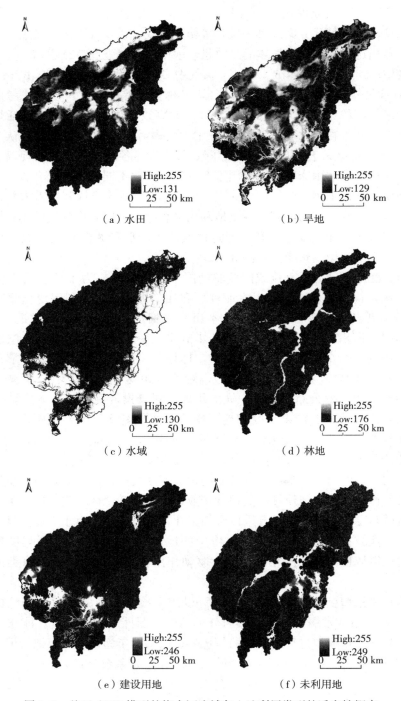

图 8.9　基于 ANN 模型的挠力河流域各土地利用类型的适宜性概率

式中，$P_o$ 为正确模拟的比例；$P_c$ 为随机情况下期望的正确模拟比例；$P_p$ 为理想分类情况下的正确模拟比例（100%）；当 $Kappa$ 系数大于 0.75 时，图件间一致性较高，变化较小，$Kappa$ 系数在 0.4~0.75 时，一致性一般，变化较为明显，$Kappa$ 系数小于 0.4 时，模拟效果差。

## 8.3.3　耕地格局模拟结果

### 8.3.3.1　模拟时空尺度确定

土地利用情景模拟过程中，空间分辨率过低会导致零散分布的居住用地、小块水域、小块水田等土地利用类型空间边界信息的丢失，但倘若分辨率过高，由于地理学的领域效应，将会造成模拟失真，因此，需预先确定最佳模拟空间尺度。本研究从 1km（栅格大小 1km×1km）开始，以 100m 为步长逐步提高空间分辨率，进行土地利用模拟验证，其中模拟基期年为 2000 年，目标年为 2015 年，通过 $Kappa$ 系数检验确定最优模拟空间尺度。FLUS 模拟结果显示，随着空间分辨率的提高，挠力河流域土地利用模拟精度表现出较强的曲线拐点效应（图 8.10），$Kappa$ 系数在波动中上升，由 1km 分辨率下的 0.42 增至 200m 下的 0.86，主要拐点发生在 700m 处和 200m 处。因此，确定最优模拟空间尺度为 200m。

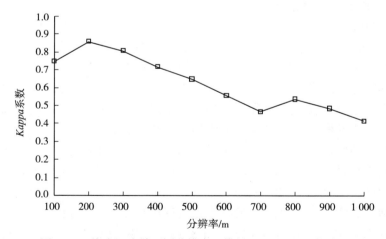

图 8.10　挠力河流域不同分辨率下模拟的 $Kappa$ 系数检验

时间尺度确定上，基于挠力河流域最优模拟空间尺度，运用 FLUS 模型对不同时间尺度的预测能力进行分析，然后确定具体预测年份（图 8.11）。模拟基期年依次为 1990 年（目视解译得到）和 2000 年，目标年为 2015 年，两者对应预测年份分别为 25 年和 15 年，然后通过对比检验 $Kappa$ 系数确定模拟时间尺度。结果显示，1990 年综合模拟精度（$Kappa=0.86$）显著大于 2000 年模拟精度（$Kappa=0.75$），尤其在单一地类模拟上，前者对水田的模拟准确率达到 0.84，旱地准确率为 0.89。因此，最终确定模拟目标年为 2040 年。

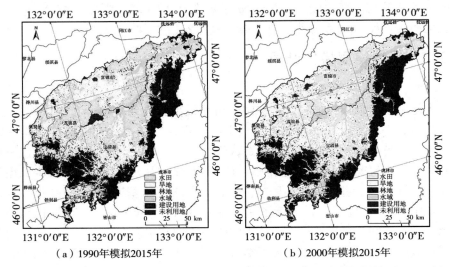

（a）1990 年模拟 2015 年　　　　　　（b）2000 年模拟 2015 年

图 8.11　基于 FLUS 模型的挠力河流域不同时间尺度模拟结果

### 8.3.3.2　耕地情景模拟结果

**（1）MESSAGE 气候模式。**MESSAGE 气候模式下，世界各国不采取任何碳减排措施，主要温室气体的排放量将会持续递增，进而促使全球平均地表温度升高和降水时空异质性增大，该气候效应对中高纬度地区的影响更为显著，导致我国东北地区增温幅度高于全球同期水平，年降水量呈略减少趋势，对该地区的农业生产和农业生态系统造成深刻的影响。如果世界各国仍延续高碳排放量的经济发展模式，2040 年东北地区耕地面积比例将减少 0.82%，而受国家粮食政策的影响，粮食作物种植及其粗加工是挠力河流域主要的经济来源之一，建设占用耕地的需求较低，导致耕地面积仅减少 0.35%，凸显了该地区在东北地区乃至全国中的粮食战略地位。

耕地子类型上，挠力河流域旱地先表现出稳定的面积减少态势，至 2029 年约下降 9.18%，随后缓慢增加（图 8.12）。空间分布上，2040 年旱地的标准差椭圆主轴将沿逆时针进行旋转，转角 $\theta$ 变为 35.43°，主、辅轴的标准差均缓慢增加，其中沿主轴标准差由 2014 年的 88.50km 变为 2040 年的 94.39km，辅轴变为 49.16km，形状指数缓慢下降，变为 0.52，离散化特征趋弱。标准差椭圆的面积将增至 14 578.00km²，反映了在该气候模式下，未来挠力河流域旱地的分布范围将更广，旱地倾向于沿东北—西南主轴进行分布。

水田变化特征与旱地相反，面积先持续以较低的速度增加，在 2029 年之后面积将以 2% 的速度逐年减少。未来挠力河流域水田的标准差椭圆主轴将沿顺时针进行旋转，2040 年其转角 $\theta$ 增至 57.16°。沿主轴标准差由 2014 年的 71.09km 降为 2040 年的 70.02km，辅轴标准差下降幅度较大，由 2014 年的 49.20km 变为 2040 年的 43.13km。在两者综合作用下，未来挠力河流域的水田的标准差椭圆形状指数将降至 0.62，标准差椭圆面积变为 9 486.73km²，与 2014 年比较可知，未来水田整体分布将更加紧凑，主轴沿顺时针缓慢旋转，极化特征明显，但其空间分布重心（东经 132°25′30″，北纬 46°52′14″）偏移幅度非常小。

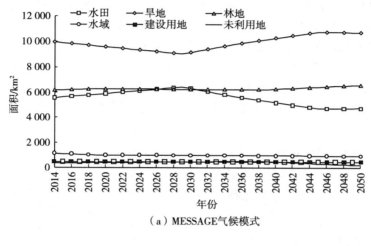

（a）MESSAGE 气候模式

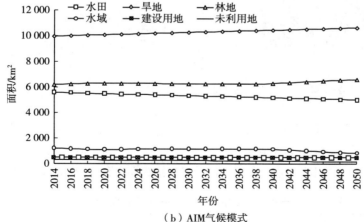

（b）AIM 气候模式

图 8.12　MESSAGE 气候模式和 AIM 气候模式下挠力河流域土地利用结构变化情况

**（2）AIM 气候模式。** 与 MESSAGE 气候模式相比，AIM 气候模式下的气候波动更加明显，在世界各国未全力实现碳减排目标的背景下，东北地区耕地面积将持续增加，至 2040 年面积比例增加幅度约为 4.0%。挠力河流域处于全球气候变化突出的纬度位置，邻近我国水稻种植北界，气候波动过大将会对当地作物种植造成显著的负面影响，导致耕作自然要素条件变差，在 AIM 气候模式下挠力河流域耕地面积增加速度远小于东北地区，2040 年其面积仅增加 0.46%。

气候波动对挠力河流域的水田的影响程度远大于旱地，AIM 气候模式下旱地面积将缓慢上升，至 2040 年相对面积比例上升 2.53%，其空间格局变化幅度较小，转角 $\theta$ 基本保持不变，沿主轴标准差缓慢增至 89.54km，沿辅轴标准差也将变为 49.44km，形状指数由 2014 年的 0.53 变为 0.55，标准差椭圆面积变为 13 907.80km²，旱地空间分布将更加离散。

不同于 MESSAGE 气候模式，AIM 气候模式下水田面积将维持波动下降的趋势，由 2014 年的 5 583km² 降至 2040 年的 5 103km²，主轴沿逆时针进行旋转。水田沿主轴标准差增为 76.82km，辅轴降为 45.04km²，两者综合作用下将导致水田空间分布格局更加极化（形状指数降为 0.59），然而与 2014 年水田的整体分布范围仍保持一致（图 8.13、表 8.3）。

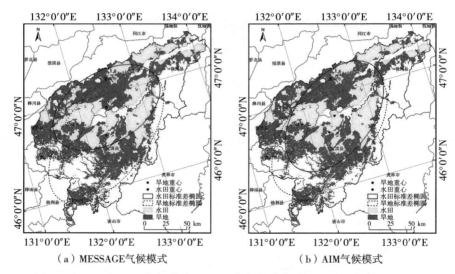

（a）MESSAGE气候模式　　　　　（b）AIM气候模式

图 8.13　MESSAGE 气候模式和 AIM 气候模式下挠力河流域耕地空间特征

**表 8.3　不同气候模式下挠力河流域耕地标准差椭圆统计**（2040 年）

| RCPs气候模式 | 类型 | 空间重心 | 转角 $\theta$/° | 沿主轴标准差/km | 沿辅轴标准差/km | 形状指数 | 椭圆面积/km² |
|---|---|---|---|---|---|---|---|
| MESSAGE | 旱地 | 东经132°17′43″，北纬46°33′52″ | 35.43 | 94.39 | 49.16 | 0.52 | 14 578.00 |
| | 水田 | 东经132°25′30″，北纬46°52′14″ | 57.16 | 70.02 | 43.13 | 0.62 | 9 486.73 |

（续）

| RCPs 气候模式 | 类型 | 空间重心 | 转角 θ/° | 沿主轴标准差/km | 沿辅轴标准差/km | 形状指数 | 椭圆面积/km² |
|---|---|---|---|---|---|---|---|
| AIM | 旱地 | 东经 132°17′12″，北纬 46°36′6″ | 39.48 | 89.54 | 49.44 | 0.55 | 13 907.80 |
| | 水田 | 东经 132°26′22″，北纬 46°45′49″ | 35.76 | 76.82 | 45.04 | 0.59 | 10 870.70 |

为坚守国家 $1.2 \times 10^8$ hm² 耕地红线，我国长期实行耕地占补平衡政策，即非农建设经批准占用耕地要按照"占多少，补多少"的原则，补充数量和质量相当的耕地。在我国耕地后备资源逐渐开发殆尽的背景下，耕地占补平衡政策对保障我国耕地数量起到了巨大的作用。大量优质耕地被建设占用，而劣质耕地的粮食生产能力难以得到保证，甚至出现弃荒情形，另一方面，地方政府将大量的劣质耕地、超坡耕地等生产能力难以得到保障的土地以耕地类型进行上报，综合导致耕地的"真正"数量难以得到保证。国土资源统计公报显示，近几年来我国耕地面积开始轻微下降，耕地数量及质量的真正保护压力应更大。挠力河流域是我国重要的粮食垦区，农业和工业的剪刀差导致该地区经济发展滞后，耕地被建设占用的需求较低，挠力河流域工矿废弃地较多，未利用地资源丰富，仍存在一定面积数量的耕地后备资源，由前文气候情景模拟结果显示，特别是 21 世纪以来该地区耕地面积持续增加，挠力河流域在保障我国粮食安全中的战略地位愈加凸显。

## 8.3.4　水土资源平衡效应模拟结果

### 8.3.4.1　MESSAGE 气候模式

2040 年，正常缺水仍是挠力河流域耕地主要的水分盈亏类型，面积上升至 101.86 万 km²，相对面积比例由 2015 年的 59.1% 变为 64.9%；轻度缺水区和中度缺水区面积呈现出不同幅度的下降态势，其中，轻度缺水区面积降至 16.56 万 km²，其面积变化数量仅次于正常缺水区，达到 8.81 万 km²，面积比例由 2015 年的 16.3% 变为 10.6%，在所有水分盈亏类型中，其面积变化幅度最大（34.7%）；中度缺水区面积下降了 3.84 万 km²，变为 22.19 万 km²，相对面积比例降至 14.1%，2015 年轻度缺水区和中度缺水区主要集中分布于挠力河干流中段南岸以及北部下游沿岸地区，2040 年则在 2015 年分布的基础上零星式收缩（图 8.14）；重度缺水区强烈扩张，面积增加了 4.09 万 km²，变为 16.35 万 km²，其面积相对比例增至 10.4%，流域西部的内七星河地区的重度缺水区在 2015 年大片分布的基础上进一步扩大；严重缺水区面积少量增加为 0.14 万 km²。对比于 2015 年，2040 年流域整体 *MPLD* 指数范围（-0.13~0.61）和均值（0.13）未发生变化，整体仍处于正常缺水范围

（*MPLD*≤0.15）。综上，在 MESSAGE 气候模式下，未来挠力河流域耕地水土资源整体呈现出明显的盈亏极化特征，正常缺水区、重度缺水区和严重缺水区将进一步扩大，而轻度缺水区和中度缺水区逐渐收缩，需差别化地制定农田灌溉策略和针对性地进行耕地结构调整，以实现水土资源平衡。

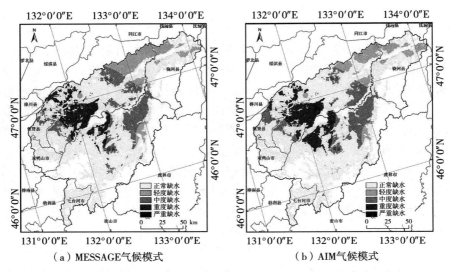

（a）MESSAGE气候模式　　　　　　　（b）AIM气候模式

图 8.14　不同气候模式情景下 2040 年挠力河流域耕地水分盈亏状况

### 8.3.4.2 AIM 气候模式

　　与 MESSAGE 气候模式相比，AIM 气候模式下挠力河流域水分盈亏的极化特征更为明显，高 *MPLD* 指数区分布更加集中，局部高水分亏缺地区面积进一步扩大。2040 年，挠力河流域正常缺水区面积将增至 102.63 万 km²，对应面积比例上升为 65.3%；轻度缺水区是变化幅度最大的水分盈亏类型区，2040 年其面积下降 11.82 万 km²，变为 13.55 万 km²，空间上表现为流域北部的大范围轻度缺水区变为正常缺水区；中度缺水区面积比例由 2015 年的16.7%降至 14.0%，空间分布将更为集聚，流域南部的部分细碎化中度缺水区变为正常缺水区，西部的中度缺水区则在 2015 年零散分布的基础上进一步扩大（图 8.14）；重度缺水区扩张更为明显，面积增加 6.69 万 km²，对应面积比例变为 12.1%；严重缺水区面积将上升至 0.16 万 km²。该气候模式下，挠力河流域气候波动幅度较大，对该地区耕地水分盈亏态势造成负面影响，未来高水分亏缺地区将进一步扩大，局部地区水土资源平衡态势将更为严峻。

　　总而言之，确定合理的模拟时空尺度是准确进行土地利用情景模拟的关键所在。挠力河流域最优模拟空间尺度为 200m，最优模拟目标年为 2038 年。土地利用情景模拟结果显示，MESSAGE 气候模式下，耕地面积共减少了

0.4%，其中，旱地面积呈先减少后增加的变化特点，水田面积则先稳定上升，随后以约 2% 的面积变化幅度下降；AIM 气候模式下，耕地面积增加量仅为 0.5%，旱地面积缓慢上升，至 2038 年相对面积比例上升了 2.5%，水田面积在波动中持续缓慢下降，气候波动对水田的影响程度显著大于旱地。

MESSAGE 气候模式下，未来耕地整体呈现出明显的水分盈亏极化特征，即正常缺水区、重度缺水区和严重缺水区面积将进一步扩大，而轻度缺水区和中度缺水区呈现收缩态势，高 MPLD 指数区分布更加集中，局部高水分亏缺区面积进一步扩大。AIM 气候模式下，耕地水土资源平衡极化特征更加突出，重度缺水区和严重缺水区扩张更为明显。未来需对挠力河流域采取针对性的农田水分灌溉措施及耕地调整战略，以实现水土资源平衡利用。

# 8.4　提出水土资源利用适应性对策

自 21 世纪初以来，挠力河流域水田持续性扩张，"水田化" 进程极其强烈。由于水田的需水量大于旱作物的需水量（春小麦和春玉米），在水田化进行的背景下，农田需水量势必会越来越高，农田作物的水分亏缺量发生较大变化。流域 7 个县（市、区）均处于土壤水分不平衡的状态，需额外的灌溉供水以保证农业生产的正常进行。同时从水土资源平衡的计算结果可以看出，挠力河流域不同县域间存在较大的耕地平衡量的差别，而对于水田而言，由于其灌溉定额量远大于旱地的灌溉定额量，在一定的县域水分盈余状态下，倘若开发旱作物种植，将会大大减轻农田作物的灌溉需水压力，即可以认为，通过一定的农业结构调整和耕地布局调整，能够在很大程度上解决或者改善该地区的水资源与土地资源不匹配的问题。在具体的灌溉措施上，可通过对农田的精准灌溉管理评价，从空间上确定合理的灌溉优先度差异。

## 8.4.1　科学调整作物种植结构

挠力河流域是我国最重要的商品粮生产基地。该地区粮食生产在全国粮食供需平衡中具有重要地位。自 2000 年以来，挠力河流域种植业生产取得了很大成绩，粮食产量大幅度提高，种植结构与作物布局也有了比较大的调整，大量旱地改造成水田，水稻的产量增加的同时，流域已经逐渐出现了生态失衡、土壤盐渍化严重、农业水分亏缺的情形。如对于富锦市而言，该地区是挠力河流域境内最主要的水稻种植对象区，也是近 15a 以来挠力河流域水田化扩张最为核心的地区，然而水田的扩张使得该地区的农田灌溉需水量不断加大，区域灌溉供水的保证度十分有限，对于 2015 年，富锦市的域内耕地总水分亏缺量，即灌溉供水与灌溉需水的缺口达到 $-12.15$ 亿 $m^3$，水分的供应不足和域内不同高需水区的"抢水"，势必将影响该地区水稻的正常生长发育。同时从水土资源平衡测度结果可以看出，挠力河流域境内 7 个县（市、区）水田、旱地的用地平衡量存在较大的差别，对于"负值"区，应适当减少其种植面积或者进行逆"水田化"操作，来减少该地区的用水压力，以保障农业的可持续生产，对于水分盈余量较大的县域（如宝清县），由于水稻的种植效益大于旱地的种植效益，对于该类型的水分盈余区，可继续推进水田的扩张与改造，以提高普通农户的经济收入。

## 8.4.2　实施区域间调水工程

挠力河流域区域间水资源供应存在较为明显的差别，对于流域的南部、西南部地区，其水资源供应能力明显偏低，对于挠力河干流沿岸及内、外七星河腹地，水资源较为丰富，各县域应该根据自身的实际情况，加强水源工程建设，增加新的供水能力，缓解水资源的供需矛盾。由于挠力河流域地区间水资源分布不均和社会经济发展不平衡与需水的差异，对区域间实施水资源再分配是确保该地区水分供需失衡地区的农业可持续发展的一项根本战略，特别是对于富锦市而言，其在流域内具有很强的粮食生产能力，水资源的供应不足将会影响该地区的粮食生产，通过一系列的区间调水工程（如"两江一湖"工程改造），可保障流域的水分供应。同时挠力河流域境内拥有众多的灌区工程，应加强其技术改造，如改进地面灌水技术。推广小畦灌溉、细流沟灌和波涌灌溉等灌溉方式，科学控制入畦（沟）流量、水头、灌水定额、改水成数等灌水要素。大力发展缺水地区各种非充分灌溉技术，提倡在作物需水临界期及重要生长发育时期灌"关键水"。

## 8.4.3　实施农田精准灌溉管理

依据水资源利用与土地资源开发的耦合特性，将同一地块分成不同的均质性区域（管理分区）进行管理正成为精准农业的一个研究热点，科学研究该地区农业水资源利用问题，合理地制定农田灌溉措施并促进农业的可持续发展，具有极强的紧迫性与现实性。对于挠力河流域地区，农业现代化程度高，灌区规模大而水资源供给保障程度十分有限，在进行该地区农田精准灌溉管理分区时，需测度农田潜在水土资源耦合状态，然后采用科学的分区算法保证避免分区目标的空间格局过于凌乱和破碎。依据 Agent 模型原理构建的空间优化配置模型（AgentLA），实现农田精准灌溉管理分区研究，划定需重点灌溉管控的农田利用对象区。基于 AgentLA 模型对挠力河流域 2015 年农田进行灌溉管理分区，结果显示在挠力河流域灌溉 20% 的农田数量前提下，83.40% 比例的处于中度缺水状态的农田需进行重点灌溉管理，约占总重点灌溉面积的

44.26%；在现有作物结构及水资源供给条件下，重度缺水状态的农田存在非常大的水资源亏缺风险，同时挠力河流域该类型农田的集中连片度较高，绝大部分农田需进行重点灌溉管理（占总重度缺水状态农田面积的 99.86%），占到总划分的重点灌溉面积的 53.48%；挠力河流域境内的外七星河下游北岸存在少量的严重缺水农田，该地区需全部进行重点灌溉管理；部分处于正常缺水状态的农田周围环绕大量的高水分亏缺状态的农田，易遭受同化作用而转变为高水分亏缺区，在 AgentLA 模型运行下，约 0.71% 的正常缺水农田需进行重点灌溉管理。

### 8.4.4　合理开采地下水资源

挠力河流域位于黑龙江省东部三江平原腹地，因特定的地质构造运动及河流的频繁改道，流域平原区沉积了较厚的第四系河湖相松散沉积物，地势因之平坦开阔，而且含水层分布面积广阔，体积巨大，有利于地下水的形成和储存，因此研究区内富集大量的松散孔隙水。由于得天独厚的土壤类型及地下水资源储量，研究区成为国内重要的商品粮基地，其中水稻的种植最为流行。随着研究区内某些区域地下水的开采量连年大于地下水允许开采量，地下水位持续小幅度下降，使得区域地下水动态特征、与河水的转化关系及循环模式发生了变化。挠力河流域地下水的补给、径流及排泄条件随着时间的推移，发生了巨大的变化。流域北部及东部平原区，与补给量直接相关的降水入渗补给系数随着时间的推移呈现出先变大后变小的趋势，流域中部平原区的降水入渗补给系数随时间的推移呈现出变大的趋势，并一直维持在较大的水平。地下水的排泄方式随着时间的推移也发生了较大的变化。在流域中北部及东部地区，排泄方式单一，人工开采逐渐取代蒸发成为此区域的最主要的排泄方式。地下水资源是挠力河流域农业灌溉的核心资源，对地下水资源的开采是保障该地区水稻及旱作物灌溉的重要资源利用活动，然而地下水的大量开采逐渐带来如土壤盐渍化严重、地面沉降、生态环境破坏等问题。当地居民应合理开发当地的地下水，适当引松花江、乌苏里江的水进行农田灌溉。

## 8.5　本章小结

（1）确保粮食安全是关乎国计民生的首要任务，而农田是粮食生产的基本载体。位于黑龙江省东北部的三江平原在保障我国粮食安全上起着巨大的作用。近 30a 来，"气候—政策—开垦"的有机链促使该地区垦殖由南向北、由西向东不断推进，造成耕地大量扩张，水田化现象剧烈，导致当地农田需水量急剧增加，水分亏缺出现不同程度加剧情形，如何差别化地制定农田灌溉策略并实现农田灌溉管理分区具有重要的现实意义。本章提出农田灌溉分区的新思路，以三江平原腹地的挠力河流域为试验区，利用模拟、GIS 等手段，最终实现农田精准灌溉管理分区的目的。首先利用多源数据，基于农田作物实际和理想状态下的水分机理构建水分盈亏程度评价模型，进行流域农田水分盈亏程度评价，划分出正常、轻度、中度、重度和严重 5 种水分盈亏程度类型区，然后基于多智能体的空间优化配置模型（AgentLA）自动生成农田灌溉管理区。与常规的密度分割法相比，该模型不仅考虑农田水分盈亏程度状况，还兼顾了空间形态属性，使得所产生的灌溉管理区既覆盖了优质的农田，又具备较高的紧凑性，避免保护区空间格局过于凌乱和破碎而难以进行日常管理和维护。挠力河流域农田灌溉管理分区结果显示，在灌溉 20％的农田数量前提下，中度缺水区和重度缺水区是主要的农田灌溉管理对象区，两者分别占总灌溉面积的 44.26％和 53.48％。

（2）基于粮食安全的区域水资源平衡关系是资源地理与水土资源可持续利用的热点问题。20 世纪 80 年代以来，受比较利益驱动、农业政策、农业技术革新等影响，三江平原水稻播种范围表现出向北向东扩张的特点，持续性的"水田化"是三江平原地区最具有特色的耕地利用变化景观。而位于三江平原腹地的挠力河流域是三江平原地区最为典型的农地利用区，具有强烈的地域特色。当地水田开发利用过程中大量发展机电井抽取地下水，使得农业水循环从水平排水为主向垂直排水为主的方向转变，而水田的需水量高于旱地，导致该流域农业需水量持续增加，并引起一系列生态环境问题。同时由于种植水稻的经济效益明显高于种植旱作物，当地农户更倾向于将更多的旱地改造成水田以提高农业种植效益，但易受制于水资源供给条件影响，部分农户甚至不得不将水田重新改造成旱地，即出现"逆水田化"现象。当地农户和政府尤其关心以下几点问题：在一定的水资源承载范围内，当地的水田还能开发多少？是否存在水田过度开发的情况？水田化系数应控制在什么范围内？为解决以上问题，本章在水循环径流分项模拟数据、气象遥感数据、作物生长周期等多源水土信息数据支持下，基于农田土壤水循环原理，开展耕地水土资源平衡研究，试图揭示该流域水土资源平衡规律，指出耕地合理利用规模特征，并对以上现实问题进行了回答。最终得出以下结论：

流域垦殖率为 62.61％，其中水田面积达到 5 534.35km$^2$，对应的水田化系数为 37.33％。旱地和水田的土壤水分胁迫蒸散量约为 450mm，且均表现出水分亏缺的特点，但由于水田的灌溉需水量高于旱地，使得水田的水分亏缺量也高于旱地。流域灌溉供水量在 21.23～211.91mm，友谊县和集贤县供水量偏小。水田的灌溉需水量整体高于旱地，各县域的天然降水难以满足耕地灌溉需求。水量平衡上，富锦市、友谊县和集贤县均处于水资源超载状态，其中富锦市的水量缺口达到 2.71 亿 m³；富锦市、友谊县和集贤县均处于"土多水少"的水田平衡状态，平衡量依次为 － 556.76km²、－ 212.08km² 和 －55.58km²，饶河县、宝清县、七台河市及双鸭山市处于"土少水多"状态，其中饶河县水田扩张潜力大。未来流域的水田可扩张面积应不高于 1 101.80km²，对应的水田化系数应控制在 44.76% 以下，境内富锦市、友谊县和集贤县应适当控制或减少水田利用规模，同时采取域内水分调配措施，宝清县应成为未来旱转水的重点区域。

（3）挠力河流域耕地内部结构差异性变化导致水土资源呈现阶段性的平衡特征，1990 年耕地水分盈亏状况良好，旱改水农业结构调整导致当地水田迅速扩张，2002 年中度和重度缺水区大量增加，水分亏缺态势急剧恶化，至 2014 年耕地整体水分亏缺状况趋于缓和；通过对比不同空间分辨率及时间尺度下模拟精度，确定最优模拟空间分辨率为 200m，最优模拟时间点为 2038 年；RCPs 气候情景模拟显示，未来挠力河流域耕地整体呈现出明显的水分盈亏极化特征，即正常缺水区、重度缺水区和严重缺水区面积将进一步扩大，轻度缺水区和中度缺水区呈现收缩态势，高水分盈亏程度指数区分布更加集中，局部高水分亏缺区面积进一步扩大。未来需对该地区采取针对性的农田水分灌溉措施及耕地调整对策，以实现水土资源平衡利用。

（4）前期工作实践已对挠力河流域的气候水分平衡和作物水分平衡问题进行了研究，侧重于水土资源平衡的初始层次，更具理论意义，本章基于农田土壤水分平衡原理来开展水土资源平衡研究，为水土资源平衡研究的实际层次，更具实践价值。但受作物数据精度影响，本章仅从县域尺度来开展水量平衡与耕地合理利用规模研究，后续应从栅格尺度出发，对流域作物结构进行遥感信息提取，并基于农田土壤水分平衡原理，从空间上来细化水土资源平衡的研究。

# 第9章 结论与讨论

## 9.1 结论

挠力河流域位于我国重要的商品粮生产基地——三江平原的腹地，具有重要的粮食生产地位和湿地生态保育功能。近年来，该流域水田面积持续扩张，水田化系数已由 2000 年的 16.89% 增至 2015 年的 37.28%，变化极其剧烈。水田的扩张导致下垫面条件发生改变并促使产汇流机制发生变化，使得该流域的植被截留、陆面蒸发、土壤入渗等水循环环节发生了明显变化。挠力河流域水土资源已非惯称的"水土资源丰富与匹配"，且土地与水存在明显的错位情形。开展该流域耕地利用下水土资源平衡研究，具有较强的现实意义和示范推广意义。

挠力河流域水田急剧扩张，导致下垫面条件发生改变并促使产汇流机制发生了较大的变化，使得该流域的植被截留、陆面蒸发、土壤入渗等水循环环节发生了明显变化，水土资源平衡关系改变。本书遵循"理论机制—过程模拟—策略应对"的研究思路，围绕耕地利用下水土资源平衡综合应对的重大实践需求，以挠力河流域为研究区，基于灰色理论提出耕地信息统计理论假设，进而提取挠力河流域有效耕地空间分布数据，研究耕地格局；基于水土资源平衡要素信息，构建基于遥感驱动的分布式水文模型，从逐日尺度上模拟研究区的水文循环过程；将水土资源平衡细分为 3 个层次，通过逐级增加限制因素来探讨气候、作物和土壤 3 个层次的水土资源平衡态势及其耕地利用下的水土资源平衡效应；最后围绕水土资源平衡的综合应对，通过加入人工状态研究该流域水土资源平衡、实现农田精准灌溉管理等方面，实现挠力河流域水资源平衡综合应对。主要结论如下：

（1）耕地信息统计理论假设成立。有效耕地格局研究结果表明，15a 间挠力河流域水田化过程极其强烈，水田化系数由 2000 年的 10.23% 增至 2015 年的 23.39%，进入水田化的中期阶段，旱地面积则持续下降。

（2）挠力河流域降水特征差异较三江平原地区更加明显，流域夏季的降水量逐渐下降，建三江垦区的降水量则缓慢波动上升，挠力河流域的水分供应条件逐渐变差，这种变化特点也体现在地表潜在蒸散量上和地表的植被要素上。

（3）水土资源平衡研究实质是水资源和土地资源的时空匹配问题。由于水资源与土地资源的互动耦合关系，需将水土资源平衡纳入复杂系统来开展研究。本研究构建的遥感驱动式水文模型 RS_DTVGM，能够对挠力河流域地表径流、壤中流、潜在蒸散量和实际蒸散量进行逐日反演模拟。同时数据检验结果显示该模型在挠力河流域具有较好的适用性。

（4）流域常年处于"负"的气候水分盈亏态势，西部及东北部的饶河县盈亏绝对值显著大于中部和南部地区，且整体呈现由西向南递减的趋势。同时夏季的盈亏高值区恰为冬季低值区。随着耕地内部结构的剧烈变化，旱地和水田的气候水分盈亏绝对值逐年下降，水田的气候水分盈亏态势愈加严峻。水分亏缺是挠力河流域气候水分平衡的普遍特征，水田的用水问题仍将是挠力河流域乃至三江平原地区农业资源综合利用的焦点问题。

（5）中稻、春小麦和春玉米水分盈亏特征差异较大，其中中稻大部分处于轻度水分亏缺的状态，春小麦的盈亏状态最好，多处于正常水分盈亏状态；春玉米对水分需求量非常大，2000 年其轻度缺水区占到总面积的 94.43%，其余年份的轻度干旱面积占比依次为 17.65%、31.24% 和 24.08%。

（6）2000 年土壤水分亏缺态势较 2005 年、2010 年和 2015 年更为严峻。对于中稻而言，缺水是该流域农田土壤水分平衡的最主要特征，同时年际表现出较为明显的差异特征，而对于春玉米而言，水分亏缺也是多年期农田土壤水分平衡的特征，但部分地区处于水分盈余的状态，其土壤水分平衡态势趋好。

（7）未来流域的水田可扩张面积应不高于 1 101.80km²，对应的水田化系数应控制在 44.76% 以下，境内富锦市、友谊县和集贤县应适当控制或减小水田利用规模，同时采取域内水分调配措施，宝清县应成为未来旱转水的重点区域。

（8）为保障挠力河流域的水土资源综合利用，可从科学调整作物结构布局、实施农田精准灌溉管理、实施区域间调水工程和合理开采地下水 4 个方面开展。针对挠力河流域水资源与土地资源的综合开发利用特点，当地政府应在水土资源平衡评价的基础上，科学调整耕地作物结构布局（如富锦市、友谊县和集贤县），同时实施区域间的调水工程，以保证跨区域的水资源分配，并且采取合理的精准灌溉管理措施，在保证作物水分供应充足的条件下减少农业用水的损耗，同时根据地下水分布情况，合理开采地下水资源。

# 9.2 讨论

（1）水资源是北方寒地农业的核心限制性要素，从基于地表起伏等综合状况划分的封闭型流域单元来制定耕地管理策略，更利于耕地的水分利用管理，进而采取科学的农田灌溉措施和耕地调整对策，研究挠力河流域的耕地利用问题将对三江平原具有较强的示范导向作用。挠力河流域是三江平原境内土地利用开发历史最早、耕地利用与管理手段最为成熟的地区，土地利用结构相对稳定，与三江平原其他地区的土地利用特点存在一定的区别，研究显示，水田整体偏移特征恰好与三江平原水田"北移东扩"的整体特征相反，未来需根据三江平原的地区特点差异性制定差别化的耕地管理策略。对于三江平原北部仍处于扩张状态的水田应尽量保障其粮食生产能力，而水田发展成熟的挠力河流域应在保证其粮食可持续生产的前提下，关注水田开发利用中的生态环境问题。

（2）为坚守国家 $1.2 \times 10^8 \, hm^2$ 耕地红线，我国长期实行耕地占补平衡政策，即非农建设经批准占用耕地要按照"占多少，补多少"的原则，补充数量和质量相当的耕地。在我国耕地后备资源逐渐开发殆尽的背景下，耕地占补平衡政策对保障我国耕地数量起到了巨大的作用。大量优质耕地被建设占用，而劣质耕地的粮食生产能力难以得到保证，甚至出现弃荒情形，另一方面，地方政府将大量的劣质耕地、超坡耕地等生产能力难以得到保障的土地以耕地类型进行上报，综合导致耕地的"真正"数量难以得到保证。国土资源统计公报显示，近几年来我国耕地面积开始轻微下降，耕地数量及质量的真正保护压力应更大。挠力河流域是我国重要的粮食垦区，农业和工业的剪刀差导致该地区经济发展滞后，耕地被建设占用的需求较低，挠力河流域境内未利用地资源丰富，仍存在一定面积数量的耕地后备资源，特别是 21 世纪以来该地区耕地面积持续增加，三江平原地区在保障我国粮食安全中的战略地位愈加凸显。

（3）本书基于现有土地利用变更调查数据库中耕地数量及空间分布特征，来精细提取出其中的净耕地信息，并判断耕地调查结果的精细程度。然而对应于土地利用调查中存在小地物易纳入耕地的情形，其他非耕地调查中也存在小片耕地被纳入非耕地情况，后续可配合抽样调查进一步完善净耕地提取的研究角度和思路。

（4）气候水分平衡反映气候条件的湿润程度，是区域水土资源平衡的初始层次。通过对挠力河流域耕地利用下的气候水分平衡效应研究，揭示该流域耕地利用过程中的初始水分条件状况，为认识挠力河流域的水土资源状况提供基础性的认识。尽管该流域耕地主要采取地下水灌溉模式，但天然降水仍然是半封闭式流域唯一的供水"本源",从长期来看,基于有效降水与蒸散量来分析水分平衡特征,仍具有较强的实践指导价值和理论意义。挠力河常年处于气候水分亏缺的状态,单纯地利用自然降水将难以保证该流域的粮食正常生产。从水分盈亏的平均水平上看,初始层次的水分亏缺态势向良性发展,整体盈亏结论与学者等针对东北地区的研究结论基本一致。然而随着该流域水田的持续增加,挠力河流域的气候缺水值会同步增加,水田的用水灌溉管理将是未来挠力河流域乃至三江平原地区农业资源综合利用的核心问题。

(5) 以水稻为主要种植类型的水田是挠力河流域重要的人工湿地景观和粮食生产载体,灌溉需水量偏大。在变化环境背景下,水田的水分亏缺态势愈加突出,应将水田或水稻视作水分条件管理的重点对象。相关学者等也对挠力河流域的水土资源综合利用问题开展了系统性研究,并认为水稻种植对区域干旱特征影响非常显著,研究结论与本研究基本一致。然而由于作物尤其是水稻不同生长阶段的需水量不同,使得对应的水分盈亏量也存在差别,后续研究应细化作物生长阶段,揭示不同生长阶段的水分盈亏特点,以针对性地指导该流域农业灌溉管理。

(6) 挠力河流域具有强烈的地域特色。当地水田开发利用过程中大量发展机电井抽取地下水,使得农业水循环从水平排水为主向垂直排水为主的方向转变,而水田的需水量高于旱地,导致该流域农业需水量持续增加,并引起一系列生态环境问题。同时由于种植水稻的经济效益明显高于种植旱作物,当地农户更倾向于将更多的旱地改造成水田以提高农业种植效益,但易受制于水资源供给条件影响,部分农户甚至不得不将水田重新改造成旱地,即出现"逆水田化"现象。当地农户和政府尤其关心以下几点问题:在一定的水资源承载范围内,当地的水田还能开发多少?是否存在水田过度开发的情况?水田化系数应控制在什么范围内?为解决以上问题,本研究在水循环径流分项模拟数据、气象遥感数据、作物生长周期等多源水土信息数据支持下,基于农田土壤水循环原理,开展耕地水土资源平衡研究,试图揭示该流域水土资源平衡规律,指出耕地合理利用规模特征,并对以上现实问题进行了回答。

(7) 气候变化的适应性研究是全球陆地系统研究的热点问题。挠力河流域是我国重要的粳稻生产区和商品粮基地,属于欧亚大陆东端和中高纬度的气候变化敏感带,增温幅度显著高于全球同期水平,降水量呈略减少趋势,气候逐渐呈现暖干化特点,未来该流域的农业发展更需考虑气候变化背景下的水土资源平衡问题。目前,围绕挠力河流域水土资源方面的研究主要集中于该地区水文循环系统与湿地保护,针对耕地的合理利用研究具有较强的紧迫性。尽管围绕挠力河流域耕地水土资源利用已开展部分前期基础性研究,但未考虑未来气候变化的适应性,仅就历史时点水土资源平衡状态进行评价,或基于

CA－Markov模型模拟出 2025 年自然发展条件下水土资源平衡状态，实际指导意义一般。研究依据 IPCC 第 5 次评估报告中发布的典型浓度路径下不同气候模式，估算了区域水平不同气候模式下的土地利用需求量，实现了与国际相关研究的完好链接，为相关领域的国际交流与合作奠定了基础。研究还引入 FLUS 模型定量模拟 RCPs 气候排放情景下水土资源平衡效应，可以为挠力河流域乃至三江平原的耕地适应性调整提供科学依据，后续研究急需从天然状态下探寻两者之间的耦合机理，并通过耕地调整（数量及结构调整）实现水土资源平衡以适应气候变化。

# 参 考 文 献

[1] YANG Y，XIAO H，WEI Y，et al. Hydrological processes in the different landscape zones of alpine cold regions in the wet season，combining isotopic and hydrochemical tracers [J]. Hydrological processes，2012，26（10）：1457‐1466.

[2] PACHAURI R，LA M. Contribution of working groups I，II and III to the fifth assessment report of the intergovernmental panel on climate change [J]. Journal of romance studies，2015，4（2）：85‐88.

[3] 卢洪健，莫兴国，孟德娟，等. 气候变化背景下东北地区气象干旱的时空演变特征 [J]. 地理科学，2015，35（8）：1051‐1059.

[4] KAMINSKI E，CHENET A L，JAUPART C，et al. Rise of volcanic plumes to the stratosphere aided by penetrative convection above large lava flows [J]. Earth & planetary science letters，2011，301（1‐2）：171‐178.

[5] LI H，LU Y，PIAO L，et al. Targeting human clonogenic acute myelogenous leukemia cells via folate conjugated liposomes combined with receptor modulation by all‐trans retinoic acid [J]. International journal of pharmaceutics，2010，402（1‐2）：57‐63.

[6] CHANG B，SHA X，GUO J，et al. Thermo and pH dual responsive，polymer shell coated，magnetic mesoporous silica nanoparticles for controlled drug release [J]. Journal of materials chemistry，2011，21（25）：9239‐9247.

[7] 姚允龙，吕宪国，王蕾，等. 气候变化对挠力河径流量影响的定量分析 [J]. 水科学进展，2010，21（6）：765‐770.

[8] 云雅如，方修琦，王媛，等. 黑龙江省过去20年粮食作物种植格局变化及其气候背景 [J]. 自然资源学报，2005，20（5）：697‐705.

[9] 段居琦，周广胜. 中国双季稻种植区的气候适宜性研究 [J]. 中国农业科学，2012，45（2）：218‐227.

[10] 李丽娟，梁育飞，孟昭梅，等. 护理干预对急性胰腺炎患者胃肠减压效果的影响 [J]. 山西医药杂志（下半月刊），2010，39（1）：78.

[11] 吴海燕，孙甜田，范作伟，等. 东北地区主要粮食作物对气候变化的响应及其产量效应 [J]. 农业资源与环境学报，2014（4）：299‐307.

[12] KOHUT S J，HIRANITA T，HONG S K，et al. Preference for distinct functional conformations of the dopamine transporter alters the relationship between subjective effects of cocaine and stimulation of mesolimbic dopamine [J]. Biological psychiatry，2014，76（10）：802‐809.

[13] 黄妮，刘殿伟，王宗明，等. 1954—2005年三江平原自然湿地分布特征研究 [J]. 湿地科学，2009，7（1）：33‐39.

[14] 杜国明，匡文慧，孟凡浩，等．巴西土地利用/覆盖变化时空格局及驱动因素 [J]．地理科学进展，2015，34 (1)：73-82.

[15] 刘正茂，吕宪国，夏广亮，等．三江平原绿色农业节水理论与技术路线研究 [J]．水利发展研究，2010，10 (9)：50-53.

[16] 王韶华，刘文朝，刘群昌．三江平原农业需水量及适宜水稻种植面积的研究 [J]．农业工程学报，2004，20 (4)：50-53.

[17] 姜秋香，付强，王子龙，等．三江平原水土资源空间匹配格局 [J]．自然资源学报，2011 (2)：270-277.

[18] 姚海娇，周宏飞，苏风春．从水土资源匹配关系看中亚地区水问题 [J]．干旱区研究，2013，30 (3)：391-395.

[19] PEREIRA A，GARMENDIA M L，ALVARADO M E，et al. Hypertension and the risk of breast cancer in Chilean women：a case-control study [J]．Asian Pacific journal of cancer prevention，2012，13 (11)：5829-5834.

[20] FENG Z M，TANG Y，YANG Y Z，et al. Establishment and application of human settlements environment index model (HEI) based on GIS [J]．地理学报，2008，63 (12)：1327-1336.

[21] 南彩艳，粟晓玲．基于改进 SPA 的关中地区水土资源承载力综合评价 [J]．自然资源学报，2012 (1)：104-114.

[22] 姚华荣，吴绍洪，曹明明．GIS 支持下的区域水土资源优化配置研究 [J]．农业工程学报，2004，20 (2)：31-35.

[23] 任志远，郭彩玲．区域水土资源平衡与灌溉优化模型研究——以陕西关中灌区为例 [J]．干旱区地理（汉文版），2000，23 (3)：264-268.

[24] 张晶，张惠文，丛峰，等．长期灌溉含多环芳烃污水对稻田土壤酶活性与微生物种群数量的影响 [J]．生态学杂志，2007，26 (8)：1193-1198.

[25] 孙小舟．西辽河流域水土资源平衡的气候变化效应研究 [D]．北京：中国科学院大学，2010.

[26] 林耀明，任鸿遵，于静洁．华北平原的水土资源平衡研究 [J]．自然资源学报，2000，15 (3)：252-258.

[27] 姜广辉，何新，马雯秋，等．基于空间自相关的农村居民点空间格局演变及其分区 [J]．农业工程学报，2015，31 (13)：265-273.

[28] 杨艳昭，赵延德，封志明，等．长三角都市区人口集疏过程及其空间格局变化 [J]．西北人口，2013 (6)：34-39.

[29] 姚维科，崔保山，刘杰，等．大坝的生态效应：概念、研究热点及展望 [J]．生态学杂志，2006，25 (4)：428-434.

[30] 杜国明，宋戈，李静．资源型城市土地的集约利用 [J]．城市问题，2009 (5)：23-26.

[31] 李丽娟，姜德娟，李九一，等．土地利用/覆被变化的水文效应研究进展 [J]．自然资源学报，2007，22 (2)：211-224.

[32] 张军以，王腊春，苏维词，等．岩溶地区人类活动的水文效应研究现状及展望［J］．地理科学进展，2014，33（8）：1125-1135．

[33] 杨胜天．遥感水文数字实验［M］．北京：科学出版社，2015．

[34] 曾红娟．遥感驱动的分布式水文模型研究及缺资料流域应用［D］．北京：北京师范大学，2010．

[35] 吴险峰，刘昌明．流域水文模型研究的若干进展［J］．地理科学进展，2002，21（4）：341-357．

[36] 周浩，雷国平，陈藜藜，等．挠力河流域耕地水分盈亏时空变化特征及趋势模拟［J］．干旱区地理，2017，40（1）：122-130．

[37] 周浩，雷国平，杨雪昕，等．RCPs 气候情景下挠力河流域耕地水土资源平衡效应模拟［J］．应用生态学报，2018，29（4）：1302-1312．

[38] 刘正茂．近 50 年来挠力河流域径流演变及驱动机制研究［D］．长春：东北师范大学，2012．

[39] 刘贵花．三江平原挠力河流域水文要素变化特征及其影响研究［D］．长春：中国科学院东北地理与农业生态研究所，2013．

[40] 张国平，刘丛强，杨元根，等．贵州省几个典型金属矿区周围河水的重金属分布特征［J］．地球与环境，2004，32（1）：82-85．

[41] 李均力，姜亮亮，包安明，等．1962—2010 年玛纳斯流域耕地景观的时空变化分析［J］．农业工程学报，2015，31（4）：277-285．

[42] 周建，张凤荣，王秀丽，等．中国土地整治新增耕地时空变化及其分析［J］．农业工程学报，2014，30（19）：282-289．

[43] 周兰萍，魏怀东，丁峰，等．1973—2010 年石羊河流域耕地时空变化研究［J］．干旱区研究，2015，32（3）：483-491．

[44] 关兴良，胡仕林，蔺雪芹，等．武汉城市群城镇用地扩展的动态模式及其驱动机制［J］．长江流域资源与环境，2014，23（11）：1493-1501．

[45] 王宇坤，陶娟平，刘峰贵，等．西藏雅鲁藏布江中游河谷地区 1830 年耕地格局重建［J］．地理研究，2015，34（12）：2355-2367．

[46] 满卫东，王宗明，刘明月，等．1990—2013 年东北地区耕地时空变化遥感分析［J］．农业工程学报，2016，34（7）：1-10．

[47] 贾明明．1973—2013 年中国红树林动态变化遥感分析［D］．长春：中国科学院东北地理与农业生态研究所，2014．

[48] LONG H，LIU Y，LI X，et al. Building new countryside in China：a geographical perspective［J］．Land use policy，2010，27（2）：457-470．

[49] 周浩，雷国平，杨雪昕．三江平原典型流域土地利用格局变化与空间分异研究［J］．农业机械学报，2017，48（5）：142-151．

[50] 辛蕊，陆忠军，刘洋，等．Landsat TM8 及 GF-1 影像黑龙江省线状地物实际与解译宽度对比［J］．农业工程学报，2015，31（16）：196-205．

[51] 孙丽，吴全，张松岭，等．小地物比例提取在河北耕地遥感调查中的应用研究［J］．

农业工程学报，2006，22（2）：79-82.

[52] 易湘生，马尚杰，游炯，等．遥感调查中耕地解译面积精准核算 [J].农业工程学报，2016，32（s1）：169-176.

[53] 王荣，王昭生，刘晓曼．多尺度多准则的遥感影像线状地物信息提取 [J].测绘科学，2016，41（11）：146-150.

[54] 马尚杰，易湘生，游炯，等．基于 GF-1影像的冬小麦种植面积核算及直补政策实施评价 [J].农业工程学报，2016，32（18）：169-174.

[55] 张占录．基于用地效率分析的城市区域空间结构极化模型及空间发展战略 [J].城市发展研究，2011，18（8）：46-52.

[56] 吴全，杨邦杰，裴志远，等．大尺度作物面积遥感监测中小地物的影响与双重抽样 [J].农业工程学报，2004，20（3）：130-133.

[57] 曹卫彬，杨邦杰，宋金鹏．基于 Landsat TM 图像棉花面积提取中线状地物的扣除方法研究 [J].农业工程学报，2004，20（2）：164-167.

[58] 邓聚龙．灰色预测与决策 [M].武汉：华中理工大学出版社，1986.

[59] 解文娟，杨晓光，杨婕，等．气候变化背景下东北三省大豆干旱时空特征 [J].生态学报，2014，34（21）：6232-6243.

[60] 胡实，莫兴国，林忠辉．未来气候情景下我国北方地区干旱时空变化趋势 [J].干旱区地理，2015，38（2）：239-248.

[61] 韩冬梅，杨贵羽，严登华，等．近50年东北地区旱涝时空特征分析 [J].水电能源科学，2014（6）：5-8.

[62] 刘彦随，甘红，张富刚．中国东北地区农业水土资源匹配格局 [J].地理学报，2006，61（8）：847-854.

[63] GARMENDIA E，MARIEL P，TAMAYO I，et al. Assessing the effect of alternative land uses in the provision of water resources：evidence and policy implications from southern Europe [J]. Land use policy，2012，29（4）：761-770.

[64] 唐焰，封志明，杨艳昭．基于栅格尺度的中国人居环境气候适宜性评价 [J].资源科学，2008，30（5）：648-653.

[65] 南彩艳，粟晓玲．基于改进 SPA 的关中地区水土资源承载力综合评价 [J].自然资源学报，2012（1）：104-114.

[66] 姚华荣，吴绍洪，曹明明.GIS 支持下的区域水土资源优化配置研究 [J].农业工程学报，2004，20（2）：31-35.

[67] 任志远，郭彩玲．区域水土资源平衡与灌溉优化模型研究——以陕西关中灌区为例 [J].干旱区地理（汉文版），2000，23（3）：264-268.

[68] 林耀明，任鸿遵，于静洁．华北平原的水土资源平衡研究 [J].自然资源学报，2000，15（3）：252-258.

[69] 杨胜天．生态水文模型与应用 [M].北京：科学出版社，2012.

[70] 杨艳昭，封志明，林耀明．甘肃省小麦水分平衡及其时空分布模式 [J].地理研究，2005，24（6）：853-859.

[71] 赵聚宝，徐祝龄，钟兆站 . 中国北方旱地农田水分平衡［M］. 北京：中国农业出版社，2000.

[72] 徐祝龄，王砚田 . 武川旱农试验区马铃薯田水分平衡［J］. 中国农业大学学报，1994，1（1）：42 - 46.

[73] 张立峰，边秀举，赵广生，等 . 栗钙土燕麦田水分平衡分析［J］. 河北农业大学学报，1996（1）：17 - 21.

[74] 王殿武，王立秋，牛瑞明 . 高寒半干旱区农牧增产技术［M］. 北京：地震出版社，1998.

[75] 丛振涛，张晓颖 . 基于 Poisson 分布的降水模型及其在潮白河密云水库上游流域的应用［J］. 清华大学学报（自然科学版），2013（1）：36 - 41.

[76] 王正非，朱廷曜，朱劲伟，等 . 森林气象学［M］. 北京：中国林业出版社，1985.

[77] 左大康，谢贤群 . 农田蒸发研究［M］. 北京：气象出版社，1991.

[78] 黄荣翰 . 小麦的灌溉需水量［J］. 水利学报，1959（2）：53 - 61.

[79] 凌美华，林文盘，周性和 . 腾冲航空遥感图像在水文与水利方面的若干应用［J］. 水利水电技术：水文副刊，1980（2）：32 - 32.

[80] POULOVASSILIS A，KERKIDES P，AGGELIDES S，et al. Assessment of impacts of irrigated agriculture：a case study［J］. Sustainability of irrigated agriculture，1996，312：601 - 613.

[81] 常杰，祝廷成 . 羊草群落水分状况的初步研究［J］. 植物生态学报，1989，13（3）：219 - 229.

[82] 赵聚宝，梅旭荣 . 晋东南地区麦田小分供需特征及节水灌溉研究［J］. 干旱地区农业研究，1990（4）：7 - 13.

[83] 卢宗凡，张兴昌 . 黄土高原人工草地的土壤水分动态及水土保持效益研究［J］. 干旱区资源与环境，1995（1）：40 - 49.

[84] 李锋瑞，赵松岭，李凤民，等 . 陇东黄土旱塬作物组合系统农田耗水规律研究［J］. 生态学报，1995，15（4）：420 - 426.

[85] 柯惠英，迟俊民 . 浙江省主要农作物灌溉水量供需平衡分析［J］. 浙江水利科技，1996（1）：33 - 36.

[86] 李洪建，王孟本，柴宝峰 . 晋西北人工林土壤水分特点与降水关系研究［J］. 水土保持学报，1998（4）：60 - 65.

[87] 钟兆站，赵聚宝 . 中国北方主要旱地作物需水量的计算与分析［J］. 中国农业气象，2000，21（2）：1 - 4.

[88] 李应林，高素华，郭建平 . 我国主要旱地作物水分供需状况分析及改善对策［J］. 气候与环境研究，2004，9（2）：331 - 341.

[89] 马义虎，陈丽华，余新晓 . 晋南人工刺槐林需水量计算及分析［J］. 水土保持研究，2005，12（6）：89 - 91.

[90] 范文波，刘焕芳，吴海江，等 . 盐碱地人工种植芨芨草需水规律研究［J］. 水土保持通报，2005，25（6）：50 - 52.

[91] 董仁，隋福祥，张树辉．应用彭曼公式计算作物需水量 [J]．黑龙江大学工程学报，2006，33（2）：100-101．

[92] 罗诗峰，杨改河，李奔，等．水约束下乌兰察布市林草植被的需水量分析 [J]．西北农林科技大学学报（自然科学版），2006，34（8）：57-61．

[93] 徐祝龄，王砚田．武川旱农试验区马铃薯田水分平衡 [J]．中国农业大学学报，1994，1（1）：42-46．

[94] 毛学森，赵聚宝．晋东南地区旱地麦田水分供需状况分析 [J]．中国农业气象，1994，15（3）：17-20．

[95] 徐祝龄，陆光明，马秀玲，等．饶阳试验区林网保护下的棉田土壤水分平衡的研究 [J]．中国农业大学学报，1993，2（1）：67-72．

[96] 李开元，邵明安．黄土高原南部特大旱年农田水分状况与作物产量反应：以陕西省长武县为例 [J]．土壤通报，1994（4）：145-148．

[97] 毛瑞洪，严菊芳．渭北旱区冬小麦田土壤水分动态及农田水分平衡的研究 [J]．干旱地区农业研究，1995（4）：52-57．

[98] 居辉，兰霞．不同灌溉制度下冬小麦产量效应与耗水特征研究 [J]．中国农业大学学报，2000，5（5）：23-29．

[99] 王育红，姚宇卿，吕军杰，等．豫西坡耕地不同耕作方式麦田水分动态及其生态效益 [J]．西北农业学报，2001，10（4）：55-57．

[100] 吴凤燕，王晓红，胡铁松．灌区农业干旱模拟与灌溉效益评估 [J]．中国农村水利水电，2004（3）：27-29．

[101] 封志明，刘宝勤，杨艳昭．中国耕地资源数量变化的趋势分析与数据重建：1949—2003 [J]．自然资源学报，2005，20（1）：35-43．

[102] 杨艳昭，封志明，黄河清．气候变化下西北地区农田水分平衡的模拟与分析 [J]．自然资源学报，2008，23（1）：103-112．

[103] 胡庆芳，尚松浩，田俊武，等．FAO56计算水分胁迫系数的方法在田间水量平衡分析中的应用 [J]．农业工程学报，2006，22（5）：40-43．

[104] 张晶，封志明，杨艳昭．宁夏平原县域农业水土资源平衡研究 [J]．干旱区资源与环境，2007，21（2）：60-65．

[105] 王浩，陈敏建，何希吾，等．西北地区水资源合理配置与承载能力研究 [J]．中国水利，2004（22）：43-45．

[106] 石玉林，卢良恕．中国农业需水与节水高效农业建设 [M]．北京：中国水利水电出版社，2001．

[107] 石玉林．西北地区水资源配置生态环境建设和可持续发展战略研究·土地荒漠化卷，西北地区土地荒漠化与水土资源利用研究 [M]．北京：科学出版社，2004．

[108] 杜虎林，高前兆．河西走廊水资源供需平衡及其对农业发展的承载潜力 [J]．自然资源学报，1997，12（3）：225-232．

[109] 林耀明，任鸿遵，于静洁．华北平原的水土资源平衡研究 [J]．自然资源学报，2000，15（3）：252-258．

[110] 满苏尔·沙比提，阿布拉江·苏莱曼，周俊菊．新疆草地资源合理利用与草地畜牧业可持续发展 [J]．草业科学，2002，19（4）：11-15.

[111] 雷志栋，苏立宁，杨诗秀，等．青铜峡灌区水土资源平衡分析的探讨 [J]．水利学报，2002（6）：9-14.

[112] LUDWIG S, PLANZ O, PLESCHKA S, et al. Influenza - virus - induced signaling cascades: targets for antiviral therapy [J]. Trends in molecular medicine, 2003, 9 (2): 46-52.

[113] OZDOGAN M, WOODCOCK C E. Resolution dependent errors in remote sensing of cultivated areas [J]. Remote sensing of environment, 2006, 103 (2): 203-217.

[114] MEIJERINK A M, RAMOS L, FLEISCHER K, et al. Influence of paternal age on ongoing pregnancy rate at eight weeks' gestation in assisted reproduction [J]. Reproductive biomedicine online, 2016, 32 (1): 96-103.

[115] SMOUT I K, GORANTIWAR S D, VAIRAVAMOORTHY K. Performance - based optimization of land and water resources within irrigation schemes [J]. Journal of irrigation & drainage engineering, 2006, 132 (4): 341-348.

[116] KRAUSE K H. Aging: a revisited theory based on free radicals generated by NOX family NADPH oxidases [J]. Experimental gerontology, 2007, 42 (4): 256-262.

[117] 赵人俊，王佩兰，胡凤彬．新安江模型的根据及模型参数与自然条件的关系 [J]．河海大学学报，1992（1）：52-59.

[118] 熊立华，郭生练，付小平，等．两参数月水量平衡模型的研制和应用 [J]．水科学进展，1996（s1）：80-86.

[119] 王蕊，夏军，张文华．一种新的概念性水文模型及其应用研究 [J]．水文，2009，29（2）：1-6.

[120] 郭生练，熊立华，杨井，等．基于DEM的分布式流域水文物理模型 [J]．武汉大学学报（工学版），2000，33（6）：1-5.

[121] 夏军，王纲胜，吕爱锋，等．分布式时变增益流域水循环模拟 [J]．地理学报，2003，58（5）：789-796.

[122] 刘昌明，杨胜天，温志群，等．分布式生态水文模型 EcoHAT 系统开发及应用 [J]．中国科学：技术科学，2009（6）：1112-1121.

[123] 杨大文，李翀，倪广恒，等．分布式水文模型在黄河流域的应用 [J]．地理学报，2004，59（1）：143-154.

[124] 王浩，秦大庸，王建华，等．西北内陆干旱区水资源承载能力研究 [J]．自然资源学报，2004，19（2）：151-159.

[125] 贾仰文．分布式流域水文模型原理与实践 [M]．北京：中国水利电出版社，2005.

[126] 王蕾，田富强，胡和平，等．基于不规则三角形网格和有限体积法的物理性流域水文模型 [J]．水科学进展，2010，21（6）：733-741.

[127] 姜尚埕，李飞，陈立峰．遥感技术在分布式水文模型中的应用研究进展 [J]．水资源与水工程学报，2013，24（1）：174-180.

［128］YE Z，AL E A E. ChemInform abstract：modeling directed design and biological evaluation of quinazolinones as non－peptidic growth hormone secretagogues ［J］. Cheminform，2010，31 (18).

［129］SCHREIDER C，PEIGNON G，THENET S，et al. Integrin－mediated functional polarization of Caco－2 cells through E－cadherin—actin complexes ［J］. Journal of cell science，2002，115 (3)：543－552.

［130］MICOVIC Z，QUICK M C. A rainfall and snowmelt runoff modelling approach to flow estimation at ungauged sites in British Columbia ［J］. Journal of hydrology，1999，226 (1－2)：101－120.

［131］叶守泽. 非线性水文系统模型 ［J］. 珠江水电情报，1991 (5)：2－12.

［132］GUO M，AL E. Effect of agricultural chemicals on ultrastructure of mesophyllous cell in cotton ［J］. Chinese journal of applied & environmental biology，2002.

［133］李怀恩，沈晋. 非点源污染数学模型 ［M］. 西安：西北工业大学出版社，1996.

［134］SILBERSTEIN R P，SIVAPALAN M，VINEY N R，et al. Modelling the energy balance of a natural jarrah (Eucalyptusmarginata) forest ［J］. Agricultural & forest meteorology，2003，115 (3)：201－230.

［135］谈戈，夏军，李新. 无资料地区水文预报研究的方法与出路 ［J］. 冰川冻土，2004，26 (2)：192－196.

［136］刘昌明，张丹. 中国地表潜在蒸散发敏感性的时空变化特征分析 ［J］. 地理学报，2011，66 (5)：579－588.

［137］WELBY C W. Landsat－1 imagery for geologic evaluation ［J］. Photogrammetric engineering & remote sensing，1976，42 (11)：1411－1419.

［138］ZHANG L，LEMEUR R. Evaluation of daily evapotranspiration estimates from instantaneous measurements ［J］. Agricultural & forest meteorology，1995，74 (1－2)：139－154.

［139］SHRIMALI S S，AGGARWAL S P，SAMRA J S. Prioritizing erosion－prone areas in hills using remote sensing and GIS—a case study of the Sukhna Lake catchment，Northern India ［J］. International journal of applied earth observation & geoinformation，2001，3 (1)：54－60.

［140］刘贤赵，谭春英，宋孝玉，等. 黄土高原沟壑区典型小流域土地利用变化对产水量的影响——以陕西省长武王东沟流域为例 ［J］. 中国生态农业学报，2005，13 (4)：99－102.

［141］许有鹏，陈钦峦. 遥感信息在水文动态模拟中的应用 ［J］. 水科学进展，1995，6 (2)：156－161.

［142］CERMAK L S，CRAIK F I. Levels of processing in human memory ［M］. Lawrence Erlbaum Associates，1979.

［143］王船海，闫红飞，马腾飞. 分布式架构水文模型 ［J］. 河海大学学报（自然科学版），2009，37 (5)：550－555.

［144］ 后立胜，蔡运龙. 土地利用/覆被变化研究的实质分析与进展评述 ［J］. 地理科学进展，2004，23（6）：96 - 104.

［145］ 史培军. 土地利用/覆盖变化研究的方法与实践 ［M］. 北京：科学出版社，2000.

［146］ BRONSTERT B，MÖHWALD H. Mixtures suitable as solid electrolytes or separators for electrochemical cells ［P］. US，US6416905，2002.

［147］ BELAY M，BEWKET W. A participatory assessment of soil erosion and farm management practices in northwest Ethiopia ［J］. Agro - environment，2012.

［148］ ROO A P J D. Assessment of soil vulnerability to soil erosion using gis and simulation models in catchments in the netherlands and the United Kingdom ［M］// Integrated soil and sediment research：a basis for proper protection. Springer Netherlands，1993：337 - 340.

［149］ FOHRER C，CAILLARD S，KOUMARIANOU A，et al. Long - term survival in post - transplant lymphoproliferative disorders with a dose - adjusted ACVBP regimen ［J］. British journal of haematology，2010，134（6）：602 - 612.

［150］ SULLIVAN P G，DRAGICEVIC N B，DENG J H，et al. Proteasome inhibition alters neural mitochondrial homeostasis and mitochondria turnover ［J］. Journal of biological chemistry，2004，279（20）：20699 - 20707.

［151］ OTTE A，SIMMERING D，WOLTERS V. Biodiversity at the landscape level：recent concepts and perspectives for multifunctional land use ［J］. Landscape ecology，2007，22（5）：639 - 642.

［152］ JESCHENIAK J D，MEYER A S，LEVELT W J M. Specific - word frequency is not all that counts in speech production：comments on Caramazza，Costa，et al.（2001）and new experimental data ［J］. J Exp Psychol Learn Mem Cogn，2003，29（3）：432 - 438.

［153］ 韩晓增. 中国东北农田土壤水分属性及调控 ［M］. 北京：科学出版社，2005.

［154］ 叶宝莹，张养贞，张树文，等. 嫩江流域土地覆被变化对径流量的影响分析 ［J］. 水土保持通报，2003，23（2）：15 - 18.

［155］ LØRUP J K，REFSGAARD J C，MAZVIMAVI D. Assessing the effect of land use change on catchment runoff by combined use of statistical tests and hydrological modelling：case studies from Zimbabwe ［J］. Journal of hydrology，1998，205（3 - 4）：147 - 163.

［156］ GARMENDIA E，MARIEL P，TAMAYO I，et al. Assessing the effect of alternative land uses in the provision of water resources：evidence and policy implications from Southern Europe ［J］. Land use policy，2012，29（4）：761 - 770.

［157］ 南彩艳，粟晓玲. 基于改进 SPA 的关中地区水土资源承载力综合评价 ［J］. 自然资源学报，2012（1）：104 - 114.

［158］ 杨艳昭，张伟科，封志明，等. 干旱条件下南方红壤丘陵地区水分平衡 ［J］. 农业工程学报，2013，29（12）：110 - 119.

[159] 姚维科，崔保山，刘杰，等．大坝的生态效应：概念、研究热点及展望 [J]．生态学杂志，2006，25（4）：428-434.

[160] 姜广辉，何新，马雯秋，等．基于空间自相关的农村居民点空间格局演变及其分区 [J]．农业工程学报，2015，31（13）：265-273.

[161] 刘正茂，吕宪国，夏广亮，等．近50年挠力河流域上游径流深变化过程及其驱动机制研究 [J]．水文，2011，31（3）：44-50.

[162] 吴险峰，刘昌明．流域水文模型研究的若干进展 [J]．地理科学进展，2002，21（4）：341-357.

[163] 栾兆擎，邓伟．三江平原人类活动的水文效应 [J]．水土保持通报，2003，23（5）：11-14.

[164] 侯伟，张树文，张养贞，等．三江平原挠力河流域50年代以来湿地退缩过程及驱动力分析 [J]．自然资源学报，2004，19（6）：725-731.

[165] 刘红玉，吕宪国，张世奎，等．三江平原流域湿地景观破碎化过程研究 [J]．应用生态学报，2005，16（2）：289-295.

[166] 于世青，祝伟．挠力河流域地下水系统动态特征研究 [J]．黑龙江水利科技，2006，34（2）：62-64.

[167] 刘正茂，孙永贺，吕宪国，等．挠力河流域龙头桥水库对坝址下游湿地水文过程影响分析 [J]．湿地科学，2007，5（3）：201-207.

[168] 蔡福，于慧波，矫玲玲，等．降水要素空间插值精度的比较——以东北地区为例 [J]．资源科学，2006，28（6）：73-79.

[169] 刘志红，TIM R M V，VAN N，等．专用气候数据空间插值软件 ANUSPLIN 及其应用 [J]．气象，2008，34（2）：92-100.

[170] 郑小波，罗宇翔，于飞，等．西南复杂山地农业气候要素空间插值方法比较 [J]．中国农业气象，2008，29（4）：458-462.

[171] 黄星，马龙，刘廷玺，等．黄河流域内蒙古段1951—2012年气温、降水变化及其关系 [J]．自然资源学报，2016，31（6）：1027-1040.

[172] ATTA U R，KHATTAK K F，NIGHAT F，et al. Dimeric tropane alkaloids from Erythroxylum moonii [J]．Phytochemistry，1998.

[173] 张璐．气候变化背景下锡林郭勒盟草原近50年降水资源演变特征 [J]．内蒙古科技与经济，2015（7）：55-57.

[174] 苏晓丹，栾兆擎，张雪萍．三江平原气温降水变化分析——以建三江垦区为例 [J]．地理研究，2012，31（7）：1248-1256.

[175] ZHANG Y，WEGEHENKEL M. Integration of MODIS data into a simple model for the spatial distributed simulation of soil water content and evapotranspiration [J]．Remote sensing of environment，2006，104（4）：393-408.

[176] 张利平，陈万春，夏军，等．干旱灾害成灾过程数值模拟研究 [J]．武汉大学学报（工学版），2003，36（4）：24-27.

[177] 夏军，王纲胜，吕爱锋，等．分布式时变增益流域水循环模拟 [J]．地理学报，

2003，58（5）：789 - 796.

[178] 王纲胜，夏军，谈戈，等 . 潮河流域时变增益分布式水循环模型研究 [J]. 地理科学进展，2002，21（6）：573 - 582.

[179] 王纲胜，夏军 . 利用 SCE - UA 算法率定月水量平衡模型的参数 [C]. 全国水问题研究学术研讨会，2005.

[180] 宋晓猛，孔凡哲，占车生，等 . 基于统计理论方法的水文模型参数敏感性分析 [J]. 水科学进展，2012，23（5）：642 - 649.

[181] KRISTENSEN B O, BERTHELSEN J G. Simultaneous auscultatory and visual measurement of the blood pressure：a comparative trial by physicians and clinical assistants [J]. Ugeskrift for laeger, 1975，137（13）：715.

[182] PRIESTLEY C H B, TAYLOR R J. On the assessment of surface heat flux and evaporation using large - scale parameters [J]. Monthly weather review, 1972，100（2）：81 - 92.

[183] PRIVETTE J L, SCHAAF C B, SALEOUS N，et al. Evaluation of operational albedo algorithms for AVHRR, MODIS and VIIRS：case studies in Southern Africa [J]. Agu fall meeting abstracts, 2004.

[184] 高歌，许崇育 . 1961—2010 年中国十大流域水分盈亏量时空变化特征 [J]. 地理学报，2015，70（3）：380 - 391.

[185] 吴海燕，孙甜田，范作伟，等 . 东北地区主要粮食作物对气候变化的响应及其产量效应 [J]. 农业资源与环境学报，2014（4）：299 - 307.

[186] NEWMAN M E, MCLAREN K P, WILSON B S. Long - term socio - economic and spatial pattern drivers of land cover change in a Caribbean tropical moist forest, the Cockpit Country, Jamaica [J]. Agriculture ecosystems & environment, 2014，186（6）：185 - 200.

[187] LIU J, ZHANG Z, XU X，et al. Spatial patterns and driving forces of land use change in China during the early 21st century [J]. Journal of geographical sciences, 2010，20（4）：483 - 494.

[188] 杜国明，李昀，于凤荣，等 . 基于遥感的 2000—2009 年三江平原北部耕地变化特征分析 [J]. 农业工程学报，2012，28（1）：225 - 229.

[189] 周浩，雷国平，张博，等 . 1990—2013 年挠力河流域耕地变化下水土资源平衡效应分析 [J]，农业工程学报，2015，31（1）：272 - 280.

[190] 陆渝蓉，高国栋，李怀瑾 . 关于我国干湿状况的研究 [J]. 南京大学学报（自然科学版），1979（1）：125 - 138.

[191] 王晓东，马晓群，许莹，等 . 淮河流域主要农作物全生育期水分盈亏时空变化分析 [J]. 资源科学，2013，35（3）：665 - 672.

[192] DAI A G, TRENBERTH K E, KARL T R. Global variations in droughts and wet spells：1900—1995 [J]. Geophysical research letters, 1998，25（17）：3367 - 3370.

[193] 赵俊芳，郭建平，徐精文，等 . 基于湿润指数的中国干湿状况变化趋势 [J]. 农业

工程学报，2010，26（8）：18-24.

[194] 刘波，马柱国. 过去45年中国干湿气候区域变化特征 [J]. 干旱区地理，2007，30（1）：8-15.

[195] 张淑杰，张玉书，蔡福，等.1961年至2007年东北地区水分盈亏变化趋势及其影响与响应 [J]. 资源科学，2010，32（4）：663-670.

[196] 曾丽红，宋开山，张柏.1951—2008年东北地区水分盈亏量时空格局 [J]. 自然资源学报，2011，26（5）：858-870.

[197] 张顺谦，邓彪，杨云洁. 四川旱地作物水分盈亏变化及其与气候变化的关系 [J]. 农业工程学报，2012，28（10）：105-111.

[198] 姚晓军，张晓，孙美平，等.1960—2010年中国西北地区水分盈亏量时空特征 [J]. 地理研究，2013，32（4）：607-616.

[199] 史建国，严昌荣，何文清，等. 黄河流域水分亏缺时空格局变化研究 [J]. 自然资源学报，2008，23（1）：113-119.

[200] 吴险峰，刘昌明. 流域水文模型研究的若干进展 [J]. 地理科学进展，2002，21（4）：341-348.

[201] 杨胜天，赵长森. 遥感水文 [M]. 北京：科学出版社，2015.

[202] 周浩，雷国平，杨雪昕，等.RCPs气候情景下三江平原典型流域耕地动态模拟 [J]. 农业机械学报，2017，48（10）：121-133.

[203] PRIESTLEY C H B，TAYLOR R J. On the assessment of surface heat flux and evaporation using large-scale parameters [J]. Monthly weather review，1972，100（2）：81-92.

[204] LIANG S. Narrowband to broadband conversions of land surface albedo I：algorithms [J]. Remote sensing of environment，2001，76（2）：213-238.

[205] PIAO S，CIAIS P，HUANG Y，et al. The impacts of climate change on water resources and agriculture in China [J]. Nature，2010，467：43-51.

[206] 杨晓光，李茂松. 中国南方季节性干旱特征及种植制度适应 [M]. 北京：气象出版社，2014.

[207] 严登华，翁白莎，王浩. 区域干旱形成机制与风险应对 [M]. 北京：科学出版社，2014.

[208] 胡实，莫兴国，林忠辉. 未来气候情景下我国北方地区干旱时空变化趋势 [J]. 干旱区地理，2015，38（2）：239-248.

[209] 胡琦，潘学标，张丹，等. 东北地区不同时间尺度下气温和无霜期的变化特征 [J]. 中国农业气象，2015，36（1）：1-8.

[210] 刘彦随，甘红，张富刚. 中国东北地区农业水土资源匹配格局 [J]. 地理学报，2006，61（8）：847-854.

[211] 杨艳昭，张伟科，封志明，等. 土地利用变化的水土资源平衡效应研究：以西辽河流域为例 [J]. 自然资源学报，2013，28（3）：437-449.

[212] 高继卿，杨晓光，董朝阳，等. 气候变化背景下中国北方干湿区降水资源变化特征

分析 [J]. 农业工程学报，2015，31 (12)：99 – 110.

[213] 张耀存，张录军. 东北气候和生态过渡区近 50 年来降水和温度概率分布特征变化 [J]. 地理科学，2005，25 (5)：51 – 56.

[214] 卢洪健，莫兴国，孟德娟，等. 气候变化背景下东北地区气息干旱的时空演变特征 [J]. 地理科学，2015，35 (8)：1051 – 1059.

[215] 吴海燕，孙甜田，范作伟，等. 东北地区主要粮食作物对气候变化的响应及其产量效应 [J]. 农业资源与环境学报，2014，31 (4)：299 – 307.

[216] 云雅如，方修琦，王媛，等. 黑龙江省过去 20 年粮食作物种植格局变化及其气候背景 [J]. 自然资源学报，2005，20 (5)：697 – 705.

[217] 刘正茂. 近 50 年来挠力河流域径流演变及驱动机制研究 [D]. 长春：东北师范大学，2012.

[218] 刘贵花. 三江平原挠力河流域水文要素变化特征及其影响研究 [D]. 北京：中国科学院大学，2013.

[219] 宋晓林. 1950s 挠力河流域径流特征变化及其影响因素 [D]. 长春：中国科学院东北地理与农业生态研究所，2012.

[220] 聂娟，孙瑞志，曹振丽，等. 精准农业信息物理融合系统的事件模型研究 [J]. 农业机械学报，2015，46 (1)：285 – 291.

[221] 刘焱选，白慧东，蒋桂英. 中国精准农业的研究现状和发展方向 [J]. 中国农学通报，2007，23 (7)：577 – 582.

[222] 程涛，崔英，鱼京善，等. 全国水资源分区社会经济及用水量数据汇总系统设计与实践 [J]. 北京师范大学学报（自然科学版），2014，50 (5)：515 – 522.

[223] 陈彦，吕新. 基于模糊 c-均值聚类法的绿洲农田精确管理分区研究 [J]. 生态学报，2008，8 (7)：3067 – 3074.

[224] 郭燕，田延峰，吴宏海，等. 基于多源数据和模糊 k-均值方法的农田土壤管理分区研究 [J]. 土壤学报，2013，50 (3)：441 – 447.

[225] 周浩，雷国平，张博，等. 1990—2013 年挠力河流域耕地变化下水土资源平衡效应分析 [J]. 农业工程学报，2015，31 (1)：272 – 280.

[226] CHEN Y, LI X, LIU X P, et al. An agent – based model for optimal land allocation (AgentLA) with a contiguity constraint [J]. International journal of geographical information science, 2010, 24 (8)：1269 – 1288.

[227] 陈逸敏，黎夏，刘小平，等. 基于耦合地理模拟优化系统 GeoSOS 的农田保护区预警 [J]. 地理学报，2010，65 (9)：1137 – 1145.

[228] 王俊华，王兰法，王长君. 寒区水田用水量的研究 [C]. 中日科技合作项目三江平原农业综合实验站研究报告论文集，1985—1993：369.

**图书在版编目（CIP）数据**

气候变化背景下挠力河流域耕地利用变化水土资源平衡效应研究 / 周浩，雷国平著. —北京：中国农业出版社，2020.12
　　ISBN 978-7-109-27521-8

　　Ⅰ.①气…　Ⅱ.①周…②雷…　Ⅲ.①流域－耕地利用－关系－水资源－研究－黑龙江省②流域－耕地利用－关系－土地资源－研究－黑龙江省　Ⅳ.①F323.211②TV213.4③F327.35

　　中国版本图书馆 CIP 数据核字（2020）第 213551 号

中国农业出版社出版
地址：北京市朝阳区麦子店街 18 号楼
邮编：100125
责任编辑：肖　杨　张　丽
版式设计：王　晨　　责任校对：吴丽婷
印刷：北京中兴印刷有限公司
版次：2020 年 12 月第 1 版
印次：2020 年 12 月北京第 1 次印刷
发行：新华书店北京发行所
开本：700mm×1000mm　1/16
印张：15.5　　插页：4
字数：300 千字
定价：68.00 元

# 附　录

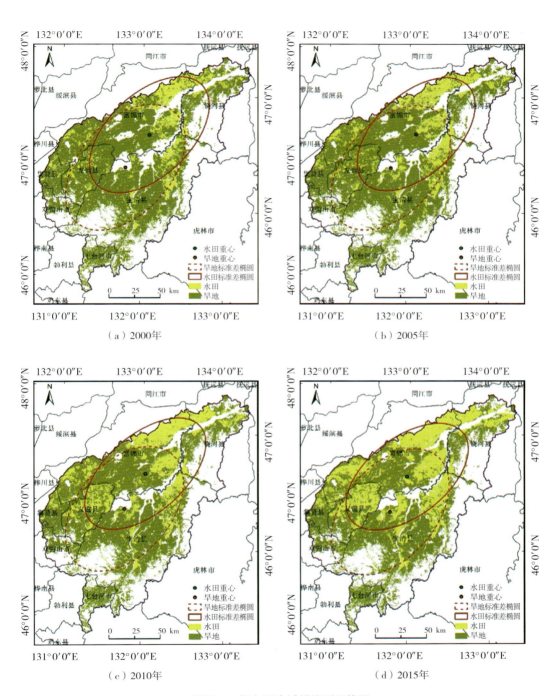

附图 1　挠力河流域耕地利用格局

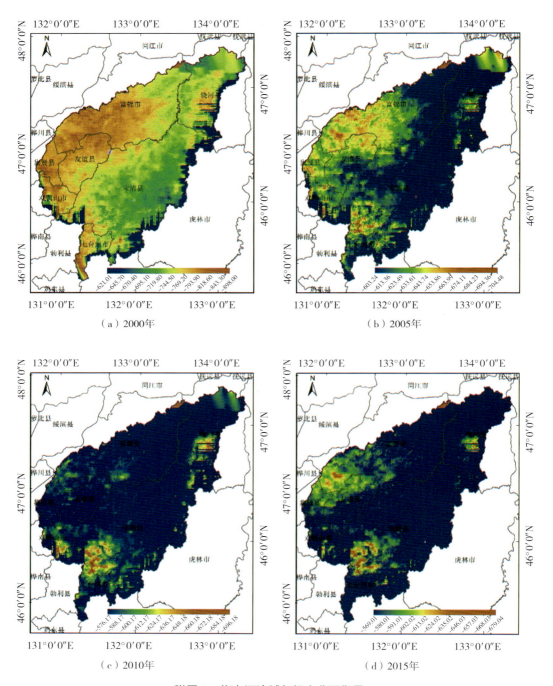

附图 2　挠力河流域气候水分平衡量

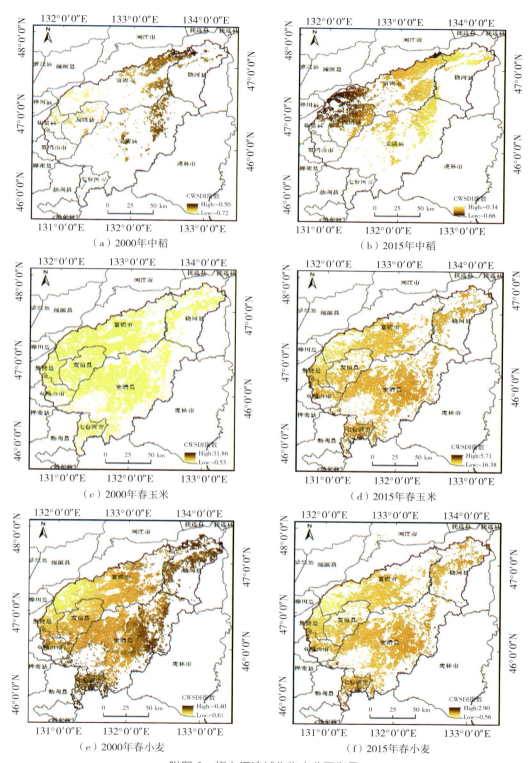

附图 3　挠力河流域作物水分平衡量

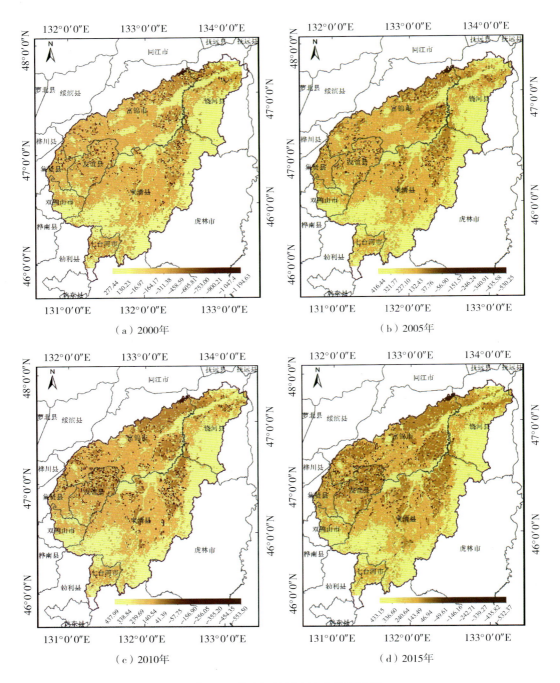

附图 4　挠力河流域土壤水分平衡量

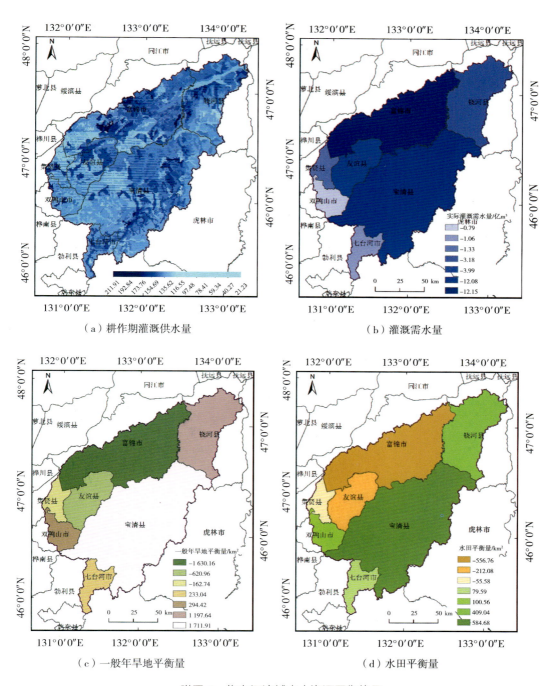

附图5　挠力河流域水土资源平衡格局